Dietrich Bauer – Max Hoffmeister – Hartmut Görg

Gespräche mit Ungeborenen

Dietrich Bauer
Max Hoffmeister
Hartmut Görg

Gespräche mit Ungeborenen

Kinder kündigen sich an

Urachhaus

5. Auflage 1999

ISBN 3 87838 465 3

Inhalt

Max Hoffmeister

Menschenwesen – Vorgeburtlichkeit – Wiederverkörperung

Hartmut Görg

Der Wille zu neuem Leben

Dietrich Bauer

»Ich will jetzt geboren werden«

Einleitung

Seit Urzeiten bewegt die Menschen das Geheimnis um die Ankunft der Kinder. In Mythen und Märchen, in Schilderungen religiöser Urkunden, in Legenden und Erzählungen werden wir auf das Hohe und Heilige, das mit der Geburt des Menschen verbunden ist, aufmerksam gemacht. Haben wir als moderne Menschen zarten Seelensinn genug bewahrt, so können wir uns dem Zauber einer Geburt und frühen Kindheit kaum entziehen, vor allem, wenn dieses Ereignis in der näheren Umgebung eintritt. Hört man einmal feinfühlig auf Berichte, die werdende Mütter zu geben haben von den Ahnungen, die sie von der Ankunft eines Kindes überkommen, dann zeigt sich vielfach eine ganz zarte, aber höchst konkrete Beziehung zwischen der Mutter und dem ungeborenen Kind, ja, häufig sogar zu dem noch nicht einmal empfangenen Wesen. Es wird von tief eindringlichen Traumerlebnissen erzählt, von Lichterscheinungen, gewaltigen Wolken-, Regenbogen- oder Wasserbildern oder von mächtig tönenden Stimmen, die im Zusammenhang mit der Ankündigung des Kindes auftreten. Deutlich werden dabei einmal Wesen und Charakter, das andere Mal das Aussehen des Kindes oder die Namengebung erlebt. Es stellt sich die unbedingte Gewißheit ein, daß dieses Kindeswesen schon vor der Empfängnis existent ist.

Angesichts der Furcht vor einer Überbevölkerung der Erde und der Probleme um den Abtreibungsparagraphen, angesichts der Möglichkeiten menschlicher Willkür – beispielsweise bei der künstlichen Befruchtung – ist es ein außerordentlich brennendes Anliegen, sich um die Ankunft des Menschen vertieft Gedanken zu machen.

In der Diskussion um den Paragraphen 218 stehen sich immer noch zwei unversöhnliche Lager gegenüber: die einen empfinden es als ungeheuerlich, daß die Abtreibung, die früher als Mord galt, heute fast als ein selbstverständliches Recht der Lebenden gegenüber den Ungeborenen gelten soll. Allen voran setzt sich der Papst immer wieder für das »ungeborene Leben« ein. Den anderen gehen die Rechte immer noch nicht weit genug. Manche Frauen kämpfen unter dem Motto »mein Bauch gehört mir« um völlige Entscheidungsfreiheit für oder gegen das werdende Leben.

Extrem divergierende Fragen stellen sich auch zum Bevölkerungsproblem. Warum ist man in Deutschland –und mehr oder weniger in allen Industrienationen – so kinderfeindlich eingestellt, wo es doch für viele Familien verhältnismäßig leicht wäre, mehr Kinder zu ernähren? Warum kommen dort, wo die Lebensgrundlagen eingeschränkt sind und die Angst vor dem Hungertode herrscht – in der sogenannten dritten Welt – dennoch so viele Kinder auf die Welt, daß den Regierungen oft jedes Mittel zur Einschränkung der Kinderzahl recht ist?

Das Erschütterndste in all diesen Auseinandersetzungen ist vor allem die Dürftigkeit der Argumente. Hier enthüllen sich nicht nur die dahinterstehenden Willensrichtungen, sondern die Menschenunwürdigkeit unserer materialistischen Weltauffassung, die seit Jahrhunderten, und noch verstärkt in den vergangenen Jahrzehnten, tief in die Herzen aller Menschen eingedrungen ist. Dadurch ist der wirkliche Zusammenhang von Welt und Mensch im weitesten Sinne verlorengegangen. Gedanken von extremen Materialisten der vergangenen Jahrhunderte sind Allgemeingut und Wirklichkeit in den Gefühlen der Menschen geworden.

Finden sich heute wirklich keine Gesichtspunkte, von denen aus die Probleme der Geburtenkontrolle, der Abtreibung, aber auch der künstlichen Befruchtung angeschaut werden könnten und die zu einem sicheren und menschenwürdigen Standpunkt führten? Regiert bei der »Menschenvermehrung« tatsächlich nur der millionenfache Zufall oder bestenfalls allzu menschliche Willkür? In dem vorliegenden Buch kommen Mütter und Väter, aber auch Menschen aus der Umgebung der Familie zu Wort. Sie berichten ihre Erlebnisse, die sie mit den Ungeborenen hatten. Kinder erzählen von Lebensumständen, die vor ihrer Geburt liegen und an die sie sich erinnern.

Diese Berichte sollen ganz durch sich selbst sprechen. Behutsam werden verbindende Erläuterungen gegeben. Soweit sie als Deutungen zu verstehen sind, stammen sie von den Müttern selbst oder ergaben sich aus den Geprächen. Eine wissenschaftliche Erklärung ist dabei nicht beabsichtigt. Betont werden muß, daß diese Träume und Wahrbilder von den Betroffenen als herausragende Erlebnisse von großer Intensität empfunden wurden.

Nimmt man diese Schilderungen zunächst einfach einmal unvoreingenommen hin, so kann man zu weitergehenden Fragen kommen. Der Wunsch verbindet sich mit dieser Schrift, daß nicht sofort neue Urteile gefällt werden, die zu »besseren Argumenten« führen, sondern daß ein tiefes Nachdenken über das Geheimnis der Menschwerdung und des vorgeburtlichen Daseins im Leser angeregt wird.

Ankündigung

Der Gott, im Schwung des weiten Mantels schnell,
doch sanft zu meinem Lager tretend, sagte mir:
Gedulde Dich noch eine kurze Frist! Es hat
Der Knabe sich schon aufgemacht zu dir! –

Und da zerriß die Stille, wie den Sturz
Von samtnen Vorhangsfalten teilt ein Wind:
Und nur solang, wie mir der Atem stockte
Im Lauschen, hört ich deine Schritte, Kind,

Fernher, fernher durch das Gebirge gehn. –

Ina Seidel

Einige Berichte von werdenden Müttern

Es ist gar nicht so selten, daß werdende Mütter zu ihrem ungeborenen Kind eine tiefe Beziehung haben oder dieses sogar im Traum erleben. Sie wissen schon einiges vom Aussehen, der Wesensart oder dem Schicksal ihres Kindes, obwohl dessen Körper sich erst im Mutterleibe bildet und zur Geburt heranreift.

Viele dieser Vorahnungen werden wohl nicht so ernst genommen oder wieder vergessen. Andere Mütter halten solche Erlebnisse heilig und wollen sie nicht preisgeben, was sehr wohl verständlich ist. Um so mehr Dank gebührt denjenigen, die – oft nach anfänglichem Zögern – von solchen Wahrnehmungen berichteten. Sie haben den Wert, den das Mitgeteilte für Dritte haben kann, höher eingeschätzt als die Wahrung der Privatsphäre.

Die Schwierigkeit des Mitteilens einer solchen Erfahrung schildert Frau F. Beim Lesen des Berichtes kann uns klar werden, wie intim der Bereich ist, in den wir hier eindringen, und mit welcher Vorsicht und Achtung wir uns darin bewegen müssen.

Frau F.: Es kostet mich einige Überwindung, das Erbetene zu Papier zu bringen, weil es im geschriebenen Wort anders ist als in meinen Gefühlen. – Wenn ich merkte, daß ich empfangen hatte, war sehr bald eine starke Beziehung zu dem werdenden Kind da – schwer zu beschreiben. Vielleicht so : ein Staunen und eine Erwartung, wie man sie hat, wenn man auf einen Menschen wartet, den man plötzlich liebt, den man aber (äußerlich ?) durchaus schon gut kennt.

Wenn ich schlief, war ich mit dem werdenden Kind besonders stark verbunden – ich kann das aber nicht beschreiben. Ohne Überlegung wußte ich sicher – wohl aus dieser Verbundenheit – ob das kommende Kind ein Mädchen oder ein Junge war und hatte den entsprechenden Namen – woher, weiß ich nicht.

Frau B.: Als ich mit meiner Tochter im fünften Monat schwanger war, hatte ich in der Nacht einen Traum, der sich mir stark eingeprägt hat. Ich sah ein Embryo-Gesicht mit großen, offenen Augen. Ganz zarter Flaum wuchs auf seinem Kopf und auf der Haut des Gesichtchens. Es schaute mich an, mit einem unendlich tiefen, friedvollen Blick. Es schien fast zu lächeln, und ohne daß es die Lippen bewegte, fühlte ich es zu mir sprechen. Es gab mir zu verstehen, daß es sich auf mich freute, daß es sich freute, geboren zu werden und in meinen Armen zu liegen. Lange sah dies ungeborene Kind mich an, seine Augen waren voller Liebe. Dann drehte es den Kopf von mir weg, und ich begriff, es war müde und ich sollte es nicht länger stören.
Dieser Traum war so lebendig und eindrucksvoll, daß ich ihn nie vergessen werde.
Als meine Tochter geboren war und, wenige Tage alt, in meinen Armen lag, öffnete sie ihre Augen und sah mich an. Es war derselbe Blick, dieselben Augen, die mich damals im Traum angesehen hatten. Unendlich tiefe, weise Augen. Für einen Moment wiederholte sich dasselbe Erlebnis, das ich vorher im Traum hatte.

Frau R.: Im siebenten Monat der ersten Schwangerschaft träumte ich von der Geburt. Es war einfach nur das Bild da: Ärzte in weißen Kitteln, eine stämmige Frau, die Hebamme, Neonlicht, und ich lag da. Krankenhaus! Dann kam ein kleiner, blonder, blauäugiger Junge auf mich zugelaufen, gab mir die Hand: »So, da bin ich.« Seinen Namen wußte ich schon lange vorher. Den trug ich seit dem dritten Monat mit mir herum.

Heute ist er ein Jahr und sieben Monate alt, und sieht eigentlich so aus, wie ich ihn im Traum sah.

Frau D.: Der erste Traum in dieser Hinsicht bezog sich auf die zweite Tochter. Als meine erste Tochter kaum geboren war, da träumte ich, daß ich in H. auf der Treppe des Schulhauses stand und meinen beiden Töchtern nachschaute, die Hand in Hand zum Spielen davonsprangen. Sie waren so ca. 4 und 5 Jahre alt, hatten die kurzen, dunklen Haare, wie sie sie heute ja tatsächlich haben, und auch die Kopfform ist mir sehr gut in Erinnerung. Dies ist übrigens die stärkste Erinnerung an den Traum – die Köpfe –, ich sah sie auch nur von hinten. Sie trugen Sommerkleidchen, und ich war in diesem Traum stolz und glücklich auf meine süßen Töchter.

Da ich zu der Zeit mit diesen Dingen noch nicht konfrontiert war, habe ich mir keine Gedanken um den Traum gemacht, zumal ich nie und nimmer geglaubt habe, daß das zweite Kind auch wieder ein Mädchen sein würde.

Weiter Frau D.: Der zweite Traum bezog sich auf meinen Sohn. Ich träumte, daß ich eines Nachts im Bett lag und plötzlich etwas unter mir spürte. Ich griff nach unten und holte einen kleinen Jungen hervor. Der war so klein und irgendwie auch ohne ausgebildete Gliedmaßen, ich weiß gar nicht recht, wie ich es erklären soll. Wie so eine Holzpuppe in Bleistiftlänge. Nein, jetzt habe ich den Terminus: Däumling! Mein Sohn war so groß und so dick wie ungefähr zwei aufeinandergesetzte Daumen, er hatte auch die Form eines Daumens und die mangelnden Konturen. Ich sah keine Geschlechtsmerkmale, aber es war ein Junge.

Am anderen Morgen habe ich ihn stolz gezeigt, habe aber ob der Mickrigkeit Spott geerntet. Ich war aber dennoch glücklich, daß *ich* einen Sohn hatte.

Also mit diesem Buben stand ich aufgrund der Traumsituation von Anfang an alleine da, schon bei der Geburt und auch gefühlsmäßig. Mein Sohn war ja auch wirklich unterdurchschnittlich klein und blieb auch lange so, und die Entfaltung ging furchtbar langsam voran.

Hier sind deutlich prophetische Traumerlebnisse wiedergegeben, die sich auf die ungeborenen Kinder beziehen.

Im zweiten Bericht kommt eine bestimmte Seite der Seelensituation des im Mutterleib heranwachsenden Kindes zum Ausdruck: Es ist erfüllt mit Vertrauen in die Welt, es freut sich aufs Geborenwerden. Tiefste Liebe verbindet es mit der Mutter. Die Traumbilder im dritten bis fünften Bericht beschreiben Ereignisse, die erst in der Zukunft, nach einigen Jahren, mit der dann erlebten Wirklichkeit übereinstimmen werden. Der Mutter wird das Aussehen, gleichzeitig aber auch etwas von der Wesensart des Kindes mitgeteilt. Immer wieder werden uns in symbolhafter Verkleidung Aussagen über den Charakter der Kinder entgegentreten. Dafür gibt der nächste Bericht einer werdenden Mutter ein Beispiel. Zugleich werden wir näher in die Lebensumstände der Familie miteinbezogen.

Frau L.: Nach der Geburt des ersten Kindes stand ich durch vielerlei Pflichten viel mehr im äußeren Leben, wohl deshalb sind mir mancherlei Ankündigungen der zweiten Schwangerschaft unbemerkt verstrichen. Ich weiß aber, daß irgendwann, wohl in den ersten Schwangerschaftswochen, der Gedanke auftauchte, daß unser ältester Sohn ein wenig einsam sei, bis hin zur Offenheit: warum eigentlich kein zweites Kind? Bis dahin sahen wir uns nur als Ein-Kind-Familie, meinten auch, es würde so bleiben.

Heiterkeit, Zuversicht prägten meistens die Stimmungslage während dieser Zeit der Schwangerschaft.

In den letzten Schwangerschaftsmonaten träumte ich von einem wunderbaren, wolkengleichen, schneeweißen Schimmel, der mit großer Kraft dahingaloppierte. Lange vor der Geburt war uns klar, welchen Namen unser Sohn erhalten sollte. Ich weiß nicht genau, wann er im Bewußtsein auftauchte, aber niemals habe ich daran gezweifelt, daß es der richtige sei.

Unser Sohn wurde wenige Tage vor dem errechneten Termin geboren. Während des ganzen Geburtstages verließ mich nicht die heitere, zuversichtliche Stimmung. Er war das Kleinste unserer Kinder, mit dem geringsten Geburtsgewicht. Wer hätte dem zarten Baby von damals ansehen können, daß er bald stämmiger und kräftiger sein würde als sein Bruder? Dieser übrigens empfing ihn auf seine Weise, wie einen langersehnten Gefährten. Bis dahin ein unruhiger Nachtwandler, schlief er vom Tag der Ankunft seines Bruders an die ganze Nacht durch.

Häufig habe ich an das Traumbild des Pferdes zurückgedacht, denn unser Sohn ist voller Kraft, von bisweilen heftigem Temperament und voller Wärme im Fühlen und auch körperlich.

Von den Bildern der Träume

In unserer Traumwelt wirkt häufig nur das Tageserleben nach. Nicht selten bekommen jedoch die Bilder unseres Wachlebens darin einen veränderten Sinn und erhalten dadurch symbolhaften Charakter.

Selbst äußere Reize, die uns im Schlafe erreichen, kann der

Traum in Bilder ummünzen. Solche Erlebnisse kennt wohl jeder: Man ist zu warm zugedeckt und träumt von einem heißen Ofen. Ein Buch fällt herunter; in der Traumhandlung erlebt man den Lärm als Schuß und dergleichen mehr.

Aber auch Bilder längst vergangener, oft vergessener Begebenheiten können im Traum wieder aufleben und bekommen eine andere Signatur. Beispielsweise erscheinen Schwierigkeiten, die momentan unsere Seele belasten, im Traum als Prüfungsängste aus der weit zurückliegenden Schulzeit.

Der Traum geht also mit den Bildern unseres Erinnerungsschatzes in freier Weise um und bringt sie in ganz andere, oft sehr unerwartete Zusammenhänge. Als Gleichnisse wollen sie uns auf tieferliegende, vielfach ganz unbewußte Vorgänge in unserer Seele aufmerksam machen.

In der vorangegangenen Schilderung stellt sich die Wesensart des kommenden Kindes im Bilde des galoppierenden Schimmels dar. Auch in vielen der folgenden Berichte werden Situationen und Gegenstände zum Symbol, oder besser gesagt, zum Wahrbild: Wasser, Wolken, Blumen, Farben, Thron, Kirchenraum und vieles mehr. Die Deutung ist für die unmittelbar Betroffenen meist kein Problem oder ergibt sich zu einem späteren Zeitpunkt von selbst.

Wacherlebnisse

Nicht allein im Traum, sondern auch im Wachen, während besonderer Seelensituationen, empfangen werdende Mütter Mitteilungen über das kommende Kind. Solche Situationen müssen äußerlich nicht herausragen, sondern sind häufig sogar ganz gewöhnliche, alltägliche Momente. Das seelische Erleben der Wahrnehmenden wird dennoch so verändert, daß sie für Augenblicke aufleuchtende Bilder sehen können, die sich auf das erwartete Kind beziehen.

Frau P.: Mein drittes und viertes Kind kündigten sich auf folgende Weise an: Ich deckte den Tisch, die beiden Großen saßen schon am Tisch, da saß plötzlich noch ein drittes Kind dabei. Ich sah es ganz deutlich, allerdings nur für einen Augenblick.

Einmal war ich mit den inzwischen drei Kindern auf dem Spielplatz. Plötzlich sah ich das dritte Kind, das noch im Kinderwagen saß, größer mit den anderen herumlaufen, gefolgt von einem vierten, das dem dritten ziemlich ähnlich sah.

Beide Male war es kein Traum, sondern am hellen Tage, wie ein kurzes Aufblitzen. Zu welchem Zeitpunkt, kann ich nicht mehr genau sagen, bei dem vierten Kind kann es etwa ein halbes Jahr vor der Konzeption gewesen sein.

Frau G.: Ich hatte intensive Erlebnisse mit meinen drei Ungeborenen.

Zu meinen beiden ersten Kindern hatte ich vorgeburtlich sehr nahen Kontakt. Von beiden wußte ich sehr früh schon den Namen und somit auch das Geschlecht. Es erwies sich dann, daß beide Namen sehr gut zur Wesensart und zu dem Schicksal der Betreffenden passen.

Als meine beiden ältesten Kinder eineinviertel und zweieinhalb Jahre alt waren, saß ich mit ihnen an einem Waldrand, vor einem Abhang. Es war Frühjahr, und plötzlich tauchte ein Trecker auf, der die Stille des schönen Tages zerriß. Wir waren alle drei geschockt von dem unerwarteten Lärm. Da fühlte ich über das Feld von der anderen Waldseite her eine Wesenheit auf uns zugehen, und ich wußte, ich würde wieder schwanger werden. Es war wie eine Verkündigung für mich.

Ein paar Wochen später ging ich wieder mit meinen beiden kleinen Kindern spazieren und kam an dem großen Schuttabladeplatz vorbei, der mitten in dem Vorort der Stadt in einem großen Bombenkrater sich gebildet hatte. Müllabfuhr gab es, glaube ich, dort nicht. Indem wir dort herumgingen, um an einen schöneren Ort zu gelangen, hörte ich eine Stimme, die mir den Namen meines Kindes sagte.

Frau R.: Im dritten Monat der zweiten Schwangerschaft wachte ich nachts plötzlich auf und sah zum Mann hinüber. Da lag auf ihm ein Baby, groß und rund, offene Augen, und eine Nase wie der Großvater. Vor Schreck schloß ich schnell die Augen wieder und wagte sie nicht mehr zu öffnen.
Ab dem siebenten Monat war ich der Meinung, es wird ein Mädchen. Aber drei Tage vor der Geburt, morgens beim Aufstehen, fiel mir ein Name ein. Dabei dachte ich, der hat einen schönen Klang. So ist B. auch zu uns gekommen, sieben Tage später als erwartet.

Die letztgenannten Schilderungen lassen ein gemeinsames Element hervortreten: Der Wahrnehmungsinhalt entspricht nicht der äußeren Wirklichkeit der damaligen Gegenwart und wird dennoch mit großer Intensität empfunden. Starke Aussagekraft und prophetische Bedeutung prägen diese Momente und lassen sie unauslöschlich in der Erinnerung haften. Es handelt sich um eine spontan auftretende Wahrnehmungsfähigkeit, um ein unvermitteltes Einfluten beeindruckender Bilder. Diese lassen sich nicht einordnen in die alltäglichen Abläufe des Lebens.
Ebenso wie im wachen Überbewußtsein tragen die geschilderten Wahrträume die gleiche Signatur: prophetische Aussage, schicksalhafte Bedeutung, deren Gewicht schon während des Traumes empfunden wird, und die langandauernde Erinnerbarkeit, die bis ins hohe Alter anhält.
Insofern ist der Unterschied zwischen Traum- und Wacherleben für unsere Betrachtung hier nicht wesentlich. Das Wahr-

nehmen bezieht sich in beiden Fällen auf Inhalte, die nicht unserer sinnlich erfahrbaren Welt angehören.

Es scheint, als würden solche Erlebnisse immer häufiger, als würde die Welt der Ungeborenen immer stärker in die Seelen der Menschen hereindrängen. Diese will uns wachrufen und uns unsere Verantwortung für die kommenden Generationen und den Fortgang der Menschheit bewußt machen.

Wunsch und Traum

Es muß hier darauf hingewiesen werden, daß sich in die prophetische Vorausschau das Wunschleben des Träumers mit einmischen kann. Ein starker egoistischer Wunsch mag im folgenden Fall mit zur Verfälschung des Wahrtraumes beigetragen haben.

Eine junge Frau, selbst dritte von vier Schwestern, war bereits Mutter von zwei Töchtern und gleichzeitig Tante mehrerer Nichten. Ein halbes Jahr vor der Empfängnis des dritten Kindes träumte sie von Zwillingen, von einem Bubenpaar, und drei Träume zeigten sie ihr jeweils als sportliche Säuglinge, als Schulkinder und als junge Männer. Sie gebar ein eineiiges Zwillingspärchen, zwei kräftige Mädchen.

Ähnlich waren die Voraussetzungen bei Frau E. gelagert, sie hatte schon zwei Söhne und wünschte sich wohl ein Mädchen.

Ihr Traum im vierten Monat:
Ein etwa zwölfjähriges, für sein Alter großgewachsenes, stabiles Mädchen mit dicken, blonden Zöpfen stand in der halbgeöffneten Türe, und ich nannte es beim Namen: »Amethyst«.
Es wurde aber ein Bub. Heute ist er zwölf Jahre alt, groß,

kräftig und blond im Gegensatz zu seinen vier dunkelhaarigen Brüdern. Er spricht nicht viel, ruht tief in sich selbst und hat einen aufrechten, fast vornehmen Charakter. Amethyst heißt zu deutsch: dem Rausch widerstehend. Wir gaben ihm diesen ungewöhnlichen Namen als dritten in der Taufe.

In allen Einzelheiten stimmte das Traumbild des Kindes mit der Wirklichkeit überein, und die Mutter erlebte seine Wesensart im Einklang mit dem Gefühlsinhalt des im Traum empfangenen Wortes und Bildes. Der Name gibt keine Auskunft über das Geschlecht. Ihr persönlicher Wunsch jedoch überlagerte das Traumgeschehen und verwandelte dort den Jungen in ein Mädchen.

Eine menschenkundliche Frage

Künstlerisch begabte Mütter sandten uns Porträts ihrer Neugeborenen oder Kleinkinder, die sie während der Schwangerschaft gemalt hatten; stets mit der Versicherung: »So sah mein Kind nach der Geburt bzw. als Keinkind aus.« Andere schilderten uns ihre Traumvisionen, die sie während der Schwangerschaft hatten. Dort sahen sie ihre noch ungeborenen Kinder als Jugendliche oder als Erwachsene, und es taucht damit die Frage auf, inwieweit das Traumbild von einem Menschen Aussagekraft besitzt in bezug auf dessen Eigenart und Persönlichkeit.
Wie lernen wir überhaupt einen Menschen kennen, wie erfahren wir etwas von seinem Wesen?
Tritt uns im gewöhnlichen Leben eine fremde Persönlichkeit gegenüber, so erleben wir ihr Äußeres auch zunächst wie ein Bild: Gesicht, Haar, Formung der Hände, die Gesamtkomposition der Körpergestalt – alles bewirkt einen tiefen Ein-

druck. Dieser erweitert sich, wenn sich unser Gegenüber bewegt oder zu uns spricht. In seinen Worten teilt er uns seine Gedanken- und Gefühlswelt mit. Sie bedeuten für ihn sein Innenleben, und in ihnen lebt sein Bewußtsein von sich selbst.

Wir aber, die wir diesem Menschen gegenübergetreten sind, erleben darüber hinaus den Tonfall und das Volumen seiner Stimme, seine Sprechweise, seine Mimik und Gestik, seinen Gang, kurz, wir erfahren von seinen Willensimpulsen, die ihm selbst weitgehend verborgen bleiben. Deshalb können wir in gewisser Hinsicht sagen: Wir kennen eine uns neu begegnende Persönlichkeit schon besser, als sie sich selbst kennt. Man prüfe nur einmal unvoreingenommen, wie spontan wir über einen Menschen, der uns begegnet, ein Urteil fällen, das sich oft nach langem näheren Kennenlernen bestätigt; wie weit man dagegen gewöhnlich entfernt ist von richtiger Selbsteinschätzung.

Noch tiefere Schichten des Wesens eines Menschen spiegeln sich in seinen Taten, insbesondere in der Art seines Arbeitens und Schaffens. Und doch verhält sich alles, was wir so wahrnehmen können, zu seiner wahren Wesenheit wie ein Bild zur Wirklichkeit.

Haben wir Gelegenheit, eines Menschen Lebensweg ein Stück weit mitzuverfolgen, so erfahren wir etwas von seinem Schicksalsgang. Als Eltern, die ihre Kinder eine Wegstrecke begleiten dürfen, haben wir wunderbare Beobachtungsmöglichkeiten. Hat man mehrere Kinder, so kann man staunend miterleben, wie extrem verschieden die Veranlagungen und Begabungen der Geschwister sind und wie die Entwicklungsrichtungen auseinanderstreben. Erwachsen treten sie uns als Einzelpersönlichkeiten gegenüber, die ihre gemeinsame Kinderstube kaum mehr ahnen lassen.

In ähnlicher Situation wie beim ersten Kennenlernen eines Menschen ist eine werdende Mutter, wenn sich ihr das Kind in einem Traumbild ankündigt. Sie erfährt etwas über das Aussehen des kommenden Kindes, wobei beispielsweise der Blick und die Augenpartie, die Kopfform oder die Statur besonders hervortreten. Sie erlebt im Bild den Gang oder die Sprechweise des Kindes im Kleinkind- oder im späteren Alter. Dadurch weiß die Mutter etwas von dem Charakter und der Wesensart ihres Kindes, ehe dieses sich hier auf Erden selbst darstellen kann.

Besondere Einblicke in die Wandlungsfähigkeit des Menschen haben wir, wenn wir jemanden, den wir in seiner Jugend gut kannten, nach vielen Jahren oder Jahrzehnten wiedersehen. Vielleicht haben wir Mühe, ihn überhaupt als denselben wiederzuerkennen, so tiefgreifend können die Veränderungen sein. Unter Umständen finden wir in den einstmals vertrauten Zügen erst nach einigem Suchen die vormals bekannte Persönlichkeit wieder.

Das Verfolgen des Entwicklungsganges führt uns zu dem Gedanken, daß des Menschen Innerstes zwar deutlich wirksam ist, sich verändert und entwickelt, aber als solches bestimmend hinter den Verwandlungen steht. Die Vorstellung eines ewigen Wesenskernes, der die Individualität eines Menschen ausmacht, drängt sich uns auf. Wir können zwar deutlich etwas davon bemerken, wenn wir einem anderen Auge in Auge gegenübertreten, aber es bleibt uns das innerste Wesen eines Menschen doch weitgehend wie ein tiefes Geheimnis verschlossen.

Ankündigungen vor der Schwangerschaft

In den hier dargelegten Berichten werden meist solche Bilder geschildert, die so niemals von dem im Mutterleib heranwachsenden Kinde ausgehen können, da die erfahrenen Körperformen und sonstigen Ausdrucksmöglichkeiten noch nicht ausgebildet sind. Das *Wesen des Kindes,* von dem offenbar die gestaltgebenden Kräfte ausgehen, muß also unabhängig von dem erst entstehenden Körper gedacht werden.

Nehmen wir die folgenden Berichte dazu, so wird die Unabhängigkeit des kommenden Menschenwesens von der Körperlichkeit noch deutlicher. Die beiden ersten Träume wurden erlebt, ehe die körperliche Grundlage der Kinder auch nur im Keim vorhanden war. Im vierten Traumbericht wird sogar, nach der Geburt des ersten Kindes, die ganze Geschwisterfolge erfahren.

Frau W.: Ich träumte, einige Zeit bevor ich schwanger wurde: In meinen Armen lag ein ganz kleines Kind, das mich anlächelte und aus seinen Augen anstrahlte, wie es nur ganz kleine Kinder können. Es war ganz und gar etwas Himmlisches, und ich wurde von einem solchen Glücksgefühl durchströmt, wie ich es noch nie erlebt hatte. Auch ging von mir eine starke Liebe zu diesem Kind aus, und ich wußte, daß es meines war. Ich konnte mich überhaupt nicht daran erinnern, es geboren zu haben, aber meine Mutter bestätigte mir (im Traum), es sei am 10. Mai geboren worden.

Ein weiterer Traum während dieser Schwangerschaft: Auf einem Spielplatz begegnet mir ein etwa drei Jahre altes Kind. Wie in dem ersten Traum ging etwas Himmlisches von ihm aus, und es strahlte mich lächelnd an. In mir ist wieder das starke Glücksgefühl und die Liebe zu diesem Kind. Ich spiele den ganzen Tag mit diesem Kind, es scheint keine

Eltern zu haben, ist aber nicht meines. Am Abend strecke ich ihm die Hand hin und will es mit mir nehmen. Es lächelt mich an und sagt: »Noch nicht.« Sehr freundlich, aber bestimmt, wie ein erwachsener Mensch. Ich hingegen empfinde etwas wie Scham darüber, daß ich angenommen oder gehofft hatte, es mit mir nehmen zu können.

Frau F.: Ein halbes Jahr vor der Empfängnis träumte ich, daß ein Kind vor mich hintrat und zwei Erwachsene mitführte und sprach: »Das sind meine Paten.« Das Kind verschwand im Traum, die beiden Paten standen deutlich erkennbar da.

Frau T. träumte vor der Konzeption, daß ein etwa achtzehn Jahre alter Sohn heftig bewegt auf sie einsprach und ihr Wichtigstes mitteilte. Er nannte auch seinen Namen. Aber sie hat aufwachend alles Inhaltliche wieder vergessen, auch den Namen. Doch deutlich stand vor ihr weiterhin das Bild dieses jungen Mannes, das sie in ihrem dann auch tatsächlich geborenen Sohn wiedererkannte.

Frau G.: Mein Sohn war etwa vier oder fünf Monate alt. Ich hatte in einer Nacht einen seltsamen Traum:
Ich sah aus dem Fenster und über unseren Garten. Hoch bis zum Himmel sah ich lauter »Flugobjekte«, groß, hell, fast durchsichtig, ähnlich den gefalteten Papierfliegern, die sich die Kinder basteln. Sie schwebten langsam auf und ab und hin und her, im Hintergrund blauer Himmel. Das ging eine ganze Weile so.
Dann kam ein ganz anderes Bild: Ich hatte meinen Sohn an der Hand, er konnte in diesem Traum schon laufen, und wir hatten weiße Kleider an. Wir waren beide sehr schön und glücklich und lächelten, indem wir auf ein Tor zugingen. Nur war dies kein normales Gehen, jeder Schritt hob

uns vom Boden ab und wie in einem Sprung kamen wir ein ganzes Stück weiter wieder auf den Boden zurück. Alles war aber langsam und leicht. Und der Boden war weiß und weich und das Tor, ein Rundbogen, hellgrau und fast durchsichtig. Wir lachten uns an und schritten durch das Tor. Dahinter war auch alles weiß und von beiden Seiten grüßten uns glücklich lächelnde Leute, Menschen? Wesen? Ja, alle weiß gekleidet und ebenfalls sehr schön. Sie bildeten eine Gasse, und wir grüßten zurück und gingen Hand in Hand weiter, und alles war hell und licht.

Ganz weit in der Ferne saß in der Mitte der Gasse eine kleine Gestalt, die war auch weiß gekleidet, hatte entweder goldene Haare oder eine goldene Krone auf dem Kopf. Man konnte sie kaum erkennen, so weit weg war sie. Diese kleine Gestalt war unser Jules, und wir schritten weiter auf sie zu, wurden von beiden Seiten lächelnd begrüßt und grüßten lächelnd zurück – und alles war weiß und hell und licht.

Etwa einen Monat später wurde ich schwanger.

Herr C.: Es war wohl im November oder Dezember, daß ich einen arbeitsreichen Tag in Berlin mit einem erholsamen Spaziergang durch stille nächtliche Straßen unter sternklarem Himmel ausklingen ließ. Mit einem Mal erfüllte mich eine starke Ahnung, daß aus den kosmischen Weiten, für die der Sternenhimmel äußerer Abglanz in der Sinnenwelt ist, das Wesen eines Kindes zu mir unterwegs sei. Dies war um so bemerkenswerter, als in dieser Zeit nichts darauf hindeutete, daß ich in absehbarer Zeit verheiratet sein würde. Daß meine zukünftige Frau bereits einige Monate zuvor aus ihrer Heimat nach Deutschland gekommen war, konnte ich damals freilich nicht wissen. Sie lebte und arbeitete zunächst in meiner Heimatstadt, in der ich den größten Teil meines bisherigen Daseins verbracht hatte. Da mein Lebensweg mich jedoch inzwischen aus dieser Stadt herausgeführt hatte, mußte vom Schicksal noch einmal »nachreguliert« werden: Meine Frau wurde nach M. versetzt, und meine Arbeit war in ein Stadium getreten, das die Rückkehr nach M. erforderlich machte. Schon bei der ersten Begegnung, die sich außerhalb des beruflichen Rahmens ergab, erlebten wir ein starkes Gefühl der Zusammengehörigkeit. Dies war einige Tage, bevor meine Frau ihre neue Stelle antrat. Welch glückliche Überraschung war es für uns beide, daß die Verwaltung ausgerechnet die Station für sie ausersehen hatte, auf der ich arbeitete!

Unsere Tochter ist mittlerweile sechzehn Jahre alt. Es war ihr vergönnt, schon einiges von der Welt zu sehen, einschließlich einiger Weltstädte und der bezaubernd schönen Heimat ihrer Mutter. 1980 fand ich, daß es an der Zeit wäre, meiner Familie auch einmal Berlin zu zeigen. Kaum waren wir dort angekommen, erstaunte mich die Glückseligkeit, mit der unsere Tochter jeden Augenblick in dieser Stadt genoß, wie ich es nie zuvor an ihr erlebt hatte. Sie gestand mir, daß sie sich nirgends so wohl gefühlt habe wie in dieser Stadt und daß selbst der Gang durch unbedeutende Nebenstraßen sie glücklich mache. Als nach diesem ersten Aufenthalt wieder Ferien nahten, bat sie, ob wir sie nicht wieder in Berlin verbringen könnten. Zweimal wurde ihr dieser Wunsch inzwischen nochmals erfüllt und ist immer noch lebendig! Dies läßt mich fragen, ob es nicht damit zusammenhängt, daß mein Kind und ich an diesem Ort der Erde zum ersten Mal in Berührung miteinander traten.

Frau B.: Am Anfang meiner ersten Schwangerschaft habe ich mir ein Büchlein zugelegt, ein Tagebuch, in das ich alle Beobachtungen, Gedanken und Gefühle hineingeschrieben habe, die ich in der Erwartungszeit hatte. Auf der ersten Seite habe ich eine kleine Zeichnung mit Buntstiften gemacht: ein Mädchen und einen Jungen, so wie ich mir meine Kinder damals vorgestellt habe. Ich kann nicht gut malen, und die Zeichnung ist wirklich kein Kunstwerk. Aber etwas ist mir im nachhinein, wo meine beiden Kinder geboren sind, aufgefallen: das Mädchen ist größer und älter auf dem Bildchen als der Junge, es ist zarter und ganz hellblond. Der Junge ist kleiner, runder, mit stämmigen Ärmchen und Beinchen. Und genau so ist es gekommen. Unser Mädchen ist eineinhalb Jahre älter als unser Sohn, zart und still, während er rund, kräftig und sehr temperamentvoll und energisch geworden ist.

Frau I. träumte nach der Geburt ihres ersten Kindes: Ich bin mit Andreas (erstes Kind) auf dem Weg zum TÜV. Im Kinderwagen sind noch zwei kleinere Kinder, und unter der Decke liegt noch ein ganz kleines, das aber vernachlässigt werden kann.
Frau I. bekam noch zwei gesunde Kinder. Bei der vierten Schwangerschaft mußte vorzeitig ein Kaiserschnitt gemacht werden. Das Kind verstarb wenige Stunden später an Atemnotsyndrom.

Eine ältere Frau, die selbst viele Kinder und Enkelkinder hatte, erzählte unter anderem, daß ihre Mutter immer wieder davon gesprochen habe, daß für sie um eine Schwangere herum stets die noch wartenden zukünftigen Geschwisterkinder erlebbar waren.

Hingewiesen sei auch auf das bekannte Bild »Die Erschaffung Adams« von Michelangelo, wo in dem weiten Mantel des Schöpfer-Gottes schon Eva und deren Kinder dargestellt sind.

Die drei letzten Berichte zeigen zusätzlich ein Motiv auf, das im später Folgenden noch öfter auftauchen wird: die Zusammengehörigkeit der Geschwister. Sie sind offenbar in der vorgeburtlichen Welt schon miteinander verbunden.

Betrachtet man die Geschwisterfolge in verschiedenen Familien, so gewahrt man bestimmte Gesetzmäßigkeiten. Die Stellung, die ein Kind in dieser Folge hat, wirkt deutlich prägend auf die werdende Persönlichkeit. In Kindheit und Jugend werden charakterliche Grundhaltungen veranlagt, die auch noch im späteren Leben weiter bestimmend wirken.

Die hier aufgeführten Beispiele zeigen, daß es nicht Zufall ist, ob sich ein Kind als erstes, zweites oder drittes Kind in die Geschwisterreihe eingliedert, sondern daß das sozusagen vorher »abgesprochen« ist.

Der Name wird gegeben

Wird in einer Familie ein Kind erwartet, und es nähert sich der Zeitpunkt der Geburt, so bemüht man sich um den Namen, den das Kind tragen soll. Bücher werden durchgeblättert, Lieblingsnamen der Mutter oder des Vaters erwogen – wieder verworfen – neu erwogen. Wenn es ein Junge wird, soll er »Christian« heißen, wird es ein Mädchen, so wollen wir es »Anne« nennen.

Bedenken wir, wie stark wir von unserem Namen, besonders während unserer Kindheit, geprägt wurden. Man ruft uns bei unserem Namen und dadurch zu uns selbst. Mit zunehmendem Alter läßt dann die Bedeutung des Namens nach. Wir haben unsere Identität gefunden und bedürfen nicht mehr so sehr der Bestätigung von außen.

Der Name ist also etwas, das die Persönlichkeit mitformt, und so empfinden wir, welch große Verantwortung wir tragen, wenn wir den Namen unseres Kindes bestimmen.

So kann es in diesem Zusammenhang nicht verwundern, wenn von den Wesen, die den Menschen aus der geistigen in unsere irdische Welt führen, in manchen Fällen auch der Name gegeben und den Eltern mitgeteilt wird.

Der Leser wird hier um Verständnis gebeten, daß nicht immer der volle Name aufgeführt werden kann oder daß in einigen Fällen der Name verändert wurde. Die Berichte, die hier einer größeren Leserschaft weitergegeben werden, müssen wegen ihrer Intimität anonym bleiben; so wollen es auch diejenigen, die sie uns zukommen ließen.

Zunächst Beispiele, die schildern, wie werdende Mütter den Namen des kommenden Kindes erfahren.

Frau H.: Bei unserer Ältesten träumte mir so ungefähr im vierten oder fünften Schwangerschaftsmonat, daß ich in einem Kellerraum saß, beengt, düster, ängstlich, allein. Ein Gang führte zu diesem Raum, auf diesem kam eine Frauengestalt mir entgegengegangen. Sie trug einen weiten blauen Mantel, und eine wunderbare Zuversicht, Sicherheit strömte von dieser schreitenden Frau aus, etwas Marienhaftes. Licht umfloß sie, ... und es tönte laut um sie herum, durch sie zu mir her der Name »Ursula«.

Dieser Traum war sehr eindrucksvoll, und ich war sicher, ich würde ein Mädchen bekommen. Ich fühlte mich durch den Traum vom Wesen des zukünftigen Menschen umgeben. – Frau H. bekam ein Mädchen.

Frau H.: Die fünfte Schwangerschaft war trotz vordergründigen Unwohlseins glücklich, überschwenglich schön. Wieder um den vierten, fünften Monat herum kam wie ein Blitz von oben im Schlaf der Name. Ich fand den Klang wunderschön und dachte, die Bedeutung wird sich schon finden lassen. Ich war sicher, daß ein Mädchen kommen würde und trug die Namen dankbar im Herzen.

Nun liegt das gesunde, dicke Mädchen in der Wiege, bejubelt von den Geschwistern, bestaunt und überschwenglich geliebt von den Eltern.

Frau X. erzählte, daß sie vor der Konzeption ein helles Licht wahrgenommen habe, das sie immer wieder umkreiste, und aus dem es heraustönte: ich heiße Angelika.

Frau J., bis dahin drei Kinder, wünschte sich ein weiteres Kind. Es kam aber erst spät, als sie sich eigentlich schon zu alt fühlte. Sie schreibt an ihre jetzt vierzehnjährige Tochter:
»Du bist das einzige Kind, von dem ich im Traum den Namen ›hören‹ durfte, ganz deutlich mit C: Constanze. So durfte ich also Deinen Namen empfangen und Dich auch im Traum sehen, mit braunen Augen und braunem, lockigem Haar. Ich muß sagen, daß Du dem Traumbild ähnlich geworden bist.«

Frau K.: Ich bekam mit fast sechsundvierzig Jahren unser sechstes Kind. Es muß längere Zeit vor der Empfängnis gewesen sein, als ich in einem überdeutlichen Traum einen ungefähr fünfjährigen Jungen erblickte und den Namen »Dominik« erfuhr. (Es war irgendwie intensiver als nur hören). Das zuletzt geborene Kind war ungefähr sieben bis acht Jahre alt. Ich hatte bereits klimakterische Beschwerden. Nach fünf Kindern (und anderen Umständen) hätten wir uns kein weiteres Kind gewünscht. Aber, obwohl ich diesem Traum nicht recht glaubte – anthroposophische Gesichtspunkte waren mir damals nicht bekannt, muß er mich doch irgendwie in tieferen Schichten zu einer Bereitschaft gebracht haben. Etwa so: es ist ja ziemlich unwahrscheinlich, aber wenn Gott es nun will – dann muß ich zumindest meinen Kalender nun aus dem Spiel lassen. In den oberen (Bewußtseins-) Schichten muß es mir aber doch so weit gelungen sein, einfach nicht mehr daran zu denken, so daß ich die Schwangerschaft erst im fünften Monat bemerkte, da ja der Zyklus sowieso schon unregelmäßig geworden war. Es ist mir selber ziemlich unverständlich, wie ich das schaffte, auch mit Fleiß mich an der Auswahl des Namens beteiligte und nichts von dem Traum sagte. Die ganze Sache muß mir wohl unheimlich gewesen sein. Bis das Kind da war, und bei seinem Anblick, genau wie im Traum, wußte ich: das ist doch Dominik – dem kannst du doch keinen anderen Namen geben! Er sah mit fünf Jahren genauso aus wie im Traum, und auch heute noch erkenne ich diese Gestalt und das Gesicht in ihm.

Frau W.: Auf meinem Wege zur Arbeit, in den kalten Rauhreifwintertagen, konnte ich ein Stückchen Wegs, von Dächern unverdeckt, die Sonne rot-golden aufgehen sehen. Das bewegte mich so, daß ich, mir selbst ganz unbegreiflich, innerlich anfing, zur Sonne zu beten – um Glück für mein ungeborenes Kind.
Vielleicht ist es wichtig zu sagen, daß ich im Jahre 1933 geboren bin und im Sinne der Ideale des »Dritten Reiches« erwartet und erzogen wurde, daß das Christentum mir ganz fremd war.
Als die Zeit fortschritt, dachte ich mir den Namen Karl-Richard für das kommende Kind aus. Den ersten Namen sollte es nach seinem Großvater, meinem in Finnland gefallenen Vater, den zweiten nach seinem Vater bekommen. Es war Ende Juni, als ich eines Nachts im Traum in einen Himmel sah, in ein ziehendes, sich ballendes, weißes Wolkenmeer, gewaltig, unermeßlich groß. Hoch über mir in den Wolken stand ein hölzerner Stuhl, hoch und breit mit starken Armlehnen. Von dort kam eine Stimme. Sie tönte wie in Kreisen, bis der ganze Wolkenhimmel davon voll

war. Es war so, wie wenn ein Stein ins Wasser fällt und sich kleine und dann immer größere Ringe bilden, weit über das Wasser. Die Stimme sagte: »Wenn Du einen Sohn bekommst, nenne ihn Haljan.« Dann wurden die Stimmen-Kreise leiser und verhallten ganz, die Wolken vergingen und ich fiel wieder in einen gewöhnlichen Schlaf. Im September ist mein erstes Kind, ein Sohn, auf die Welt gekommen.

Frau E.: Unser zweiter Sohn bekam seinen Namen:
Im Traum wollte ich ihn Daniel nennen, aber eine gewaltige, aus düsteren Wolken kommende Stimme sagte ganz deutlich: »Nicht Daniel, David.«
Er wurde auch so getauft.

Aus großartigen Bildern heraus geschieht der Zuruf des Namens an die Mutter. Wir erleben unmittelbar, daß die Bilder einer höheren Welt, die der unseren übergeordnet ist, entstammen. Die hehre Frauengestalt, die gewaltigen Wolkenbilder, das helle Licht, das mächtige Tönen der Stimme, die den Namen ruft, machen einen großen Eindruck auf die Wahrnehmenden. So wird der mitgeteilte Name ohne weiteres angenommen. Ein großes Vorbild drängt sich uns auf: Die Verkündigung der Geburt Jesu an Maria durch den Erzengel Gabriel, die im Lukas-Evangelium beschrieben wird.

Kap. 1, Vers 30 ff: Da sprach der Engel zu ihr: Fürchte dich nicht, Maria. Voll Gnade neigt sich dir der Gottesgeist. Siehe, du wirst des Leibes Frucht empfangen und einen Sohn gebären. Ihm sollst du den Namen Jesus geben. Groß wird er sein, als einen Sohn der höchsten Gottheit wird man ihn bezeichnen.

Aber auch die folgenden Berichte, in welchen der Vater den Namen vernimmt, haben große Vorbilder. So lesen wir im Lukas-Evangelium, wie dem Priester Zacharias die Geburt des Johannes des Täufers angekündigt wird, während er im Tempel diente:

Kap. 1, Vers 11 ff: Da schaute er den Engel des Herrn, an der rechten Seite des Altares stehend, von dem der Rauch emporstieg. Der Anblick erschütterte Zacharias; das Bewußtsein der Geist-Nähe legte sich schwer auf seine Seele. Aber der Engel sprach zu ihm: Fürchte dich nicht, Zacharias, dein Flehen hat Erhörung gefunden; dein Weib Elisabeth wird einen Sohn gebären, und du sollst ihm den Namen Johannes geben.

Einige Beispiele aus unserer Zeit:

Herr S. träumte etwa im vierten bis fünften Schwangerschaftsmonat seiner Frau: In seiner unmittelbaren Nähe stand eine Gruppe mehrerer Kinder. Das nächststehende Kind kommt auf ihn zugelaufen. Da sagt eine innere Stimme zu ihm: »Das ist Natalie, die zu euch kommt.« Seine Frau bekam ein Mädchen.

Herr B. träumte in einem Nachmittagsschlummer, daß seine Frau eine »Andrea« bekommen würde. Seine Frau bekam ihr erstes Kind, ein Mädchen, und sie nannten es Andrea.

Herr W. hat während der ersten Schwangerschaft seiner Frau alle sechs Kinder der Geschwisterreihe in ihrem Aussehen geträumt und alle Namen. Er sagte: Wenn jetzt noch ein Kind käme, wüßte ich nicht, was ich denken sollte.

Herr B. erfuhr beim vierten Kind den Namen im Traum: »Julian.« Sie bekamen einen Sohn.

Frau B. hatte schon vier Kinder, sie wußte zu dem Zeitpunkt nicht, daß sie schwanger war. Eines Tages sagte sie im Beisein des Vaters, daß sie den eben auftretenden Geruch nicht ertragen könne. Der Vater sagte darauf ganz spontan, ohne nachzudenken: »Ist ja klar, unsere Anna-Katharina soll doch zu uns kommen.«
Auf diese Weise erfuhren sie den Namen des Kindes, das bereits unterwegs war.

Das Erlebnis der Empfängnis

Frau S.: Ich habe 1942 geheiratet. Im Beisammensein mit meinem Mann (das Zimmer war wegen des Krieges vollkommen verdunkelt, Lichtreflexe sind ausgeschlossen), entstand links von uns, nur mir wahrnehmbar eine Lichtwolke, und aus der Wolke schaute ein konturloses Antlitz. Ich sagte zu meinem Mann: »Jetzt bekommen wir einen Sohn.« Er zweifelte keinen Augenblick, obgleich er von der Lichtwolke nichts wußte.
Da wir kriegsbedingt oft nicht satt wurden, ging ich gleich in der kommenden Woche zu meinem Hausarzt und bat ihn um ein Schwangerschaftsattest für Zusatzlebensmittelkarten. Er fragte mich, seit wann ich meinte, schwanger zu sein, und ich antwortete: »Seit fast einer Woche.« Darauf lachte er und meinte, da müsse man noch etwas warten. Auf meine dringende Bitte fand er sich doch zum Test bereit. Als ich wiederkam, den Bescheid zu holen, sah er mich lange nachdenklich an und sagte: »Sie hatten recht.« Das geschaute Antlitz lebte in dem Säuglingsgesicht, im Knabengesicht, ich sehe es jetzt in dem Mann und kann es

mir gut auch in einem greisen Gesicht vorstellen. Der Knabe war 1943 in Berlin geboren worden.

Frau S. weiß also, während es geschieht, daß die Konzeption eintritt, hat aber zugleich das erstaunliche Erlebnis der Lichtwolke und der Anwesenheit des Kindeswesens. In den weiterfolgenden Beispielen wird die Schicksalsschwere des Augenblickes erlebt oder das Sich-Heruntersenken einer Lichtform – aus unermeßlichen Weiten kommend –, die sich in den Armen der Mutter in das Kind verwandelt.
Man wird zu einer neuen Auffassung des Begriffes »Empfängnis« geführt – oder ist es des Wortes ursprüngliche Bedeutung? Es meint das Empfangen des Kindeswesens aus himmlischen Welten – nicht nur das Aufnehmen des männlichen Samens oder die Befruchtung des Eikeimes.

Im Grunde handeln viele der in dieser Schrift dargelegten Berichte von diesem Ereignis. Werden aber Konzeptionsaugenblick und Empfängnis im selben Moment erlebt, so deutet das auf die »Geistesgegenwart« des Kindeswesens hin. Doch lassen wir die Frauen aus ihrem eigenen Erleben sprechen:

Frau B.: Elias wäre von uns erst ein halbes Jahr später geplant gewesen, aber er hatte es sehr eilig, auf die Welt zu kommen. Als ich schwanger wurde, wußte ich es schon, bevor mir die Ärztin einige Wochen später die Schwangerschaft bestätigte. Ich wußte, daß ich empfangen hatte, in dem Moment, als es geschah, und gleichzeitig wußte ich, daß es ein Junge werden würde.
Während der ganzen Schwangerschaft sprachen wir nur von »ihm«, was überhaupt nichts damit zu tun hatte, daß wir uns einen Jungen gewünscht hätten. Es geschah mit derselben Sicherheit und Selbstverständlichkeit, mit der

wir von »ihr« sprachen, als ich später mit meiner Tochter schwanger ging.

Schilderung einer zwanzigjährigen Frau mit einer ausgeprägten Konfliktschwangerschaft: Ich wußte, ich würde ein Kind empfangen – es war wie ein großer dunkler Raum, der auf mich zukam. Aber ich wollte nicht ausweichen, ich wollte darauf zugehen. Und dann, nach der Empfängnis, erlebte ich die Leichtigkeit und das Gefühl, alles Miese und Schwere durchstehen zu können – diese Kraft hatte ich vom Kind bekommen – diese Kraft hatte ich nicht aus mir selbst.[1]

Eine Frau träumt, daß sie nachts zum unermeßlichen Himmelsgewölbe aufblickt. Alsbald erscheint eine sternähnliche leuchtende Kugel, die schnell und in spiralen Kurven zu ihr herabkommt. Sie breitet die Arme aus, um sie zu empfangen. Plötzlich verwandelt sich die Lichtkugel – und ein kleines Kind liegt in ihren Armen. Wenig später wird die Frau schwanger.[2]

Frau V.: Mein Sohn ist mitten im Zweiten Weltkrieg geboren und war ein Wunschkind. Das heißt, er hätte schon ein Jahr früher eintreffen können. In der Nacht vor oder nach der Konzeption habe ich von ihm geträumt: ein kleiner, drei- bis vierjähriger, stämmiger und fröhlicher Bursche kam einen Abhang herunter auf mich zugestapft. Das Erlebnis war so deutlich, daß ich mir im Kalender das Geburtsdatum mit einem Sternchen markiert habe.

Ein anderes Geburtsdatum setzte der Arzt fest, mit dem Erfolg, daß wir zehn Tage vergeblich auf das Ereignis warten mußten, bis es eintraf. Erst hinterher fiel mir der Traum wieder ein, und ich sah im Kalender nach: Das Geburtsdatum stimmte auf den Tag genau mit dem im Traum erlebten Konzeptionsdatum überein.

Als mein Sohn dann drei, vier Jahre alt wurde, konnte ich nur staunen über die Übereinstimmung von Traum und Wirklichkeit.

Frau A.: Die Ankündigung meiner Kinder: Während des Zusammenseins mit meinem Mann, also nicht im Schlaf oder Traum, hatte ich plötzlich das Bild eines kleinen Teiches, auf dem viele Enten schwammen, regellos, durcheinander, richtig bunte Wildenten. Auf einmal gründelten mehrere, das heißt »Köpfchen in das Wasser, Schwänzchen in die Höhe«. Dabei schwammen alle, bis auf zwei, wieder auseinander. Diese zwei blieben in der Stellung, als hätten sie im Wasser sich an etwas festgebissen – bis das Bild verschwand. Und sofort war mir klar, unmittelbar – wir bekommen Zwillinge! Ich sagte es sofort meinem Mann. Und neun Monate später wurden eineiige Zwillinge, zwei Mädchen, geboren, wobei leider das größere Mädchen starb (meines Erachtens durch Schuld des Frauenarztes, der nicht auf mich hörte). Dieses Bilderlebnis war so klar und sicher, daß ich nie, von Anfang an, an der Tatsache der Zwillings-Schwangerschaft zweifelte und mir jetzt alles noch voll deutlich und lebendig ist. (Ich bin heute 72 Jahre alt.)

Die Enten können als eine symbolhafte Verkleidung der Kinderseelen aufgefaßt werden, die auf das Geborenwerden warten. Es ergibt sich dieser Zuammenhang deutlich im Betrachten des Verlaufes der Schilderung. Andere Mütter und Väter erzählen vom Auffinden ihres Kindes im Traum, wo es mit vielen anderen Kindern zusammenspielt, oder wie sich ihr Kind aus einer größeren Schar herauslöst und auf sie zugeht. Im folgenden Bericht kommt zum Ausdruck, wie die Mutter von dem Kindeswesen regelrecht zur Schwangerschaft gedrängt wird. Eine andere Perspektive von »Familienplanung« tut sich auf.

Frau W.: Wir waren eine glückliche Familie mit unseren beiden kleinen Kindern. Ich war mit beruflichen und anderen außerfamiliären Tätigkeiten beschäftigt, und wir dachten zu dieser Zeit nicht an ein weiteres Kind. Da überkam mich innerhalb von ein paar Tagen eine innere Unruhe. Es war ganz deutlich das Empfinden, ein Kind will zu uns kommen. Ich sprach mit meinem Mann darüber. Auch er war bereit zu diesem Kind. Im Bewußtsein des Empfangens schafften wir die biologischen Voraussetzungen für dieses sich-verkörpern-wollende Leben. Es geschah nur einmal, am Ende des Menstruationszyklus, also zu einem Zeitpunkt, wo eine Empfängnis eher unwahrscheinlich ist. Ich hatte das Empfinden eines großen, klingenden Tones und war ganz von den kommenden Dingen geöffnet. Neun Monate später kam es dann physisch auf die Welt: ein ganz kräftiges Kind mit dunklen Augen, das schon in den ersten Tagen das Köpfchen selber hielt und mit wachen Blicken seine Umgebung betrachtete, seine neue Welt.

Traumbilder in der dritten Schwangerschaftswoche

Konnten wir bei den letzten Schilderungen miterleben, wie der Augenblick der Konzeption für die Umgebung wahrnehmbar überstrahlt sein kann von dem Wesen, um dessentwillen sich das Geschehen vollzieht, so folgen nun Berichte von Träumen, die in der dritten Schwangerschaftswoche erlebt wurden. Es ist dies ein wichtiger Zeitpunkt im Verlaufe der Schwangerschaft. Allein äußerlich ist es der Beginn der eigentlichen Embryonalentwicklung, mehr innerlich ist es der Moment der Berührung mit dem Individuellen des werdenden Menschen (vgl. auch S. 75).

Frau A.: Erstens kamen unsere fünf Söhne immer zu einem Zeitpunkt, den sie sich wahrscheinlich selbst ausgesucht hatten. Sie richteten sich nicht nach den Wünschen der Eltern, welche jedesmal lieber noch ein Jahr länger gewartet hätten mit dem Herrichten der Wiege. So wußte ich anfänglich die ersten drei bis vier Wochen nie, daß ich guter Hoffnung ging. Ich erwähne dies, weil ich eben jedesmal fast genau am Ende der dritten Woche nach der Konzeption außergewöhnliche, gewaltige Träume hatte, wie sonst nie in meinem Leben. Auf ganz verschiedene Art haben sich die Kinder angezeigt.

Das erste Mal träumte mir, daß mein Mann und ich (wir waren erst etwa sechs Wochen verheiratet) eingeladen waren zu einem besonderen Fest bei meinem Bruder und seiner Frau. Wir befanden uns scheinbar in einem großen Saal eines Hotels. Meine Schwägerin wurde von einer Stimme aufgefordert, ein Gebet vor allen geladenen Gästen zu sprechen für ihr Kind, das sie erwarte (sie erwartete in Wirklichkeit ihr erstes Töchterchen. Sie trug es etwa im vierten Monat). Die ohne Zaudern Betende stand etwas erhöht, vor sich viele Menschen, worunter auch ich. Wir hörten ein sehr schönes Gebet. Als die Sprechende geendet, wurde ich auf einmal ebenso aufgefordert, ein Gebet zu sprechen, da auch ich ein Kind erwarte.

Ich wollte mich sammeln und besinnen, fand aber keine Worte, so sehr ich mich bemühte. Ich fühlte mich sehr unglücklich. Da bemerkte ich, wie sich die Decke des Saales hob und auflöste. Ich stand allein, vorn, neben dem Taufstein der Kirche, vor mir die vielen Menschen, sitzend in den Kirchenbänken. Noch immer suchte ich verzweifelt nach Worten.

Da fluteten von oben unsäglich schöne Farben herein. Eine Musik ohnegleichen begann zu tönen und schwoll an bis zu gewaltigem Donnern. Daraus formte sich eine Stimme.

Beim Hören der Worte, die so mächtig gesprochen wurden, erschraken wir Menschen und warfen uns zu Boden, mit dem Gesicht die Erde berührend. Wir hörten: »Es kommet aus meinem Herzen. Ich habe Wohlgefallen an ihm. Es kehret zurück in mein Herze.«

Darauf erwachte ich. – Als unser erster Sohn geboren wurde, hatte er zwei Klumpfüßchen. Das eine besserte sich durch eingipsen. Das zweite wurde zum ersten Mal operiert nach neun Monaten, das zweite Mal nach 17 Jahren. Kindheit und Jugendzeit unseres Ältesten war viel überschattet durch Krankheit und etliche Spitalaufenthalte. Ich fürchtete immer wieder, den Erstgeborenen früh zu verlieren. Seinem, oft auch in anderer Beziehung schweren Schicksal gegenüber fühlte ich mich stets machtlos. Heute, mit 35 Jahren, geht es ihm gesundheitlich gut. –

Beim zweiten Sohn weiß ich von zwei bedeutsamen Träumen; dem einen wieder Ende der dritten Woche, als ich noch keine Schwangerschaft vermutete, dem zweiten etwas später. –

Beim ersten kniete ich am offenen Fenster meines einstigen Kinderzimmers (in Wahrheit schlief ich auch dort, da ich zu Besuch bei meiner Mutter weilte).

Etwas links hinter mir fühlte ich meinen Mann stehen. Erst sprachen wir kein Wort. Ich badete Gesicht, Arme und Hände, die ich emporgestreckt hielt, in den feuchten, farbenen Bläschen eines herrlichen Regenbogens, der aus dem Himmel herunter durchs Fenster auf (oder in?) meinen Leib drang. Ich hörte mich zu meinem Mann sprechen (Mundart): »Gsehsch es?« Er antwortete: »I gseh's.« Ein Kind war nicht zu sehen, aber ich fühlte, wie es in mich einkehrte, und ich erinnere mich noch gut an das beseligende Gefühl, die mir die Feuchtigkeit und das Farbenspiel bereiteten.

Viele Jahre später las ich ein Gedicht von Albert Steffen,

worin er das Herabsteigen noch ungeborener Seelen auf die Erde schildert. Sie kämen aus dem Himmel über die Regenbogenbrücke. – Als ich aus dem Traum erwachte, wußte ich sicher, daß ich guter Hoffnung ging.

Beim fünften Kind saß ich, mitten unter vielen schwarzgekleideten Menschen, wie sie, auf einem Stuhl, eine Reihe hinter der anderen. Niemand blickte sich um. Alle schauten unverwandt in die vordere rechte Ecke, wo ihrer Meinung nach einer stand, der verurteilt werden mußte. Er lebt nicht so wie sie. Plötzlich sah ich ihn. Er trug ein schneeweißes Hemd und kehrte uns den Rücken zu. Es war ein junger Mann. Ich wußte auf einmal, daß er mein Sohn und unschuldig war. Dann erwachte ich. Die Schwangerschaft wurde bald klar.

Wasserträume

Immer wieder wird von den werdenden Müttern geschildert, daß sie in der Erwartungszeit vom Wasser träumen. Diese Art von Träumen sind oft die ersten Anzeichen der beginnenden Schwangerschaft. Strömend bewegtes Wasser wird erlebt, Schwimmen in schäumenden Wellen des tosenden Meeres oder stilles, durchsichtiges Wasser, klare Brunnen und vieles andere. Es sind dies Hinweise auf die tiefgreifenden Veränderungen, die sich im Lebensorganismus der Mutter vollziehen. Das Wasser ist ja ein Element, das alles durchdringt, das sich jeder Form anpassen kann. In seinen Strömungen bildet es selbst komplizierte Fließformen nach lebendigen Gesetzmäßigkeiten, und überall, wo Leben auftritt, wird es begleitet von Strömungen im Flüssigen.

So kann das Wasser, das flüssige Element, die irdische Grundlage sein für das Leben, und es ist nicht verwunderlich, wenn sich das beginnende neue Leben, das sich mit Hilfe des

Lebensorganismus der Mutter bildet, in ihren Träumen als Wasser symbolisiert.

Zwei Beispiele für viele:

Frau E.: Ich schwimme ganz allein in einem sehr breiten, sehr trüben Fluß und bin ausgeliefert den hohen Wellenbergen und -tälern. Von rechts kommt ein zweiter Fluß dazu, es gibt starke Wirbel. Über dem Ganzen eine gefährliche Gewitterstimmung, ich fürchte mich sehr. Aber ich weiß, ich darf jetzt nicht aufgeben, ich muß einfach schwimmen, das ist jetzt dringende Notwendigkeit.

Frau B.: Im Sonnenschein ein Wehr – das ist wie eine kleine Stadtmauer, die den kleinen Fluß absperrt, aber schräg, sanft in das Wasser hinein abfällt. Es ist mit weichem Moos bewachsen und sehr flach plätschert das Wasser über den Kamm des Wehres. Ich sitze im sonnenhellen, durchwärmten Wasser auf dem Wehr im Moos und fühle warm und golden das Wasser über Hände und Beine laufen und fühle mich glücklich wie ein Kind.

Blumenträume

Nicht nur das Wasser spielt in den nun folgenden Traumschilderungen eine Rolle, sondern es tritt zugleich die Pflanzenwelt im Bilde in Erscheinung. Das Pflanzenwesen ist reines Leben auf der Erde, ohne eigenes Wollen, ohne ein eigenes Seelisches, das sich selbst ausdrücken will, sondern verbunden mit der Erdumgebung, besonders mit dem Wasser, hingegeben an die Sonne, die jedes Jahr unsere Pflanzenwelt zu neuem Leben hervorlockt.

Nur in den Blüten entsteht vor uns das Bild eines Seelischen,

eines ganz allgemeinen Seelischen allerdings, das völlig un-
egoistisch ist und nichts für sich selbst will. Deshalb haben
wir Menschen eine besonders tiefe Beziehung zu den Blumen, die uns reine Seelenregungen im Bilde vorführen.

Wir schenken Blumen, wenn wir unseren Mitmenschen eine
Freude machen wollen, und drücken damit unsere Gefühle
der seelischen Verbundenheit aus. So überrascht es uns nicht,
wenn die kommenden Kindeswesen mit Blumen angekündigt
werden, wie es in den folgenden Beispielen geschildert wird.

Frau N.: (In der zweiten Schwangerschaft träumte ich:)
Ich gehe eine hübsche kleine Straße entlang und komme zu
einer kleinen Brücke. Vor mir liegt eine große Wiese, linker
Hand gesäumt von einem dunklen Tannenwald, rechts
plätschert ein kleiner Bach. Die Wiese steht in frischem,
sattem Grün und ist übersät mit kurzstieligen Blüten, die
aussehen wie Gänseblümchen, aber die Größe von Margeriten haben. Ich kann mich an der Wiese nicht sattsehen
und muß immer nur denken: »Welch herrlicher Anblick –
diese grüne Wiese und darauf die weißen Blüten mit der
goldgelben Mitte!« – Und dann Staunen: »Wie unglaublich weiß und sauber die Blüten sind!«
Die spätere Wirklichkeit: Mein Sohn war immer unge-
wöhnlich zufrieden und sehr hilfsbereit. Er ist dabei außerordentlich begabt – bislang haben wir kein Gebiet gefunden, mit dem er nicht irgendwie fertig wurde –, körperlich
und praktisch ebenso wie geistig und künstlerisch. Sein
Äußeres entspricht dem Inneren – für mich ein Bild von
außerordentlicher Harmonie.

Frau E.: Kurz nach der Empfängnis träumte ich bei unse-
rem vierten Kind wieder von Blumen: In einem sumpfigen
Graben, den ich überspringen mußte und der mit allerlei
Sumpfgras bewachsen war, war eine grüngoldene Hellig-

keit und eine wuchernde, feuchte, üppige Wuchsstimmung. Auf der anderen Hangseite aber war die Erde unbewachsen, feucht, lehmig. Auf der Grenze zu dieser Erde wuchsen zwei Maiglöckchen, die gerade knospig schwellend vor dem Aufblühen standen.

Blumen sind ein besonders einleuchtendes Symbol, weil die Pflanzen überhaupt als Bildausdruck eines Höheren zu verstehen sind. In diesen Träumen (auch die anschließend folgenden jetzt miteingeschlossen) sind es weiße Blütenfarben (Margeriten, Anemonen), die in ihrer Reinheit auf das vom Irdischen noch unberührte Wesen hinweisen, oder Lilienverwandte (Tulpen, Maiglöckchen). Die Pflanzengruppe der Lilienartigen bringt in ihrem ganzen Wachstum zum Ausdruck, daß sie nicht so erdverbunden ist: mit ihrer relativ schwachen Bewurzelung, mit der Zwiebelbildung, die sie von den Kräften der Umgebung unabhängig macht, mit den wenig geformten Blättern und mit der einfachen Blütenkrone, die vor unseren Augen sich von grün in die schönsten Blütenfarben wandelt.[3]
Maler früherer Zeiten haben das gewußt. Sie malten den Engel Gabriel, welcher der Maria die Geburt des Jesuskindes verkündet, mit der Lilie. Die Rose dagegen wird in den Weihnachtsdarstellungen dem Kinde zugeordnet, das die Erde schon betreten hat. Die Rose wurzelt tief in der Erde, bildet Holz aus und treibt erst nach mehreren Jahren an diesem Holze Blüten.
So sprechen diese Blumenträume eine deutliche Sprache. Sie wollen uns sagen, daß das Wesen des Kindes nicht aus der irdischen, sondern aus einer himmlischen Welt zu uns kommt.

Kinder, die nicht bleiben können

Auch im Nachfolgenden sind es Blumen, die der Mutter das Kindeswesen ankündigen. Aber im Bilde des Verblühens ist schon angedeutet, daß die Kinder nicht hier bleiben, sondern zurückkehren werden in die Welt, aus der sie kommen. Der Schmerz der Eltern wird durch die Erinnerung an den Traum nicht geringer, doch kann er sich wandeln und die Einsicht in die Notwendigkeit eines solchen Geschehens bringen.

Frau E.: Bei der sechsten Schwangerschaft sah ich im Traum ein Waldstück mit sich entblätternden Anemonen, Buschwindröschen vor mir.
Unser Töchterchen war nicht lebensfähig und starb einen Tag nach dem notwendigen Kaiserschnitt.

Frau E.: Meine erste Schwangerschaft begann mit einem Traumbild (in der Nacht nach dem Zusammensein mit meinem Mann):
Ein Strauß von nahezu verblühten Tulpen, die sich breit über die Vase neigten und mich in die schon flachen Kelche blicken ließen. Die Tulpen waren von verschiedenen Farben und standen auf einem Schreibtisch neben dem geöffneten Fenster, und es lag eine warme Sommerstimmung in der Luft.
(Tulpen mochte Frau E. nicht sehr gerne.)
Ein zweiter Traum ist mir in Erinnerung während derselben Schwangerschaft: Ein großer viereckiger Weidenkorb war als Bett zurechtgemacht. Das Kind lag darin, aber ich sah es nicht. Ich wußte nur, daß das Bettchen nicht ordentlich bespannt war, die Matratze zu dünn und die Zudecke mußte ich noch irgendwo holen. Mir war klar, daß das Kindchen fror und ich sorgen mußte, aber irgendwie wurde ich davon abgehalten.

Am Ende des zweiten Monats hatte ich eine Fehlgeburt.

Im letzten Traumbericht kommt – wie auch in den folgenden Beispielen – zum Ausdruck, daß die nahe Umgebung offenbar noch nicht bereit für das kommende Kind ist. Seltsam unmütterliche Gefühle werden geschildert.
Man muß einerseits verstehen, daß die Dramatik des Traumgeschehens und die dabei auftretenden Gefühle der wichtigste Trauminhalt sind. Die Gefühle sind also Wirklichkeit, wobei hier der Träumerin bewußt war, daß sie »sorgen« mußte, aber irgendwie wurde sie »davon abgehalten«. Es war also auch im Traum äußerlich gegeben, daß sie noch nicht für das Kind dasein konnte – vielleicht auch nicht sollte! Man muß lernen, die eigenen Gefühle wie ein Außenstehender ganz objektiv zu betrachten.

Frau D.: Eine ganz kurzfristige Schwangerschaft muß einmal zwischendurch bestanden haben, das zeigte mir folgender Traum:
Ich war beauftragt, das Kind meiner Schwester und mein Kind im Garten zu beaufsichtigen. Sie lagen in einem Körbchen beieinander. Das Kind meiner Schwester – es war schon da – mit kräftig rundem Gesicht. Meines daneben war zart und zierlich und klein – es sollte ja auch erst kommen. Da begann es zu regnen. Ich nahm komischerweise das Kind meiner Schwester und trug es ins Haus, meines ließ ich im Regen stehen.
Nachher setzte die Periode aus, eine ganze Weile, aber nach ca. vier Wochen kam sie wieder. Ich fühlte mich nicht sehr gut, und ich war sicher, daß ich einen Abgang hatte.

Frau W. erzählte folgenden Traum: Ihr Kind sei viel zu dünn angezogen. Beim Wickeln muß sie feststellen, daß es ganz kalt ist. Aus Unachtsamkeit fällt das Kind vom Wikkeltisch. Sie interessiert sich im Traum nicht sehr für das Kind.

Sie hat einen Abgang. Sie macht sich Vorwürfe über ihre mangelnde Bereitschaft für das Kind.

Frau A.: Beim vierten Kind wartete ich, nachdem die Schwangerschaft festgestellt worden war, vergeblich auf einen Traum. Er blieb aus. Ich fühlte mich zwar fünf Monate wohl, trotzdem ich kurz nach dem vierten Monat ein in meinem bisherigen Leben einmaliges, erschütterndes Erlebnis hatte. Während ich, ganz allein, meine Hausarbeit verrichtete, beim Betten, hörte ich klar und deutlich eine Stimme zu mir sprechen in hochdeutscher Sprache: »Ich komme nicht auf diese Erde.« Ich fühlte erst große Beklommenheit, die aber mit der Zeit einer Zuversicht Platz machte. Im fünften Monat wurde das Kind, auch für den Arzt überraschend, tot geboren.

Von Engelwesen

In den bisher geschilderten Beispielen wurde von Lichterscheinungen, von Wolken und Stimmen erzählt, die im Zusammenhang mit der Ankündigung des Kindes auftraten. Es sind dies Hinweise auf Wesenhaftes, das im Umkreise des Ungeborenen lebt und das Kind auf seinem Wege zur Geburt begleitet. Im Folgenden wird nun deutlich der Engel wahrgenommen, der das Kindeswesen bringt, den Namen des Kindes nennt.

Frau K. erzählt: Es war in einem Dorf in der Nähe von B., dort lebte eine Bauersfrau, und diese kam oft, um Rat zu erfragen, zu meiner Mutter, die in dem Ort als Lehrerin tätig war. Einmal kam sie ganz aufgeregt und sagte: »Fräu-

lein, was sagen Sie denn jetzt dazu? Ich war beim Herrn
Pfarrer und sagte ihm, daß ich nun noch einmal ein Kind
bekomme, einen Knaben. Da sagte der Herr Pfarrer: Das
könnte ich doch noch nicht wissen, da das Kind doch noch
nicht da sei. Nun sagte ich: Herr Pfarrer, ich hab den Engel
von meinem kleinen Buben gesehen und der sagte, er solle
Max heißen. Darauf der Herr Pfarrer: Nun, gute Frau, das
bilden Sie sich doch nur ein, es gibt doch keine Engel, die
man sehen kann. Darauf sagte ich: Herr Pfarrer, das können Sie nicht sagen, ich habe immer die Engel meiner Kinder gesehen, und die gleichen sich auch nicht. Jeder sieht
etwas anders aus, aber schön sind sie alle. Sie, Herr Pfarrer,
haben halt noch keinen Engel gesehen.«
Nun fragte sie meine Mutter, was sie denn dazu sage.
Meine Mutter beruhigte die Frau und meinte: Natürlich,
wenn Sie die Engel sehen, so stimmt es wohl und seien Sie
froh darüber, aber es ist nicht so selbstverständlich, daß
alle Leute die Engel sehen.[4]
Ich aber, als kleines Mädchen, hätte gar zu gern mit der
Frau gehen mögen, um auch die Engel zu sehen.

Der dreijährige Sohn des Herrn E. erzählt am Morgen seinen Traum: Ein Engel ist gekommen und hat ein Kind in
den Armen gehabt.
Der Vater fragt vorsichtig: »War es ein Bub oder ein Mädchen?«
Der Junge antwortet: »Es war ein kleines Mädchen.«
Es kam tatsächlich ein Mädchen auf die Welt.

Frau I.: Ich habe die kleine Anne zwei Jahre lang betreut.
Sie träumte in einer Zeit, in der sie wie durchsichtig wirkte
und oft traurig war, mehrere Nächte hintereinander denselben Traum:
Ein Engel kam zu ihr mit einem durchsichtigen Stern, der

über seinem Kopf schwebte. Er war wunderschön. Der Engel drehte sich um und ging langsam voran, Anne folgte ihm immer weiter und weiter. Sie stiegen einen großen, großen Berg hinauf; oben war es ganz weiß, da lag Schnee. Da drehte sich der Engel um und wollte sie noch weiter mitnehmen – aber da wachte sie jedesmal auf.

In früheren Zeiten sprach man ganz selbstverständlich – vor allem zu Kindern – vom Schutzengel. Das geschah nicht nur aus der Tradition heraus. Es hatte durchaus seine Berechtigung, weil es immer wieder Menschen gab, die den Engel wahrnahmen. Heute ist der Menschheit die Möglichkeit des geistigen Schauens verlorengegangen. Das war eine notwendige Entwicklung, denn nur dadurch wurde der Mensch innerlich unabhängig. Ausschließlich sinnliches Wahrnehmen und die daraus folgende naturwissenschaftliche Denkart sind die Voraussetzungen zur Gewinnung der Freiheit.
Heute sind es Ausnahmesituationen, die das Schauen des Engelwesens herbeiführen können, zum Beispiel solche, die den Menschen mit dem Tode konfrontieren. Derartige Erzählungen kennt man besonders aus den Zeiten des Krieges, als die Menschen ständig in Lebensgefahr schwebten, sei es auf dem Schlachtfelde oder während der Bombenangriffe in den Städten.
In seinen Vorträgen beschreibt Rudolf Steiner den Engel als den persönlichen Führer eines Menschen. Der Engel führt den Menschen in die Erdenverhältnisse herein, begleitet ihn durch seinen Erdenschicksalsweg und auch durch das Tor des Todes wieder hinaus in die Welt, aus der er gekommen ist.

Durch die vorangegangenen Berichte wird ganz deutlich, daß sich hier Wesen ankündigen, die schon vor der Empfängnis ein Dasein haben, Wesen, die zur Erde, zur Verkörperung drängen. Dennoch steht man zunächst vor unlösbaren Rätselfragen, blickt man auf den einzelnen Menschen und sein Schicksal hin.

Wie sind die Verschiedenheiten der Kinder in einer Familie zu verstehen, wie die unterschiedlichen Veranlagungen und Begabungen, die ihren individuellen Lebensweg bestimmen? Sind diese in der jenseitigen Welt erworben, sind es Geschenke der Wesen, die uns dort führen? Viele Fähigkeiten müssen durch Fleiß und Ausdauer erarbeitet werden? Man lernt zum Beispiel als Kind das Schreiben. In mühevollen Stunden versucht man, die Hand in angemessener Weise zu führen und Buchstaben neben Buchstaben zu setzen. Im späteren Alter besitzt man das Schreiben als Fähigkeit, und alles Mühen der Kindertage ist vergessen.

Besondere, »mitgebrachte« Anlagen verhelfen einem Menschen oft mit unglaublicher Schnelligkeit und Leichtigkeit zu einer speziellen Fähigkeit so, als seien schon lange Vorübungen absolviert worden. Wann aber wurden diese »Vorübungen« gemacht? Mit Sicherheit nicht – wie beim Schreiben – in diesem Leben. Erwarb man sie also in einem früheren Erdenleben?

Wie sind Schicksalsschläge oder Schicksalsfügungen zu verstehen, die den Lebensweg eines Menschen oft einschneidend verändern? Kann nicht zuweilen empfunden werden, daß diese ihren Sinn und ihre Berechtigung hatten, vor allem, wenn im Nachhinein eine längere Lebensstrecke überschaut wird? Als seien sie ein Ausgleich für schon Gelebtes, aber vor diesem Leben Liegendes? Wir haben Begegnungen mit anderen Menschen, mit Situationen, die wie ein Wiedererkennen sind, obwohl sie ganz neu in unser Leben treten. Es gibt immer wieder Menschen, die Ahnungen, sogar deutliche Erinnerungen haben an viel früher Erlebtes, an weit Zurückliegendes, das nicht aus dem gegenwärtigen Erdenleben stammt.

Es seien nun einige Aussprüche von Kindern mitgeteilt, die

auf wiederholte Erdenleben hinweisen. Auch bei älteren Menschen kann eine Ahnung von früheren Verkörperungen auftreten. Es zeigt sich, daß das »Vergessen« doch gelegentlich durchbrochen werden kann.

Hinweise auf vergangene Erdenleben

Herr O.: Es war im Frühling, als die kleine Justina (3 Jahre alt) nachmittags, während eines Gewitters in ihrem Bett wie tanzend, in einem aufgeregten, sehr stark emotionalen Zustand, freudevoll, folgende Sätze – kindlich grammatikalisch nicht ganz richtig – ausgesprochen hatte:

»Ich bin einmal gestorben und habe mich gemacht!« (tanzend, freudevoll).

»Ich werde einmal sterben, aber ich mache mich wieder!«

»Wenn ich sterben werde, werde ich zum bunten Schmetterling, zum Bällchen!«

»Ich habe schon einmal gelebt, ich war gestorben.«

»Ihr habt mich gesucht, wo eure Niunia.«

Frau S.: Mein Töchterchen war drei Jahre alt, da gebrauchte es drei oder vier ganz seltsame Worte, die immer wieder vorkamen. Nach einiger Zeit kam ein Israeli zu uns auf den Hof. Er hörte die Worte und konnte sagen, was sie bedeuteten: Es waren sehr alte jüdische Namen, die in Israel heute kaum noch anzutreffen sind.

An eine Situation erinnere ich mich ganz deutlich. Ich fragte mein Töchterchen: »Komm, hilfst du mir beim Kuchenbacken?« Antwort: »Nein, ich mach jetzt Maschke!« Abends fragte ich noch einmal vorsichtig dasselbe, wieder die gleiche Antwort. Da fragte ich Simon, den Israeli, was Maschke bedeute. Es ist ein alkoholisches

Getränk, das vor ungefähr hundert Jahren noch so genannt wurde. Der Name ist heute nicht mehr gebräuchlich.

Eine alleinstehende Mutter mit ihrem dreijährigen Sohn:
»Mami, wenn ich groß bin, da wirst du wieder klein, gell? Und wie du klein warst, da war ich groß, und weil ich ein Junge bin, darum war ich dein Vater. Fehlt uns bloß noch eine Mutter...
Und wie ich klein war und weil ich ein Junge bin, darum bitte ich dich, meine liebe Mami zu werden...«

Frau C.: Ich lernte meinen Neffen kennen, als er knapp vier Jahre alt war. Am Fenster stehend, zeigte er mir gerne die Häuser, in denen seine kleinen Freunde wohnten. Eine alte Villa mit Türmchen und Erkern, die in einiger Entfernung lag, schien er besonders zu lieben. Als ich ihn nach dem Grund dafür fragte, erzählte er: »Weißt Du, als ich noch groß war, habe ich ganz oben auf einem Berg gewohnt, und mein Haus hatte auch solche Türme und Fenster.«

Ein Knabe von zehn Jahren – nennen wir ihn Christoph – hat eine Schulfreundin mitgebracht. Die beiden spielten miteinander zu Hause. Die Mutter des Jungen sitzt bei offener Tür im Nebenzimmer. Das Mädchen stammt aus völlig religionslosem Elternhaus, und auch der Schulunterricht ist streng atheistisch. Heute hat der Lehrer in Geschichte von den Gutsbesitzern erzählt, hat sie als Ausbeuter und Menschenschinder beschrieben. Nun spielen die beiden Kinder »Bauernhof«, mit Häuschen und Bäumchen, mit hölzernen Tieren und Bauernfiguren. Im Spiel, so nebenbei, sagt das Mädchen: »Das war gar nicht richtig, was der Lehrer heute von den Gutsbesitzern erzählt hat. Das war damals alles ganz, ganz anders, viel schöner!«

Und nun erzählt sie begeistert vom Leben auf so einem Hof, wie es innen im Hause aussah, was der und jener machte, erzählt von den Pferden besonders und vom Reiten. Wie herrlich das sei, so durch die Luft zu fliegen, und vieles mehr.

Dann sagt sie: »Weißt Du, Christoph, das kenne ich alles genau. Ich glaube, das habe ich alles schon einmal gemacht, so auf einem Gutshof. Da bin ich schon mal gewesen.«

Und nun ihre geniale Hilfsvorstellung für den Vorgang der Wiederverkörperung, genommen vom Bilde des Schlangestehens in einem überfüllten Laden: »Ich stell mir das so vor mit den Menschen: wenn man stirbt, dann stellt man sich hinten an, und wenn man vorne ist, dann kommt man wieder auf die Erde!«

Herr W.: Als ich einen Vortrag eines mir gut bekannten Lehrers hörte, hatte ich, als der Betreffende zum Rednerpult hinaufstieg, ein merkwürdiges, mir unerklärliches Gefühl, so daß ich nach dem Vortrage auf dem Wege nach Hause darüber nachsann, was das wohl zu bedeuten habe. Ich kannte die Angabe Rudolf Steiners, daß in den Gesten sich frühere Verkörperungen eines Menschen äußern. Ich fand aber keine Erklärung. Aber in der Nacht träumte ich dann, ich stände in alter Zeit auf dem Forum in Rom, und mein Freund stieg – nun mit einer römischen Toga bekleidet – auf die Rednerbühne.

Als ich erwachte, durchschaute ich sofort, daß die Bewegungen des Redners im Traume und die am Abend im Vortragssaal genau übereinstimmten. Der Redner hatte sich am Abend bewegt, als ob er eine römische Toga anhätte, aber weil er einen Anzug nach heutiger Art trug, war mir das nicht durchschaubar gewesen.

Herr S. berichtet von seiner Mutter: Sie hat einmal völlig unmotiviert (also ohne äußeren Anlaß) eine Stimme gehört, die gesagt hat, er und sein Vater seien in früheren Erdenleben Freunde gewesen. Frau S. war evangelische Pfarrerstochter und hatte keinerlei Kenntnis von der Idee der Reinkarnation.

Man kann die Idee von den wiederholten Erdenleben auch einfach einmal als Hypothese nehmen, ohne sie zunächst durch ein Urteil abzulehnen oder anzunehmen. Man betrachte dann das Leben und die Schicksale anderer Menschen unter diesem versuchsweise angenommenen Gesichtspunkt und sehe, was sich ergibt. Es werden sich dann plötzlich für besonders harte Schicksale, für Menschen mit ausgesprochen schönem oder häßlichem Äußeren, für Körperbehinderte oder geistig behinderte Menschen, überhaupt für alles So-Sein der Menschen, denen man begegnet, ganz neue Perspektiven eröffnen. Viele Vorgänge im Leben lassen sich mit einem Mal erklärlich finden und bekommen einen neuen, tiefen Sinn. Der Gedanke an die wiederholten Erdenleben wird zur Notwendigkeit.

Die Möglichkeit der Entwicklung des einzelnen Menschen setzt aber voraus, daß aus dem vergangenen Erdenleben Lehren gezogen und Vorsätze gefaßt werden können für das folgende. So ist das Schicksal eines Menschen die Folge von Taten und Handlungen im vorangegangenen Leben, die zu Entschlüssen und Vorhaben führten. Dem Menschen ist die Freiheit gegeben, sein Schicksal zu gestalten und dadurch an der Weiterentwicklung seines ewigen Wesenkerns zu arbeiten. Rudolf Steiner beschreibt, daß zwischen dem Tod und einer neuen Geburt viele Jahrhunderte vergehen. Dieser »Zeitraum« ist für das Menschenwesen ausgefüllt mit dem Verarbeiten der Erlebnisse des vergangenen und mit der Vorbereitung auf das neue Erdenleben.

Was uns hindert, an frühere Erdenleben zu glauben, ist vor allem das uns prägende materialistische Weltbild, das Tieferes nicht einordnen kann, und auf der anderen Seite die jahrhundertelange Tradition der christlichen Konfessionen, die diesen Gedanken verdrängten und bekämpften. Obwohl auch das Neue Testament, aufmerksam gelesen, deutliche Hinweise auf diese Idee enthält:

Am Anfang des 9. Kapitels des Johannesevangeliums heißt es: Im Vorübergehen sah er einen Menschen, der von Geburt an blind war. Und seine Jünger fragten ihn: Meister, wer hat gesündigt, dieser Mensch selbst oder seine Eltern, daß er blind geboren ist?
In dieser Frage der Jünger an Jesus liegt die Möglichkeit, daß die Blindheit des Blindgeborenen eine Folge seiner Taten sein könnte. Sie weist also auf Taten, die nur vor seinem jetzigen Erdenleben geschehen sein können, hin.
In Matthäus 11, Vers 14 und 15 sagt Jesus von Johannes dem Täufer:
Und wenn ihr gewillt seid, es aufzunehmen: er ist Elias, auf dessen Wiederkunft die Menschen warten. Wer Ohren hat, der höre!
Hier ist eine klare Aussage gemacht auf die Wiederverkörperung des Elias in Johannes dem Täufer.

Der gewichtigste Grund, die Idee der wiederholten Erdenleben abzulehnen, ist jedoch unser Vergessen. Wir können uns im allgemeinen nicht an ein früheres Erdenleben erinnern. Aber, nehmen wir die Wiederverkörperungsidee einmal an: Würde uns die Erinnerung an frühere Erdenleben nicht vielleicht daran hindern, das jetzige Dasein genügend auszuschöpfen? Vielleicht gibt es gute Gründe, daß uns das Erinnern versagt ist, daß wir immer wieder Vergessen trinken müssen, ehe wir einen neuen Erdenweg antreten.

Lessing sagt in seiner »Erziehung des Menschengeschlechts«
in § 92 ff.:
Du hast auf deinem ewigen Wege so viel mitzunehmen! so
viel Seitenschritte zu tun! – ... Aber warum könnte jeder einzelne Mensch auch nicht mehr als einmal auf dieser Welt vorhanden gewesen sein? ...
Warum könnte auch ich nicht bereits einmal alle die Schritte
zu meiner Vervollkommnung getan haben, welche bloß zeitliche Strafen und Belohnungen den Menschen bringen können?
Und warum nicht ein andermal alle die, welche zu tun uns die
Aussichten in ewige Belohnungen so mächtig helfen?
Warum sollte ich nicht so oft wiederkommen, als ich
neue Kenntnisse, neue Fertigkeiten zu erlangen geschickt
bin?
Bringe ich auf *einmal* so viel weg, daß es der Mühe wiederzukommen etwa nicht lohnet?
Darum nicht? – Oder weil ich vergesse, daß ich schon dagewesen?
Wohl mir, daß ich das vergesse! Die Erinnerung meiner vorigen Zustände würde mir einen schlechten Gebrauch des gegenwärtigen zu machen erlauben. Und was ich auch jetzt vergessen *muß*, habe ich denn das auf ewig vergessen? Oder weil
so viel Zeit für mich verlorengehen würde? – Verloren? – Und
was habe ich denn zu versäumen? Ist nicht die ganze Ewigkeit
mein?

Der Gedanke der wiederholten Erdenleben spielte bei vielen
Vertretern des abendländischen Kulturkreises der letzten
Jahrhunderte eine Rolle. Man kann durchaus davon ausgehen, daß diese Idee zum abendländischen Geistesgut hinzu-
gehört, wenn sie auch nicht unbedingt an der Oberfläche lag.
Wir sind keineswegs darauf angewiesen, sie bei östlichen Religionen aufzusuchen. In der Anthroposophie Rudolf Stei-

ners wird sie aus seiner Geistesforschung heraus neu begründet und zum Schwerpunkt eines umfassenden Menschen- und Weltbildes gemacht.*

---

* Rudolf Steiner, »Okkulte Untersuchungen über das Leben zwischen Tod und neuer Geburt. Die lebendige Wechselwirkung zwischen Lebenden und Toten«, GA 140.

Vom Leben zwischen Tod und neuer Geburt

Aus den vorangegangenen Darstellungen wurde deutlich, daß das Menschenwesen schon vor der Empfängnis existent ist. Hier soll nun zunächst ein Bericht von einem Menschen unserer Tage folgen. Für Frau Sch. hat sich die Tür, die sich sonst für uns Menschen schließt, wenn wir einen neuen Erdenweg antreten, nicht ganz geschlossen. Sie vermag Erinnerungen aus ihrem persönlichen Erleben zu schildern, die den Bogen schlagen von ihrem vergangenen zu ihrem jetzigen Erdenleben.

> *Frau Sch.:* Ich erinnere mich noch sehr gut an die Zeit nach dem Tode aus meinem letzten Erdenleben. Ich hatte eine große Übersicht über mein vergangenes Leben, wie von einem erhöhten Orte aus eine Art großes Bild, wo sich das ganze vergangene Leben vor mir ausbreitete. Ich mußte mich aus dieser Übersicht herauslösen und im Bewußtsein festhalten, was ich mit mir nehmen sollte; das war das Wichtigste, dieses Festhalten.
>
> Als sich nach ungefähr drei Tagen – ich hatte noch ein fast irdisches Zeitgefühl – dieses Bild allmählich auflöste, war das ein sehr schmerzliches Erleben für mich.
>
> Ich wurde wie in einen dunklen Raum geworfen, dort war ich mit meinen Fehlern allein. Ich war unter großen Schmerzen wie ausgeliefert und untergegangen in der eigenen Unvollkommenheit, zuerst ohne Aussicht auf ein Herauskommen. Das dauerte eine lange Zeit – wie lange weiß ich nicht –, und ganz allmählich wurde es leichter für mich.

Ich kam jetzt mit vielen anderen Seelen in Verbindung. Es war ein liebevolles Ineinanderfließen und wieder Sich-Lösen und eine sehr glückliche Zeit mit den Menschen, die ich besonders lieb hatte.

Später konnte ich auch anderen helfen, es waren Menschen, die zu früh verstorben waren und sich nicht gut zurechtfinden konnten in ihrer neuen Umgebung. – –

Zu meinem jetzigen Vater hatte ich eine ganz besonders innige Beziehung, und es war ein sehr schweres schmerzvolles Erlebnis, als er sich von mir trennte, um wieder auf die Erde zu gehen, bis er mir das Versprechen gab, mit mir verbunden bleiben zu wollen und mir weiter zu helfen. Dann ging alles sehr schnell.

Es begann eine Art Spiel, um auf die Erde zu kommen. Mit dem Samen des Vaters war ich immer wieder in inniger Beziehung, mit dem starken Wunsch, einen Körper zu bekommen. Ich war in einer Art Streit mit vielen anderen Seelen, die auch auf die Erde kommen wollten. Es war eine starke Willensanstrengung, aber immer wieder ist es mißlungen, und das Spiel und der Streit, der Erste zu sein, begann aufs neue. Das wurde mir immer schwerer, und schließlich mußte ich es wie aufgeben. Dann ist es auf einmal gelungen – wohl nicht nur aus eigener Kraft.

Ich erinnere mich dann im Alter von 6 Wochen meinen Vater erkannt und ihm entgegengelächelt zu haben, als er den Vorhang der Wiege öffnete und in meine Wiege schaute.

Als Kind und Jugendlicher hatte ich eine Art Hellsichtigkeit. Ich konnte sehen, was mit den Menschen, die mich umgaben, in Zukunft geschehen wird. Als ich auf Fragen einmal einem Menschen Zukünftiges voraus gesagt hatte und diesen sehr erschrocken machte, wurde mir bewußt, daß es gilt, diese Fähigkeit in sich zurückzuhalten und zu verwandeln. Das aber bedeutet Arbeit an sich selbst.

Aus den vielen Schriften und Vorträgen Rudolf Steiners, in denen er das Leben zwischen Tod und neuer Geburt schildert, soll hier auszugsweise einiges angeführt werden. Es soll nur so viel dargestellt werden, daß man zu Vorstellungen finden kann, die das Menschenleben über Geburt und Tod hinaus erweitern, und daß sich das Wohin und Woher zusammenschließen läßt. Für ein weitergehendes Interesse sei auf das Studium der anthroposophischen Schriften verwiesen, die heute jedem zugänglich sind, insbesondere auf die Schrift »Theosophie« (siehe Literaturverzeichnis).

Es stellt sich solchen ausführlichen Mitteilungen über ein uns bisher unbekanntes Reich ein großer Vorbehalt entgegen: Wie kann jemand solche Mitteilungen machen über eine Welt, in der ein »normaler« Mensch keine Wahrnehmungen hat? Rudolf Steiner hat darauf hingewiesen, daß grundsätzlich in jedem Menschen die Veranlagung schlummert, in die geistigen Welten bewußt hineinzuschauen. Diese Veranlagung muß aber erst zur Fähigkeit entwickelt werden. Steiner hat den Weg, der heute – in moderner Weise – zur Entwicklung dieser Fähigkeiten führt, in vielen Zusammenhängen, in vielen seiner Werke immer wieder beschrieben, insbesondere in der Schrift: »Wie erlangt man Erkenntnisse der höheren Welten?«. Man erfährt dort bald, daß die Voraussetzungen zur Entwicklung dieser Fähigkeiten moralischer Art sind, daß es Barrieren gibt, die den Menschen davor schützen, ungeläutert eine Welt zu betreten, die nur zubereitete Seelen, ohne Schaden zu nehmen, betreten dürfen.

Drei Stufen der höheren Erkenntnisse werden geschildert, und erst die höchste gibt dem Menschen einen klaren Blick in diese Welten. Steiner konnte klare Aussagen machen über jene Welten. Aber jeder Mensch, der sich seines natürlichen Menschenverstandes bedient und sich bemüht, kann diese Mitteilungen verstehen und so verstehend anwenden, daß sich viele Lebensfragen für ihn lösen können und er für viele

Lebensrätsel ein Licht gewinnen kann, das ihn weiterführt. Der Mensch steht als höchstes Wesen über den drei ihn umgebenden Naturreichen. Auch Stein, Pflanze und Tier haben wie er einen »physischen Leib«. Das Physische ist zunächst alles das, was wir mit unseren Sinnen wahrnehmen können: auch alles, was uns in der Natur an scheinbar Leblosem, Totem umgibt – die mineralische Welt in fester, flüssiger und luftförmiger Gestalt – ist mit unserem physischen Körper wesensverwandt. Aber es besteht ein großer Unterschied zwischen dem Menschenleib und beispielsweise einem Kristall. Letzterer behält seine starre Form so lange, bis sie durch einen Stoß von außen zerstört wird oder chemische Prozesse sie auflösen. Der Leib des Menschen hingegen hat einen »Kämpfer gegen den Zerfall«. Diese in allen lebenden Wesen wirkende Kraft nennt die Geisteswissenschaft den Lebensleib oder Ätherleib. Sie ist auch in den Tieren und Pflanzen wirksam. Der Lebensleib ist der Organisator im lebenden Organismus; er hebt die tote Materie in höhere gesetzmäßige Zusammenhänge, eben in jene des Lebens. Erst im Tode löst sich der Lebensleib von dem physischen Körper, und dann greifen in den Leichnam wieder die Gesetze des Zerfalls ein in Form physikalischer und chemischer Prozesse. Über die lebendigen Bildekräfte hinaus ist im Menschen etwas wirksam, das nun nicht mehr in den Pflanzen, sondern nur noch im Tierreich gleichermaßen Äußerung findet: die Gefühle, alles, was mit der Lust, dem Leiden, den Begierden, zusammenhängt. Den unsichtbaren Träger der Empfindungen nennt die Geisteswissenschaft den Empfindungsleib oder Astralleib.

Als viertes Glied des Menschenwesens ergibt sich das, was den Menschen nun auch über die Tierwelt hinaushebt. Jeder Mensch ist ein einmaliges Wesen, eine Individualität für sich. Nur zu sich selbst kann man »ich« sagen. Alles gattungsmäßige, was allein das Wesentliche eines Tieres ausmacht, bleibt zurück, wenn man einen bestimmten Menschen, eine Individualität meint.

So gliedert sich die menschliche Wesenheit in:

> physischer Leib
> Lebensleib (Ätherleib)
> Empfindungsleib (Astralleib)
> Ich

Nur im Wachzustand durchdringen sich diese vier Wesensglieder des Menschen. Das Ich erwacht am Widerstand des physischen Leibes zum hellen Tagesbewußtsein. Schläft der Mensch, verlassen die beiden oberen Wesensglieder – Astralleib und Ich – den physischen Leib und Ätherleib bis zu einem gewissen Grade. Astralleib und Ich treten im Schlaf in Verbindung mit der uns immer umgebenden seelischen und geistigen Welt. Sie schaffen unter der Anleitung höherer Wesen an der Regeneration des physischen und Lebensleibes. Da aber für das Ich der Widerstand des physischen Leibes fehlt, weiß es nach dem Aufwachen nichts von den Vorgängen der Nacht. Nur in Traumbildern können uns zuweilen Erlebnisse, die wir in der seelischen und geistigen Welt haben – über die Erinnerung – zum Bewußsein kommen.

Vom Leben nach dem Tode

Geschieht der Wechsel zwischen Trennung und Wiederdurchdringung der Wesensglieder des Menschen in Schlaf und Wachen im täglichen Rhythmus, so treten dagegen im Tode die Wesensglieder endgültig auseinander. Ist der Tod eingetreten, so setzen sofort die Zerfallskräfte am Leibe an. Es wird offenbar, daß der »Kämpfer gegen den Zerfall« sich zurückgezogen hat. Lebensleib, Empfindungsleib und Ich treten aus dem physischen Leibe heraus.

Die ersten Erlebnisse, die nach dem Übertritt über die Schwelle des Todes auftreten, sind durch Menschen, die einem schweren Schockerlebnis ausgesetzt waren, beschrieben worden. In den letzten Jahren sind mehrere Bücher erschienen, in denen Reanimierte ihre Erlebnisse erzählten. Sie waren durch Unfälle oder bei einer lebensgefährlichen Operation in einen Zwischenzustand zwischen Leben und Tod getreten, oft sogar schon für klinisch tot erklärt worden, aber durch das Eingreifen der Ärzte wieder zurückgeholt worden. Sie berichten übereinstimmend von einer großen Rückschau, in der sie ihr ganzes bisheriges Leben überblicken konnten wie in einem großen Panorama. In unglaublicher Klarheit steht alles bisher Erlebte vor dem Menschen und wird zugleich von ihm beurteilt, aber nach ganz anderen Maßstäben als jenen, die er von seinem gewöhnlichen Bewußtseinszustand aus anlegt. Für unsere normalen Zeitverhältnisse verstreichen währenddessen unter Umständen nur Sekunden. Ebenso wie im Traum hat die Zeit hier eine andere Dimension.

Im Verlauf des Lebens werden alle Erlebnisse als Erinnerungseindrücke in den Lebensleib des Menschen geprägt. Ist dieser von seiner Lebenstätigkeit im physischen Leib losgelöst, kann das Menschenwesen in diesen Einprägungen sein ganzes vergangenes Erdenleben überschauen.

Rudolf Steiner schildert nun aus seinen geisteswissenschaftlichen Forschungen heraus, wie dem Menschen im nachtodlichen Leben von diesem großen Erinnerungstableau ein Extrakt, eine Essenz bleibt, die er unverlierbar mitnimmt. Der Lebensleib löst sich nach wenigen Tagen als ein zweiter Leichnam langsam in dem allgemeinen Lebensgefüge der Welt, in dem allgemeinen Weltenäther auf.

Zugleich hat der Mensch die Empfindung des Sich-Ausdehnens, des Immer-größer-und-größer-Werdens, des Über-sich-Hinauswachsens. Er fühlt sich in den Dingen seiner

Umgebung, mit den Dingen ausgedehnt. Abstrakt ausgedrückt: er fühlt sich nicht mehr im Mittelpunkt, wie während des Erdenlebens, sondern im Umkreis mit diesem verbunden. Dieser Umkreis wird in riesigen Sphärenschritten immer größer. Er erlebt die geistigen Sphären der uns umgebenden Himmelskörper, zunächst des Mondes, dann der Planeten und der Sonne.

Zunächst lebt das Menschenwesen in der Seelenwelt im Bereich der Sphäre des Mondes. In seinem Seelenleib wirken noch alle im Leben erzeugten Wünsche. Es fehlen aber die Mittel, sie zu befriedigen, was nur während des Wohnens in einem physisch-sinnlichen Leib auf Erden möglich ist. Dadurch tritt in ihm das Gefühl der Entbehrung wie eines verzehrenden Durstes auf. Die griechische Mythologie drückte das im Bild von den Qualen des Tantalus aus. Das Entbehrungsgefühl steigert sich zur Empfindung von Feuersglut, in die man versenkt ist. Das Fegefeuer (Purgatorium) und die Gehenna sind die zutreffenden Bilder aus christlichem und islamischem Kulturkreis. Die Inder nannten diesen Zustand Kamaloka. Zugleich treten auch Kältegefühle auf, die mit Versäumnissen auf Erden zusammenhängen.

Die Menschenseele muß hier lernen, sich freizumachen von dem Hang zu ihrem abgelegten Erdenleben. Neue Organe muß sie sich erschaffen, um in der Seelenwelt leben zu können.

Das geistig-seelische Menschenwesen beginnt nun sein vergangenes Erdenleben rückwärts zu durchschreiten: vom Todesaugenblicke rückwärts gehend bis zur Geburt. Der Mensch erlebt sich jetzt aber nicht als der Akteur seiner Taten, sondern er muß deren Auswirkungen erfahren. Hat er zum Beispiel im Leben einem anderen Menschen Böses zugefügt, so muß er jetzt erleiden, was dieser im Erdenleben durch ihn erlitten hat.

Zugleich lebt das Menschenwesen im Beurteilen seiner vergangenen Taten. Es kann gar nicht anders, als das vergangene Erdenleben moralisch zu beurteilen. Dadurch schnürt es sich sozusagen ein »Päckchen«, das aus seiner moralischen Wertigkeit besteht und das es auf seinem Wege durch das nachtodliche Leben nun in dieser Sphäre zurücklassen muß. Dieser Zustand des Kamaloka dauert etwa so lange, wie der Mensch im vergangenen Leben mit Schlafen zubrachte, etwa ein Drittel der Lebenszeit.

Hat der Mensch sein vergangenes Erdenleben als Erleidender seiner Taten bis zu seiner Geburt zurückverfolgt, kann er den Teil seines Seelenleibes, der die Begierden und Wunschnatur enthält, als dritten Leichnam zurücklassen, damit dieser sich auflösen kann.

Nun ist das Menschenwesen reif für die Geistwelt, die der christliche Kulturkreis die Reiche der Himmel nennt. Diesen Sinn hat das Wort des Christus zu den Jüngern: Wahrlich ich sage euch: es sei denn, daß ihr umkehret und werdet wie die Kinder, so werdet ihr nicht in das Reich der Himmel kommen.

Wenn die gereinigte Seele den Ort der Begierdenglut (Kamaloka) verlassen kann und aufsteigt in die weiteren Regionen, ist sie mit den Menschen vereint, mit welchen sie auch im Erdenleben verbunden war. Die seelischen Beziehungen zeigen sich dann allerdings zunächst als unveränderbar, so wie sie im Erdendasein waren. Homer sprach in diesem Zusammenhang von dem »Reich der Schatten, in dem kein Wechsel, keine Veränderung möglich ist«.

Auf dem weiter folgenden Weg durch die Seelen- und Geistwelt treten der Seele immer wieder ihre Fehler und Mängel entgegen, und es entsteht der ganz starke Wille zur Veränderung, die aber nur in einem neuen Erdenleben möglich ist. Aus diesem Willen zum Ausgleich, zur Weiterentwicklung und Vervollkommnung geht der Wunsch hervor, wieder ein neues Leben auf Erden anzutreten.

In der Geistsphäre der Sonne, die der Mensch nun betritt, kommt das Menschenwesen in Beziehung zu allen Menschen aller Völker, Rassen und Religionsbekenntnisse. Aber dieser Schritt kann nur dann ganz bewußt vollzogen werden, wenn sich der Mensch während seines Erdenlebens ein allmenschliches Verständnis angeeignet hat. Hier in der Geistsphäre der Sonne begegnet er dem Christuswesen, das seine Erlösungstat für alle Menschen jeder Rasse und jeden Religionsbekenntnisses vollbracht hat, das die Menschheit zu einer Einheit führen will, nicht in fanatischem Bekenntnis, sondern in gesamtmenschheitlichem Verständnis. Christus kann nun der Führer des Menschenwesens sein, wenn sich dieses um einen inneren Bezug zu dem Christuswesen im Laufe seines vergangenen Erdenlebens bemüht hat. Er gibt dem Menschenwesen auf seinem weiteren Wege durch die Geistwelt Licht.

Von der Vorbereitung des neuen Erdenlebens

Nun beginnt das Menschenwesen, unter der Anleitung höchster geistiger Wesenheiten, an dem Urbild seines späteren Erdenlebens zu arbeiten. Dieses Schaffen bedeutet für das Menschenwesen höchste Seligkeit. Keine irdische Tätigkeit, die den Menschen glücklich macht, ist vergleichbar mit diesem himmlischen Tun, welches das Menschenwesen mit dem größten Glücksgefühl erfüllt. Dabei werden die Kräfte des ganzen Kosmos in dieses Urbild einverwoben. Die höchsten geistigen Wesenheiten (die christliche Tradition nennt sie Throne, Cherubim und Seraphim) – das äußere Abbild ihres Wirkens ist der Tierkreis unseres Sternenhimmels – wirken mit. Sie halten bestimmte Gaben bereit, die zum Aufbau des Urbildes des physischen Leibes notwendig sind und auch zum Beispiel bestimmte Veranlagungen im späteren Erdenleben bedeuten. Die Aufnahmebereitschaft des Menschenwesens hängt von seinem Entwicklungszustand und von dem im vergangenen Erdenleben Erreichten ab.

In einigen Märchen, die im Grunde eine Schilderung des Lebens zwischen Tod und neuer Geburt darstellen, wird in Bildern auf diese »Gaben« hingewiesen. So sei beispielsweise an die Goldmarie und die Pechmarie erinnert, wie sie, von Frau Holle beschenkt oder bestraft, durch das »Tor« auf die Erde zurückkehren.

Der Abstieg des Menschenwesens in die Erdenwelt wird vorbereitet. Die Wesen der geistigen Hierarchien treten wieder mehr in den Hintergrund. Ein stärkeres Selbstgefühl tritt dafür auf, es beginnt Interesse zu erwachen für konkrete irdische Verhältnisse, für die Menschengeschichte, für bestimmte Erdenmenschen. Das Geistwesen interessiert sich für gewisse Generationenfolgen, an deren Ende das erwählte Elternpaar steht. Besonders aufmerksam verfolgt es das Auftreten bestimmter Veranlagungen in seiner zukünftigen Vorfahrenreihe. Es beteiligt sich unter der Führung geistiger Wesen an der Veranlagung bestimmter Fähigkeiten, die – durch den Vererbungsstrom durchgehend – ihm selbst einst Grundlage sein sollen. Ganz besonders wichtig ist ihm das Zusammentreffen des Elternpaares, das Voraussetzung seiner Geburt auf Erden sein wird. So kann man sagen, daß das Menschenwesen auf seinem Wege zur Verkörperung durchaus Einfluß nimmt auf die Zusammenführung von Vater und Mutter.

Das zur Geburt strebende Wesen ist nun wieder aus den Geisteswelten in die Seelenwelt eingetreten, dabei geht es wiederum durch die Sphären der Planeten und der Sonne hindurch. Beim Eintritt in die Mondensphäre entscheidet sich, ob das Menschenwesen als Mann oder als Frau in das neue Erdenleben treten wird.

Kinder erinnern sich an diesen Weg

Nach dieser kurzen Darstellung, die aufgrund der geisteswissenschaftlichen Forschung von Rudolf Steiner gegeben werden konnte, seien nun einige Aussprüche von Kindern gebracht, die auf eindrückliche Weise Einzelheiten des vorgeburtlichen Daseins schildern.

Bei der Betrachtung des Vollmondes sagte der kleine Joachim zu seiner Mutter: »Das ist nicht der Mond, das ist das Tor, aus dem ich herabkam.«

Ein Vierjähriger saß mit seinen Eltern und dem etwa dreijährigen Bruder am Frühstückstisch. Ein unbeschwertes Gespräch ging hin und her, in dessen Verlauf die Mutter auf den etwas phlegmatischen Kleinen anspielte und meinte: »Der hat sich wohl Zeit gelassen und zu seinem Bruder gesagt: Geh' Du mal zuerst auf die Welt, ich komme dann nach.« Und sie wandte sich zum Älteren mit dem nicht sehr ernst gemeinten Satz: »Da hast Du Dich auf einen Sonnenstrahl gesetzt und bist heruntergerutscht in die Wiege.«
Bei diesen Worten der Mutter veränderte sich der Angesprochene so auffällig im Gesichtsausdruck und schien wie nachsinnend etwas zu suchen, daß die Mutter stutzte und rasch hinzufügte: »Oder war es etwa nicht so?«
Das Kind: »Nee, da war ich doch viel zu leicht dazu.«
Die Mutter: »Und was hast Du da gemacht?«
Das Kind: »Da hab ich mir erst – – den Mond – –«, er sucht ein Wort, das paßt, findet keines und bildet schließlich selbst ein neues: »Da hab ich mir erst den Mond umgerundet. Da war ich schwer genug.«
Die Mutter: »Und dann bist Du in Deine Wiege gerutscht?«

Das Kind: »Nee, dann bin ich in Muttis Gärtchen gegangen.«

Vom Weg zur Empfängnis und Schwangerschaft

Hat das Menschenwesen sein Elternpaar gefunden und tritt bei diesen der Moment der Konzeption ein, so verbindet sich das, was hier das Urbild des physischen Menschenleibes genannt wurde, mit dem befruchteten Menschenkeim. Dieser Menschenkeim wird nach dem geistigen Urbild, das den individuellen Möglichkeiten des einzelnen Menschenwesens entspricht, gestaltet.

Das geistig-seelische Wesen (Ich und Seelenleib), das noch in der Seelenwelt lebt, zieht die Ätherkräfte, die im ganzen Kosmos sind, zu sich heran und bildet sich dadurch seinen Äther- und Lebensleib. In diesen wird hineinverwoben das »Päckchen« seiner moralischen Wertigkeit, das er beim Aufstieg in die geistigen Welten zurückgelassen hatte. Der Mensch trägt dadurch sein Karma in das Erdenleben herein, das heißt die Voraussetzungen für den Schicksalsausgleich, den er austragen will und muß.

Etwa in der dritten bis vierten Schwangerschaftswoche verbindet sich dieses geistig-seelische, mit einem individuellen Ätherleib umkleidete Wesen mit dem Menschenkeim im Mutterleibe.

Zu diesem Zeitpunkt, ehe sich das seelisch-geistige Menschenwesen mit der Mutter näher verbindet, tritt ein Ereignis ein, das ähnlich ist dem, das beim Übertreten der Todesschwelle erlebt wird. Dort überblickt das Menschenwesen das vergangene Leben in einer Gesamtschau. Jetzt erlebt es eine Art Vorschau auf das, was es im kommenden Erdenleben erwartet. Es ist ein Gesamtüberblick, nicht Einzelheiten, ein Bild der Lebensmöglichkeiten. Dieser Moment schwindet wieder aus seinem Gedächtnis.

Entscheidung für das Schicksal

In besonderen Fällen kann eine Art Erinnerung an einzelne Bilder später wieder auftreten. Der folgende Bericht gibt ein solches Beispiel. Es wird darin deutlich, mit welch fester Entschlossenheit, die Widerstände als notwendig bejahend, das Menschenwesen in unsere Erdenwelt eintritt.
Für Frau B. im zweiten Bericht hat sich diese Entschlossenheit in ein besonderes Lebensgefühl gewandelt.

»Viel schwerer, als ich glaubte, fiel mir das Aufschreiben. Ich wollte so wahrhaftig wie möglich schildern, aber das Geschilderte erscheint mir wie ein zartes Gewebe, das ich mit Stricken nachzubilden versucht habe.«
Zunächst schildert sie die schwierigen Lebensumstände der eigenen Mutter, die nicht verheiratet ist, mit einem Trinker verkehrt, schon eine Fehlgeburt hatte und bei der zweiten Schwangerschaft erlebt: das Kind in ihrem Leibe, etwa im sechsten Monat stößt sie heftig, danach spürt sie keine Bewegungen mehr, es fühlt sich an wie abgestorben. Sie geht sofort zum Arzt, der sie operieren will, denn er meint, das Kind sei nicht zu halten. Sie wehrt sich, sucht einen anderen Arzt auf, der ihr Spritzen gibt und Ruhe verordnet, bis sich nach Tagen das Kind wieder regt.
»Dieses Kind war ich.«
Es wird geboren, aber es ist nicht schön. Es schielt auf einem Auge, die Mundwinkel sind herabgezogen, später stehen die Zähne schief. Es macht einen kränklichen Eindruck, fiebert manchmal ohne erkennbaren Grund. Die Mutter zeigt es nicht gerne vor, Freunde bemitleiden es in seiner Unansehnlichkeit und bestaunen nur die blonden Haare des Persönchens.
Das Kind wundert sich über die mitleidigen Blicke der Großen. Es fühlt sich gar nicht unglücklich oder einsam,

denn es lebt und spielt mit einem kleinen Bruder, den es beschenkt, und einem großen Bruder, der es beschützt. Nur die Erwachsenen sehen die Brüder nicht. Erst später wird ihm bekannt, daß die Mutter außer der früheren noch eine Fehlgeburt hatte nach dem zweiten Kind.

Einmal fiel in Gegenwart des Kindes das Wort »Weltuntergang«. Abends im Bett stellte es sich vor: die Sonne geht unter, der Hof mit dem Sandberg und den Kirschbäumen geht unter, die Linde vor dem Balkon und es selbst mit seinem blauen Blecheimerchen – alles geht unter. Und es hatte Angst, daß morgen kein Tag mehr werden könnte. Alle späteren Erfahrungen von Angst waren nichts gegen dieses Gefühl, verloren zu sein in dem Untergang der Welt; alles, woran zu halten es sich gewöhnt hatte, hinfallen zu sehen – die Häuser zerdrückt, zermahlen die Bäume, es selbst hinweggefegt im Getöse des Sturmes. Ein Tier sperrt den Rachen auf und droht das Kind zu verschlingen. Es schrie vor Entsetzen. Es drehte sich um im Bett, bis es auf den Knien lag und flehte: »Lieber Gott, laß nur morgen die Welt noch nicht untergehen. Die Sonne soll wiederkommen! Wenigstens morgen noch!«

Da verwandelte sich ihm die Welt. Eine große Stille schien plötzlich gegenüber zu sein, und eine Frage stand im Raume: »Warum?« Da tauchte es tief in sich selber ein, suchte nach dem Grunde und fand die Antwort: »Ich will etwas tun in der Welt, etwas Großes, habe ich versprochen, das muß ich noch machen.« Und mit dieser Antwort fühlte es sich im Zentrum der Schöpfung, voller Liebe dem gegenüber, was eben noch so hinfällig erschienen war, aber auch mit einer Verantwortlichkeit begabt, die über alles Begreifen geht.

Zum ersten Mal empfand es Einsamkeit und weinte wieder. Aber da war es, als säße ein Wesen am Kopfende des Bettes in einem weiten, weißen Gewand, dem legte es kniend den Kopf in den Schoß, und das Wesen breitete Fittiche über ihm aus.

Das Kind kam zur Schule, und seltener wurden die Gewißheiten. Es dachte sich oft ein Wesen, zu seiner Rechten am Bette sitzend, aber das schien ein Spiel zu sein. Zwar »sprach« es mit ihm, es fühlte seine Anwesenheit, aber es glaubte seinen Wahrnehmungen von Jahr zu Jahr weniger. Und doch wollte es sich empören, als dieses Wesen zu verstehen gab, daß es sich nicht mehr fügen, sondern zurückziehen möchte. Das Kind redete sich ein: »Es kann sich gar nicht zurückziehen; ich mache diese Gestalt, indem ich sie ja selber denke.« Aber dann war Leere im Raum.

Das Kind ist bestürzt, es erträgt nicht das Verlassensein. Ob am selben Abend oder später: es entschließt sich, dem Wesen zu glauben, daß es es gibt, wenn es nur wieder fühlbar wird. Und der Entschluß gibt ihm das Sehen wieder. Das Wesen steht wieder neben ihm. Aber es löst sich von seinem Platze und bewegt sich vor das Kind hin, über ihm stehenbleibend und auf rätselhafte Weise mit seiner Stirn verbunden. Das Kind empfand das Wesen außer sich und zugleich im Innern, wo es mit einer Bewegung etwas fortzog wie einen Vorhang, der innen vor der Stirn zu sein schien. Und zum ersten Mal sah das Kind die folgenden Bilder auftauchen, wie einen Traum und zugleich wie eine langvergessene Erinnerung.

Die Erwachsene schreibt Jahrzehnte später: »Ich wundere mich, daß das Erleben, von dem ich erzählen will, durch die Jahre nicht überdeckt oder vergessen wurde. Es ist eher so, daß ich, die Augen schließend, mich erinnere, wie an ein jüngst vergangenes Geschehen, oder genauer: als sei es gegenwärtig, alle Zeit durchdringend, außer mir, über mir.«

Und dann sucht sie die Sprache für die Erinnerungsbilder, tastend verantwortungsvoll gegenüber dem Geschauten, streng gegen sich selbst: »Aus Dunkelheit fühle ich mich herausgelöst. Ich bewege mich und empfinde dabei Staunen, Freude und den unbedingten Wunsch, dieses Bewegen fortzusetzen. Aus dem Rande des Dunkels löst sich ein Wesen, das zu meiner Linken mich begleitet. Vor mir tauchen Lichter auf, die sich schlangengleich, umeinander, durcheinander bewegen, mich aber nichts angehen. Mir ist, als wolle mein Begleiter mich umarmen und zurücktragen in das bewußtlose Dunkel. Aber ich strebe weiter, auf etwas zu, das einem Lichtfleck ähnlich sieht. Es ist eine Ebene unter mir hingebreitet, bildhaft und farbig.

Ich werde gewarnt vor den Eltern, vor der Mutter besonders. Aber ich will mit all meiner Kraft in dieses Licht eintauchen. – Die Stimme des Wesens wird jetzt deutlicher. Ich darf wählen zwischen zwei Wegen: dem einen, äußerlich schön zu werden, aber im Inneren arm; oder dem anderen, schön und reich zu werden im Inneren, und wähle den zweiten Weg in dem Gedanken: das Äußere werde ich schon beeinflussen können. Da ist es um mich herum wie Liebe, aber auch Trauer. Und im Scheiden ist mir noch ein Wunsch zu tun erlaubt. Aber die Bewegung hat mich ergriffen. Es scheint, als sei sie allein der Wunsch. Ich erlebe Zeit, spüre ein Verblassen und Zurücksinken dessen, was hinter mir liegt. Ich erschrecke und zwinge mich zum Umwenden. Ich will Gewißheit behalten vom Vater, nie das Bewußtsein verlieren, will ein Licht in mir tragen. Die Freude des Wesens neben mir fühlt sich an wie Gesang. Dann wird es trüber. Zuletzt wird eindringlich zu mir gesprochen: Ich werde eine Aufgabe haben und verspreche, mich ihrer zu erinnern. Wie ich mich fortbewege, kommt Vergessen über mich, verhüllend wie ein Tuch. Noch einmal rufe ich, und dieser Ruf ist wie eine Brücke, wird fadendünn und nebelhaft. Dann versinkt das Erinnern.«

Frau B.: Ich hatte immer, besonders als Kind und in der Jugend das Gefühl, sehr alt zu sein, viel älter als meine Eltern. Nie hat mich zum Beispiel ein »Lämmerhüpfen« gereizt, ich war artig und machte es mit, aber bewußt wurde mir die Situation zum Beispiel, als meine Mutter mich fragte: »Bist du müde, sollen wir nach Hause fahren?« Und ich ohne Überlegung antwortete: »Wenn *Ihr* Euch noch amüsiert, bleiben wir noch!« Ich erschrak über diese Antwort und mein Altersgefühl, meine Mutter aber merkte es nicht.

Und als ich als dreizehn- bis vierzehnjähriges Kind ein ganzes Jahr gelegen hatte, mit vielen Operationen und starken Schmerzen und dann einmal eine »Tante« mich pausenlos mit »armes Kind« bedauerte, erschrak ich innerlich wieder, als ich mich antworten hörte: »Das stimmt gar nicht, das ist ganz richtig und gut so»!« Ich sehe das Erstaunen der Dame und fühle noch jetzt die Frage in mir: Woher weißt du das, wer hat dir das gesagt? Eine Antwort wurde mir nicht gegeben, nur das innere Wachsein, das Wissen: behalte die Frage, vergiß das nicht! behielt ich.

In seiner »Theosophie« schildert Rudolf Steiner, wie der Geist des Menschen in den höheren Regionen der geistigen Welten »die Absichten, die er in Zukunft zu verwirklichen hat«, aufnimmt. Der Mensch urteilt dort anders als hier auf Erden. Hat der Geist eines Menschen wenig Affinität zu den Vollkommenheiten, die hier auf Erden zum Beispiel in einem regen Gedankenleben oder durch weise, werktätige Liebe zum Ausdruck kommen, so empfindet er das als Mangel. Es kann der Drang entstehen, dem kommenden »physischen Leben einen Impuls einzuprägen, welcher dieses Leben so verlaufen läßt, daß im Schicksal desselben die entsprechende Wirkung des Mangels zutage tritt«. Was dann in dem folgenden Erdenleben als leidvolles Geschick vom Gesichtspunkte dieses Lebens aus erscheint – ja vielleicht als solches tief beklagt wird –, das findet der Mensch »in der Geistwelt als für ihn durchaus notwendig«.

Durch die beiden letzten Berichte fühlt man sich aufgerufen, auch im eigenen Leben nach rückwärts zu suchen. Gewöhnlich befaßt man sich – trotz aller Verdrängungskünste – eher mit dem Tode und klammert sich an jede denkbare Möglichkeit des Weiterlebens nach dem Tode. Schaut man rückwärts zum Tor der Geburt hin und versucht sich klarzumachen, daß man von dort herkommt, wo das Erinnerungsbewußtsein verschwindet im Nebel der Undeutlichkeit und schließlich der völligen Selbstvergessenheit, so taucht immer deutlicher die Frage auf: Wofür bin ich auf der Welt, was war mein Ziel für dieses Erdenleben, was zu tun habe ich mir vorgenommen?

Freilich wird sich, auch durch noch so tiefsinniges Grübeln, der Moment der Zielsetzung nicht ohne weiteres erschließen. Aber die Grundhaltung zum Leben kann sich durch die Betrachtung dieser Frage ändern. In allen großen Ereignissen des Lebens, aber auch in den kleinen Begebenheiten eines Tageslaufes spiegelt sich das Schicksal. Bin ich auch wirklich wach und geistesgegenwärtig genug, jeden Augenblick zu nutzen, in jedem Moment die sich bietenden Möglichkeiten auszuschöpfen?

Eine große Verantwortlichkeit wird sich dem eigenen, jetzigen Leben gegenüber einstellen. Ideale und erstrebenswerte Menschheitsziele müssen gesucht werden, und je intensiver man sich in deren Dienst stellt, desto näher wird man an das herankommen, was man sich selbst zu tun vorgenommen hat, und desto fruchtbarer wird das eigene Streben und Wirken für die Menschheit sein.

Im Folgenden seien noch einige »Erinnerungsberichte« von Kindern wiedergegeben

Frau R.: Ich kann zwei Erlebnisse mit meinem Sohn Christian berichten. Er wurde im August 1945 in Berlin geboren, ich selbst war damals vierundzwanzig Jahre. Einige Zeit vor seiner Geburt (leider kann ich nicht sagen, wie viele Wochen davor, denn dieses erste Erlebnis liegt ja schon lange zurück. Es ist mir jedoch sehr gut in Erinnerung, weil es mich stark beeindruckte. Da es für mich von wesentlicher Bedeutung war, hat sich mir die Traumsituation eingeprägt) –, also einige Zeit vor der Geburt meines Sohnes träumte mir, daß ich durch eine heitere, lichtdurchflutete, mit Büschen und Bäumen bestandene Landschaft ging. Ich hörte eine Kinderstimme nach mir rufen und wußte, daß das mein Sohn war. Ich suchte ihn hinter den Büschen, habe ihn jedoch nicht gesehen.
Vor seiner Geburt habe ich also nur seine Stimme gehört.
Das zweite Erlebnis war so:
Als mein Sohn vier Jahre alt war, sagte er eines Tages zu mir: »Bevor ich geboren wurde, habe ich immer bei dir auf dem Dach gesessen und auf Dich heruntergeschaut.«

Frau A.: »Mutter, es war doch sehr schwer, zu Dir zu kommen.«
Mutter blickt fragend.
»Na, von oben. Ein Engel hat mich gebracht, er hat mich auf seinem Rücken getragen. Dann bin ich in Dein Bäuchlein geschlüpft und habe wieder zugemacht.« – Pause – Dann: »In der Zeit, wo ich bei Dir war, habe ich alle Teufelchen von Dir weggehalten.«

Vom Anfang der Schwangerschaft an gehen mit dem Organismus der Frau starke Veränderungen vor sich. Schwangere

82

Frauen bekommen einen besonders schönen, harmonischen Gesichtsausdruck. Sie erscheinen uns wie von einem Himmlischen berührt – und so ist es ja auch.

Frau E.: Der dreieinhalbjährige J. erzählt eines Tages: »Über dem Himmel da ist noch ein Himmel, und da war ich drin. Ich wollte ja schon früher kommen, aber das ging nicht, da war ein Flugzeug dazwischen« (zu diesem früheren Zeitpunkt arbeitete die Mutter als Reiseleiterin in Griechenland und betreute Flugreisende), »aber dann hab' ich so gemacht« (er boxt mit den Fäusten) »und dann bin ich gekommen!«
Später: »Soll ich dir noch was vom Himmel erzählen? Ich bin nämlich mit der Maria auf die Erde gekommen. Wie Weihnachten war, da war ich nämlich der Maria ihr Kind und nachher erst dein's.« (Um diese Zeit hatte die alleinstehende Mutter die Schwangerschaft einfach noch nicht wahrhaben wollen.)

Frau B. erzählt von ihrem Kind folgenden Ausspruch: »Eigentlich wollte ich noch gar nicht auf die Erde kommen. Der Thomas sollte zuerst gehen. Der Thomas hat mir aber versprochen, auch zu kommen.«

Frau I.: Johanna, dreieinviertel Jahre alt, beim Gespräch darüber, wie sie zu mir kam: »Oh, erst war's so naß, dann war's trocken, und dann bin ich reingepoltert.«

Die Kinder erinnern sich nicht an einzelne Verhältnisse vor der Geburt oder daran, wie sie herabgestiegen sind aus den übersinnlichen Welten. Es sind oft nur kurze Momente, in denen, wenn die Erwachsenen im Umkreis des Kindes geistesgegenwärtig genug sind, solche Äußerungen aufgeschnappt werden können. Diese können uns erstaunliche Einzelheiten nahebringen.

Bezeichnend ist, daß die meisten derartigen Äußerungen über vorirdische Verhältnisse von Kindern unter vier Jahren gemacht werden. Unsere Erinnerung reicht ja normalerweise bis zum vierten, sehr selten ins dritte Lebensjahr unserer eigenen Kindheit zurück, davor ist es dunkel. Daran können wir messen, daß der Säugling und das Kleinkind in dieser Zeit noch wie träumend – nicht vollbewußt – leben. Es geschehen aber in diesen ersten Jahren die entscheidendsten Dinge des Lebens: Das Kind fängt an, die Welt zu ergreifen. Es lernt, sich aufzurichten und das Gleichgewicht im Stehen und Gehen zu halten. Es lernt nachahmend sprechen und schließlich denken. Dieses Ergreifen des eigenen Körpers und seiner Umgebung geschieht also ganz unbewußt. Die Art zu krabbeln, sich aufzurichten, nachzuplappern, die Art sich zu bewegen ist aber bei jedem Kind schon unterschiedlich, also individuell. Man kann es vielleicht so charakterisieren: Das Wesen, die Individualität des Kindes, schafft wie von außen an seiner sich entwickelnden Leiblichkeit, noch ganz unter Leitung der Wesen, die es hereingeführt haben in diese Welt.
Da sein diesseitiges Bewußtsein noch nicht deutlich ausgeprägt ist, kann seine Erinnerung noch zurückreichen in die Welt, aus der es herabgestiegen ist.

Ankündigungen im Kreise der Verwandtschaft

Aus der Darstellung des vorgeburtlichen Daseins des Menschenwesens in der geistigen Welt geht hervor, wie wichtig die Beziehung zu den Ahnengenerationen ist, wie innig die Verbindung zu den Menschen ist, in deren Mitte es später auf die Welt kommen will. Unendliche Liebe und unendliches Vertrauen werden diesen Menschen entgegengebracht. Das fand in vielen der geschilderten Berichte seinen Niederschlag. So gesehen ist die Liebe, die dem geborenen Kinde von seinem Menschenumkreis entgegenkommt – ganz besonders die sprichwörtliche Mutterliebe – eine Erwiderung der unmittelbar von dem Kindeswesen ausgehenden Liebe. Es macht ein solcher Gesichtspunkt die Mutterliebe nicht etwa geringer, aber er kann vielleicht helfen, dieser die törichte, manchmal fast animalische Komponente zu nehmen. Mutterliebe und die Liebe, die wir den Kindern entgegenbringen, ist nicht eine biologisch-natürliche, sondern eine geistgemäße Tatsache.
So ist es nicht verwunderlich, wenn sich das kommende Menschenwesen auch im liebevoll aufnahmebereiten Verwandtschaftskreise ankündigt.

Frau D. (Schwester von Frau E., der Mutter von F.):
Am allermeisten hat sich F. mit mir beschäftigt, so daß ich lange das Gefühl hatte, er wollte eigentlich zu mir kommen.
Also, es war ganz kurz nach der Geburt des dritten Sohnes meiner Schwester, ich glaube nur etwa drei Wochen, da kam ich im Traum in ein garagenähnliches Gebäude, wo an den Wänden entlang vier Betten mit den vier Buben meiner

Schwester standen. Ich trat ein in den Bunker und schaute die Buben an. Die beiden ältesten Söhne meiner Schwester erkannte ich. Die lächelten mich an. Der dritte Sohn lag in dem Kissen, und sein Gesicht war weiß, ohne Gesichtszüge (denn den hatte ich in der Wirklichkeit noch nicht gesehen), und in dem vierten Bett, da konnte ich nichts sehen, nicht mal das Bett war zu erkennen und keine Umrisse und nichts. Und trotzdem wußte ich *ganz genau*, da liegt noch einer, meiner Schwester vierter Bub. Er war förmlich zwingend spürbar, ohne sichtbar zu sein.

Ich habe das damals meiner Schwester erzählt und mich fast geschämt, angesichts der schweren Geburt ihres dritten Sohnes, und sie wehrte natürlich aufseufzend ab. Frau E. wurde bald darauf schwanger und bekam ihren vierten Sohn.

Frau D.: S., der erste Sohn meiner Schwester, war gerade geboren, da befinde ich mich im Traum mit meiner Schwester zusammen in einem großen Küchenraum, in dem gewirtschaftet wird. An einem großen Tisch wird gebügelt. Neben dem Tisch steht ein Stubenwagen, darin sitzen die beiden Buben meiner Schwester, mit Größenunterschieden, so etwa ein und zwei Jahre alt. Sie sitzen nebeneinander, an die Breitseite des hochrädrigen Körbchens gelehnt, und schauen zu. Sie tragen graue Trachtenjäckchen mit rotem und grünem Rand, wie unsere Mutter sie ihnen später tatsächlich gemacht hat, genau dieselben. Was mir auch noch gut im Gedächtnis ist, ist die breite Kopfform, wie sie dann auch tatsächlich herauskam bei den Kindern meiner Schwester.

Herr H.: Als eine unserer Schwiegertöchter ein Kind erwartete, sagte meine Frau eines Morgens beim Aufwachen zu mir: »Unser Enkel ist da, es ist ein Junge. Er kam heute nacht im Traum vergnügt zu mir herangesprungen und sagte: Ich heiße Andreas!« Bald nachdem wir aufgestanden waren, klingelte der Fernsprecher, und unser Sohn meldete uns, daß seine Frau einem Knaben das Leben gegeben habe.

Frau Sch. berichtet ihren Traum von ihrem zu erwartenden Enkelkind. Sie hatte den Traum drei Wochen vor der Geburt:
Ich sah ein ausgewachsenes, wohlgestaltetes Kind, mit kleinen, wiegenden Bewegungen im klaren Fruchtwasser und schaute es durch eine dünne, feine Hülle. Es hielt den Kopf über Wasser und sah mich an wie eine Wohlvertraute. Da sagte ich zu ihm: »Ich denke oft an Dich, sogar beim Malen.« Es erwiderte: »Ich weiß, ich weiß! Das ist sehr schön! Aber siehst Du, ich habe fast keinen Raum mehr zum Schwimmen. Manchmal möchte ich schon geboren sein, aber ich spüre, auch das ist schwer.«
Dabei sah es mich ernst an. Da sagte ich, daß ich ihm etwas vorsprechen möchte, und es lauschte: »Das Schöne bewundern, das Wahre behüten...« (Abendglockengebet). Danach spürte ich, daß das Kind immer noch lauschte, als wollte es noch mehr hören. Da sprach ich weiter: »Du durchdringest alles, – laß Dein schönstes Lichte, Herr, berühren mein Gesichte...« Das Kind blieb ruhig. Vertrauen und Mut lag in der Stimmung zwischen uns. Langsam löste sich das Bild in silbrig-hellblauem Wasser auf.

Erfahrungsberichte aus dem sozialen Umfeld der Eltern

Auch der weitere Menschenumkreis der Eltern kann in das Geschehen des Herabstiegs eines Menschenwesens miteinbezogen werden. Personen, die den Eltern in tiefer Freundschaft verbunden sind, erfahren von dem kommenden Kind. Zuweilen scheinen so enge Bindungen gar nicht zu bestehen oder werden durch die Erlebnisse erst bewußt. In der geistigen Welt scheinen andere Maßstäbe der Beurteilung unserer Erdenbeziehungen zu gelten.

Ch. ist seit zehn Jahren glücklich verheiratet, hat aber trotz intensivem Kinderwunsch keine Kinder bekommen. Sie lädt ihre Freundinnen zum Geburtstag ein. Seit einem Tag weiß sie vom Arzt, daß sie endlich ein Kind erwartet; ein gehütetes Geheimnis. Da sagt ihre engste Freundin vor der ganzen Gesellschaft zu ihr: »Weißt Du, was ich geträumt habe? Du hast einen Sohn gekriegt, und er hat Peter geheißen. Und ich habe ihn über die Taufe gehoben.«
Da mußte Ch. ihren Freundinnen ihr Geheimnis verraten.

Frau D.: Ursula ist meine Freundin seit Kindertagen. Sie hat zwei Buben von zwölf und zehn Jahren und eine Tochter, Michaela, von sieben Jahren. Michaela ist mein Patenkind.
Eines Nachts träumte ich, ich höre auf dem Speicher ein Kind weinen. Es war der Speicher in meiner Mutter Haus. Ich gehe hinauf und sehe einen etwa dreijährigen Buben herzzerbrechend weinend dort stehen. Er hieß Franz. Ich nahm ihn in die Arme und sagte: »Weine nicht, ich bringe Dich zu Deiner Schwester Michaela.« Und dann war der Bub getröstet. Ich wußte zunächst nichts mit dem Traum anzufangen. Einige Zeit später berichtete Ursula mir freudestrahlend von einer festgestellten Schwangerschaft. Da fiel es mir wie Schuppen von den Augen. Ich habe ihr dann von meinem Traum erzählt, aber sie hat den Bub trotzdem nicht Franz genannt.

Frau K.: Es war ein junger Mann im Erblinden, dem ich in dieser schweren Situation beistand. Als er ganz blind war, verheiratete er sich. Seine Frau erwartete dann ein Kind, doch sie war in großer Sorge, denn sie hatte gleichzeitig ein Myom – und vertraute es mir an.

Darauf träumt mir: Vor mir steht ein schönes Mädchen mit ovalem Gesicht und lichtem Haar und webt an einem Sonnenwebstühlchen von unten nach oben. Dies ist vor dem Kind aufgestellt und hat die Form einer Leier. Es wurde dann wirklich ein Kind auf die Welt gebracht, das gerade so ausschaute.

Nach einigen Jahren sagte die Mutter zagend, vielleicht bekomme sie wieder ein Kind, aber sie sei doch nicht gesund. »Ein Josefle wird es sein«, hörte ich im Traum, was ich ihr dann erzählte. Die Frau bekam dann ein zartes Büblein.

Frau N.: Das eine, was ich erzählen möchte, war kurz vor der Geburt von Raphaele, dem Kind meiner Freundin. Meine Freundin war vier Wochen bei uns. Unsere Tochter war damals gerade zwei geworden und hatte eine besondere Beziehung zu meiner Freundin entwickelt.

In den letzten Tagen vor der Geburt sagte meine Tochter viermal, als wir nach oben in das Zimmer meiner Freundin kamen: »Mama, Himmelskindlein.« Dabei zeigte sie meistens oben in eine Zimmerecke, aber wenn man sie hinaufhob, verlor sich das Zeigen.

Seit dem Tag, als meine Freundin in der Klinik entbunden hatte, hat sie es nicht mehr gesagt.

Frau L.: Eine Bekannte hoffte viele Jahre auf ein Kind. Sowohl bei ihr wie bei ihrem Mann lag eine organische Schwierigkeit vor, die das Zustandekommen einer Schwangerschaft erschwerte. Ich kannte sie fast drei Jahre. Wir hatten oft über diesen ihren Kummer gesprochen, als sie mir eines Nachts im Traum mitteilte, daß sie ein Kind erwarte, einen Sohn. Zu diesem Zeitpunkt war sie krank, und ich wollte von diesem meinem Traum auch nicht sprechen. Aber wenige Wochen später bestätigte sie mir die Schwangerschaft.

B. ist sechs Wochen als Praktikantin bei Frau E. Sie fühlt sich sehr wohl, kommt auch nach diesem Praktikum gelegentlich zu Besuch. Über ein Jahr später schreibt sie, daß sie geträumt habe, Frau E. bekomme ihr fünftes Kind. Frau E. war zu diesem Zeitpunkt bereits im vierten Monat schwanger.

Frau T.: Ich male sehr gerne, besonders Kinder. Ich weiß meist vorher nicht, was entsteht – ich lasse es kommen. Ich malte mir befreundeten Familien je ein größeres Kinderbild. Es stellte sich heraus, daß, wenn ich ein Mädchen gemalt hatte, die Familie in dem Jahr ein Mädchen bekam, und wenn ich einen Buben gemalt hatte, bekamen sie einen Buben.
Einem anderen jungen Paar malte ich zwei Kinder. Einen größeren Jungen und ein Mädchen – und sie bekamen Zwillinge, von denen der Junge zuerst kam.

Frau T. berichtet: Am 1. Oktober träumte ich von einer befreundeten Familie: Die Hausfrau stand am großen runden Tisch in ihrem Eßzimmer und legte ein weißes Babyjäckchen und ein kleines rosa Kinderkleidchen auf den Tisch, um es mir zu zeigen. So wurde mir mitgeteilt, daß sie ein Kind erwartet. Jetzt, Ende Januar, wurde ihr fünftes Kind geboren, sehr geliebt von den großen Schwestern, und ich freue mich, daß ich Patentante werde.

Wer solche Erlebnisse hat, kann sich in die Absichten der geistigen Welt, in einen offenbar planvollen Ablauf, miteinbezogen fühlen. Dabei wird ihm deutlich werden, daß er Mitverantwortung trägt für die Kinder, die kommen wollen.

Wir alle tragen für das Wohl der nach uns kommenden Generationen die Verantwortung. Ob ein Land kinderfreundlich oder -feindlich gestimmt ist, hängt von uns allen ab. Entscheidend ist, ob ein neues Verständnis für den eigentlichen Vorgang der Verkörperung des Menschenwesens wachsen kann.

Es kommt aber nicht nur auf eine allgemeine freudige Erwartungshaltung an, sondern auf ein Verständnis für das Wesen des Kindes. Wir müssen Sorge tragen, daß möglichst vieles von dem wirksam werden kann, was an Veranlagungen und Möglichkeiten von dem Kinde in unsere Erdenwelt hereingetragen werden will. Der Lebensumkreis der Kinder, die Erziehung, die Schule muß entsprechend gestaltet werden. Frühzeitiges abstraktes Denken zum Beispiel behindert eine gesunde Entwicklung des Kindes, die Bilder der Märchen andererseits sind ihm Seelennahrung.

Die abendländische Kultur braucht eine umfassende Erneuerung. Diese kann nur aus den geistigen Bereichen kommen, aus der auch die Kinder zu uns streben. Wir müssen dafür Sorge tragen, daß die neuen Impulse auch in unsere Welt hereindringen können.

Blickt man richtig auf das Schicksal, auf die karmischen Gesetzmäßigkeiten hin, so kommt man nicht zu einem Fatalismus, sondern fühlt sich aufgerufen, zu helfen, daß das Schicksal jedes Menschen ausgetragen werden kann, daß Härten gemildert und ertragen und Verschüttetes zum Vorschein gebracht werden kann, um dadurch dem Ganzen des Menschheits-Fortschritts zugute zu kommen.

Abtreibung und Verhütung aus der Sicht der Ungeborenen

Geburtenverhütung und Abtreibung gab es schon in früheren Zeiten. Heute sind sie bei uns fast zur Selbstverständlichkeit geworden, ja, sie werden vielfach als notwendige Voraussetzung für ein menschenwürdiges Leben empfunden. Auf diese Fragen soll später noch näher eingegangen werden (s. S. 236). Die folgende Schilderung zeigt zunächst, wie eine sensible Mutter auf die angebotene Abtreibung reagiert.

> *Frau W.:* Als mir bei unserem vierten Kind der Frauenarzt ohne weiteres eine Abtreibung anbot, bäumte sich in mir etwas auf (obwohl wir finanziell miserabel dran waren). Ich hatte sofort und lange Zeit das Gefühl, dieses Kind besonders stark schützen zu müssen. Wir haben dann die Entwicklung dieses Kindes vom Geborensein an besonders bewußt erlebt, etwa so, wie wenn man den Keim einer Pflanze im Blumentopf oder im Gartenbeet entdeckt und ihn täglich beobachtet. Aber nicht wie ein Wissenschaftler es tun muß, sondern scheu und verbunden gleichzeitig.

In den nächsten beiden Beispielen sind es wieder kleine Kinder, die sich an vorgeburtliche Situationen erinnern.

> *Frau L.:* Von meiner Mutter weiß ich folgendes: Wir haben einen kleinen Bruder – einen Nachzügler – der in seiner frühen Kindheit keine rechte Beziehung zu seiner Mutter fand. Während einer Krankheit des dreijährigen Buben, mit hohem Fieber, löste sich dies Rätsel. Er erzählte im Fiebertraum, die Mutter habe ihn immer wieder ins Wasser zurückgestoßen.
> Die Mutter hatte vor seiner Geburt mehrere Abtreibungen hinter sich.

Frau A.: Johanna, zweidreiviertel Jahre alt, erzählt mir beim Kochen:

»Einmal, da war eine Mama und die hieß Anja. Und eine Schwester, die hieß Britt. Und da hat mich die Mama zum Fenster rausgeschmissen und in die Mülltonne geschmissen. Und der Vater hieß Markus.«

Mutter: »Ja?«

Johanna: »Ja, die haben mich einfach zum Fenster rausgeschmissen. Und dann hab ich bei Dir zum Fenster reingeschaut (sie umarmt mich), und dann war da die liebe Mama, und dann hast du mich reingelassen (umarmt und drückt mich ganz fest). Gell, Du bist meine Mama!«

Mutter: »Wo war denn das, Johanna?«

Johanna: »In so einem kleinen, schwarzen Haus« (zeigt mit dem Finger ganz klein).

Frau L. hatte bereits zwei Kinder. Aus wirtschaftlichen und persönlichen Gründen wollte die Familie keine weiteren Kinder. Sie ließ sich deshalb eine Spirale legen. Frau L.: Beim dritten Kind entgingen mir nicht nur innere geistige Anzeichen, auch körperliche fehlten völlig. Erst im dritten Monat mußte der Arzt, selbst überrascht, mir meine Erwartung bestätigen (er hatte eine Schwangerschaft für fast unmöglich erklärt). Ich war bestürzt, es fiel mir schwer, dies freudig aufzunehmen. Mehr als bei den anderen Kindern habe ich hier empfunden: Der Geist ist entscheidend, ein Kind hatte sich zum Erdenleben entschlossen, und ich überwand alle Hindernisse.

Ängste, dunkle Befürchtungen quälten mich während dieser Schwangerschaft. Ausgespart blieb eigentlich nur die Gewißheit, daß mein drittes Kind – obgleich es eine »Risiko-Schwangerschaft« war – gesund zur Welt kommen würde.

Mein Töchterlein war bei der Geburt das größte und

schwerste meiner Kinder. Wer hätte ihr wohl damals angesehen, daß sie schon nach wenigen Monaten überzart und feingliedrig werden würde?

Lange nach der Geburt unserer Tochter erinnerte mich mein Mann an meinen längst vergessenen Traum:

Ein kleines Mädchen wollte zur Wohnungstür herein. Weil sie verschlossen war, versuchte es, zum Küchenfenster hereinzukommen. Aber der Eintritt gelang erst durch das Schlüsselloch...

Dieses letzte Traumbild bedarf, wegen seiner Exaktheit, keiner weiteren Erklärung, aber es kommt in ihm auch die Unbedingtheit des Wollens, ja die Notwendigkeit zum Ausdruck, mit der das Kind bei diesem Elternpaar auf die Welt kommen muß. Wir können ahnen, welche Not in der uns umgebenden Seelenwelt herrscht, aus der heraus die Menschenwesen in die körperliche Welt einsteigen, sich inkarnieren wollen.

»Und du sollst meine Mutter sein!«

In dem folgenden Beispiel bestand offenbar eine starke Beziehung zwischen dem noch ungeborenen Kindeswesen und der auserkorenen Mutter. Trotzdem entschied sich die Mutter – gegen die Geburt des Kindes.

Frau B.: Im Sommer verbrachten wir die Ferien am Atlantischen Ozean. Eines Tages machte ich alleine eine lange Strandwanderung. Es war nachmittags. Ich zog meine Schuhe aus und lief kilometerweit barfuß über den herrlichen Sandstrand. Es war gerade einsetzende Flut, und das Meer rollte beständig und rhythmisch gegen das Land, wogte auf und nieder, und beim Gehen nahm ich das wahr und lauschte auf das Wasser. Ich blickte weit in die Ferne, dorthin wo Himmel und Wasser ineinander verschmolzen und beide Elemente in dem intensiven Sonnenlicht schimmerten und flirrten. Dabei geriet ich in eine Art Trance, einen Zustand zwischen Wachen und Schlafen. Meine Wahrnehmung konzentrierte sich auf die Rhythmen der Wellen und meiner Schritte und auf die Lichterscheinungen am Horizont. Und plötzlich sah ich vor mir ein Gesicht, ganz undeutlich und verschwommen. Ich lief weiter und hielt diese Erscheinung mit den Augen fest. Es war das Gesicht eines kleinen, etwa vier- bis fünfjährigen Mädchens. Am deutlichsten konnte ich die Augen erkennen, sie waren sehr groß und ausdrucksvoll. Was dann geschah, kann ich schwer in Worte fassen. Es war so, daß dieses Kind zu mir sprach, aber – ähnlich wie in dem Traum, den ich hatte, als ich mit meiner Tochter schwanger war – bewegte das Kind nicht die Lippen. Ich kann auch nicht sagen, daß ich es sprechen hörte, es war eher so, daß ich ganz deutlich fühlte, was es sagen wollte. Es »sagte« also: »Ich bin Maria, und Du sollst meine Mutter sein!«

Dazu muß ich bemerken, daß ich damals nicht den Wunsch hatte, wieder ein Kind zu bekommen, und meine Gedanken bis zu diesem Moment sich nicht um diese Sache gedreht hatten.

Was dann in mir ablief, war eine Sturzflut von Gedanken und Gefühlen. Ich antwortete dem Kind nicht bewußt, aber gleichzeitig wußte ich, daß es alles, was ich dachte und fühlte, wahrnehmen konnte und verstand. Zuerst war da ein ungeheures Glücksgefühl, eine große Freude, aber dann fiel mir ein, daß ich ja gar kein Kind mehr wollte, zumindest jetzt nicht, so schnell nach den ersten beiden. Ich dachte, es ist noch viel zu früh, ich kann nicht schon wieder schwanger werden, ich brauche doch all meine Kraft für meine beiden anderen Kinder, und ich bin keine gute Mutter, wenn ich ständig überarbeitet bin. Ich brauche noch Zeit, warte noch ein paar Jahre... Dann »sagte« das Kind: »Ich will geboren werden.« Ich fühlte, daß es traurig war. Und ich dachte: »Warum willst du geboren werden, jetzt, wo auf der Erde jeden Tag ein furchtbarer Krieg ausbrechen kann und wir alle leiden und sterben müßten? Ich kann diese Gedanken kaum ertragen, wenn ich meine Kinder ansehe und mir dieses Entsetzen vorstelle. Warte noch, warte, vielleicht wird alles bald besser, und die Menschen lernen, in Frieden miteinander zu leben. Ich kann dich jetzt nicht zur Welt bringen. Ich kann und will es nicht!«

Plötzlich war alles vorbei. Ich blieb stehen und schaute auf den Sand. Ich versuchte, wieder klar zu sehen und zu denken. Dann bemerkte ich, daß ich weinte. Ich war furchtbar verstört und traurig.

Frau B. – bisher Mutter zweier Kinder – hat bis heute kein weiteres Kind bekommen.

Kinder werden zu anderen Eltern geführt

Im nun Folgenden wird deutlich, wie konsequent ein Menschenwesen geführt werden kann. Ist der Weg zu den richtigen Eltern durch unüberwindliche Hindernisse versperrt, so finden sich Auswegmöglichkeiten, oder es kann die Zusammenführung durch Umwege doch noch zustande kommen. Diese Berichte sprechen ganz durch sich und bedürfen keiner weiteren Erläuterung mehr.

O. J. Hartmann berichtet in seinem Buche: Medizinisch-pastorale Psychologie: Ein vierjähriges Kind spricht zu seiner Tante: »Weißt Du, Tante, eigentlich hätte ich ja zu Dir kommen sollen.«

Man kann sich das betroffene »Wieso« der Erwachsenen denken. Renate, so hieß das Kind, fährt fort:
»Ja weißt Du, das war so: Da war ich mit vielen anderen Menschen weit weg von der Erde, im Himmel. Und da kam plötzlich ein alter Mann und rief: ›Fort Renate. Du mußt jetzt hinunter!‹ Und dann ging es los. Ich wurde herumgewirbelt um die Erde. Das ging so unglaublich geschwind hin und her. Und dann kam ich bei Deinem Fenster vorbei, aber da konnte ich nicht hinein. Und da flog ich weiter, und da stand Muttis Fenster offen, und da konnte ich hinein. Und so kam ich zu Mutti, aber eigentlich hätte ich zu Dir kommen sollen.«

Ein anderes Kind, das wie ein Fremdling, durch eine außereheliche Vaterschaft in eine Familie hineingeboren, von dieser weggegeben, vom Jugendamt in wechselnde Pflegestellen gebracht, endlich von einem kinderlosen Ehepaar adoptiert wird, sagt am Morgen nach der ersten Nacht im neuen Hause, während es angezogen wird:
»Du Mutti, ich hab schon immer zu Dir gewollt, aber das Türlein war zu.«

Frau D.: Einen weiteren Traum hatte ich, der mich doch sehr nachdenklich machte: Ich war mit einer Gruppe mir unbekannter Leute auf einer Wanderung. Meine Kinder waren dabei, aber es trat keines in Erscheinung. Mein Mann auch nicht. Die Gruppe und ich rasteten auf einer Wiese, schräg an einem Hang. Beim Aufbruch spielte an einem Leiterwagen ein behinderter mongoloider Junge. Er war etwa 10 Jahre alt. Einer der Leute fragte, wem der Junge gehöre, da sagte ich wörtlich: »Das ist unser Peter, der muß mit.« Ich setzte ihn in den Leiterwagen, und weiter ging's.
Die kurz danach einsetzende Schwangerschaft endete mit

einer Fehlgeburt, und als mir der Arzt sagte, daß die Natur sich oft selbst helfe, indem sie abstoße, was eventuell nicht ganz richtig sei, da fiel mir mein Traum ein, und mir war alles klar.

So klar war es aber doch nicht. Jahre später wurden mir telefonisch zwei Pflegekinder angeboten, von denen ich mir eines aussuchen sollte. Kriterien gab es keine, und so fragte ich nach den Vornamen: Sie hießen Gunnar und Peter. Ohne im mindesten an meinen Traum zu denken, wählte ich Peter, weil der mir besser gefiel. Wie soll ich mir denn sonst auch ein Kind »aussuchen«, wenn beide gleich alt sind und beide aus unmöglichen Verhältnissen stammen und ich keines je gesehen habe?

Nun haben wir halt »unseren Peter«, stark lernbehindert und dem Aussehen nach leicht in Richtung Mongolismus tendierend. Er hat keinerlei Zahlenbegriff, ja kann nicht einmal zählen (mit Mühe bis 29) mit neuneinhalb Jahren und wirkt wie sechs, nicht nur äußerlich. Und meine Empfindungen im Traum waren auch so, wie ich sie Peter gegenüber in der Wirklichkeit habe: ein starkes Zugehörigkeitsgefühl, aber mehr rational als emotional, so etwas schicksalsergeben, und ich betrachte diesen Jungen als unser Schicksal und könnte mir nicht vorstellen, ihn abzugeben, es ist eine Bindung da, er kommt mir niemals fremd vor, obwohl ich überhaupt nicht so sehr an ihm hänge.

Frau D.: Der Traum: Es klingelte an der Flurtür, es war unsere Wohnung. Ich öffnete. Ein kleines Mädchen, etwa vier Jahre alt, stand vor mir, ein schmales, schlankes Kind. »Du kannst jetzt nicht reinkommen«, sagte ich, »Jürgen malt gerade seine Bilder.«

»Doch«, sagte die Kleine, »Hannchen muß auch dabei sein.« Dabei drängelte sie an mir vorbei, wobei sie ihre kleinen Ellenbogen kräftig brauchte. Oben erwähnter

Name gehört unserem Adoptivkind, das erst ein gutes Jahr bei uns war. Er kam mit sechs Monaten zu uns. Wir wollten noch ein kleines Mädchen dazu haben, nur so eilig war es uns doch nicht. Aber ich sagte meinem Mann am nächsten Morgen: das kleine Mädchen hat sich gemeldet, wir müssen es suchen. Und ich erzählte den Traum. Eine zweite Adoption ging rascher, die Akten der vor einem Jahr vollzogenen Adoption des kleinen Jürgen waren ja noch warm und die Formalitäten einfacher als heute (1937).

So fand ich unser Kind sehr schnell. Ich bekam die Adresse vom Vormundschaftsamt. In einem Kinderheim waren zwei kleine Mädchen zur Adoption frei. Die Oberin zeigte mir ein einjähriges Kind, blonde Löckchen, blaue Augen, intelligent, kurz ein wahres Prachtstückchen. Und die Frau Oberin war ärgerlich, daß ich ablehnte. Was ich denn dann wollte, wenn ich dieses Kind nicht wollte. Es ist nicht mein Kind, konnte ich nur sagen.

Und dann das andere Kind. Ein acht Wochen altes Kind, so zart und schmal mit zwei tiefen Kummerfalten und so großen, sprechenden Augen, mit denen es mich festhielt. Ich habe nie in dem zarten Alter so wache Augen gesehen. Als ich schon verabschiedet war, zogen mich die Augen noch einmal. Ich ging zu dem kleinen Kind: Warte nur, ich komme bestimmt und hole Dich. Es dauert nur ein kleines Weilchen. Ich glaube, es hat mich verstanden, denn es war ja das kleine Hannchen. Und die kleinen spitzen Ellenbogen zum Drängeln hat sie mitgebracht, zum Beweis.

Das ist mein schönstes Erlebnis, mir heute noch ein Wunder. Es wurde unser sehr geliebtes Kind.

Max Hoffmeister

Menschenwesen – Vorgeburtlichkeit – Wiederverkörperung

1. Das Problem

Während der Bundestagssitzung vom 25. April 1974 sagte ein Bundestagsabgeordneter u. a. folgendes:
»Es gibt hier beiderseits – und das ist schmerzlich einzusehen – nur ein relatives, über die verschiedenen Stufen der Schwangerschaft unterschiedlich zu wertendes und zu gewichtendes Recht, sei es nun das Menschenrecht der Mutter, sei es das Lebensrecht des Kindes. Das bedeutet, klar gesagt, ein relatives, über die verschiedenen Stufen der Schwangerschaft immer mehr zurücktretendes Selbstbestimmungsrecht der Mutter auf der einen Seite, wie ein relatives, in den verschiedenen Stufen der Schwangerschaft immer mehr überwiegendes Lebensrecht des Kindes. Nur wenn man diese beiden hier im Streit stehenden Werte auf jeder Stufe nach ihrem jeweiligen Gewicht berücksichtigt, wird man dem hier gegebenen Wertkonflikt in einer Weise gerecht, die auch den Grundwerten unserer Verfassung, die gleicherweise Achtung der Menschenwürde und damit der verantwortlichen Selbstbestimmung der Frau auf der einen Seite heißen und zum anderen Lebensrecht des Kindes, angemessen ist und verhältnismäßig in jedem Stadium der Schwangerschaft ihr Recht gibt und läßt...«[1]
Es stehen sich hier mit dem Schwangerschaftsabbruch, um den es bei dieser Bundestagssitzung ging, der Mutteraspekt und mit der Embryonalentwicklung des Menschenkeimes der Kinderaspekt einander gegenüber. Dabei findet sich der § 218, der die Schwangerschaftsunterbrechung, also die Abtreibung verbietet, im Strafgesetzbuch (StGB), das in Paragraphen eingeteilt ist, während die Abtreibung verteidigt

wird mit Argumenten, die man dem Grundgesetz (GG) der Verfassung entnimmt, das in Artikeln aufgegliedert ist.

Der erste Teil des Grundgesetzes betrifft die Grundrechte (Artikel 1–19). Da heißt es:

Artikel 1, Absatz 1:
»Die Würde des Menschen ist unantastbar...«

Artikel 2, Absatz 1:
»Jeder hat das Recht auf die freie Entfaltung seiner Persönlichkeit, soweit er nicht die Rechte anderer verletzt und nicht gegen die verfassungsmäßige Ordnung oder das Sittengesetz verstößt.«

Absatz 2:
»Jeder hat das Recht auf Leben und körperliche Unversehrtheit. Die Freiheit der Person ist unverletzlich. In diese Rechte darf nur auf Grund eines Gesetzes eingegriffen werden.«

Aufschlußreich für das Folgende ist der Umstand, daß immer nur von Rechten, wenn auch manchmal eingeschränkt, gesprochen wird, selten von Pflichten, das heißt eigentlich nur einmal direkt, und zwar in den Grundrechten in Artikel 6 Absatz 2 hinsichtlich der Pflichten der Eltern. Es werden nun bei den oben zitierten Ausführungen während der Bundestagsdebatte die unantastbare Menschenwürde (Artikel 1,1) und die freie Persönlichkeitsentfaltung (Artikel 2,1) in Zusammenhang gebracht mit dem Selbstbestimmungsrecht der Mutter. Diese Begriffsbeziehungen gehen nach Michael Debus[1] letztlich zurück auf den im heutigen Denken richtunggebenden Königsberger Philosophen Immanuel Kant (1724–1804), der 1781 in seiner »Kritik der reinen Vernunft« sagte:

»Autonomie (= Eigengesetzlichkeit, Selbstbestimmung) ist der Grund der Würde der menschlichen und jeder vernünftigen Natur.«

Oder anders ausgedrückt: »Mein Bauch gehört mir.«

Ein im Mutterleibe werdendes Kind hat zwar noch Recht auf Leben (Artikel 2,2), es wird ihm aber noch keine Menschenwürde zugesprochen. Somit legalisiert die Menschenwürde als Selbstbestimmungsrecht und Freiheitsrecht (Artikel 2,1) der Mutter den Schwangerschaftsabbruch.

Aber nicht der Leib selbst, weder der der Schwangeren noch der des Kindes, ist Ausdruck und Grundlage der Menschenwürde an sich, er ermöglicht sie aber. So sagten schon die Römer: »Sit mens sana in corpore sano.« – Das heißt in freier Übersetzung: »Nur in einem gesunden Körper kann sich der Geist gesund entfalten.«

Leben wir wirklich »menschenwürdig« mittels unseres Leibes? Das heißt, benutzen wir unseren Leib dazu, menschenwürdig zu leben? Der Leib also, sowohl der der Mutter als aber auch der des Kindes im Mutterleib, ist es, der geschützt und erhalten werden muß (Artikel 2,2: körperliche Unversehrtheit), weil er zu den Bedingungen möglicher Würde gehört. Würde und Freiheit schließen sich jedoch nicht gegenseitig aus, wenn man unter Freiheit nicht etwa selbstsüchtige Willkür, das heißt Möglichkeit zum Selbstgenuß versteht. Man handelt doch nur wahrhaft frei, wenn man aus Einsicht in die Notwendigkeiten des Lebens und der Mitwelt stets mitverantwortlich denkt. Solches Verhalten und Handeln in Freiheit schließt mit ein, daß man aus Einsicht – und eben gerade nicht auf Grund eines Kantschen Pflichtgebotes – auch Verzicht zu leisten bereit ist.

Die egoistische Freiheit als Ungebundenheit verstanden, um sich selbst ausleben zu können, wird gern Selbstverwirklichung genannt, die nur leider häufig auf Kosten anderer geht. Wie steht es aber nun um das Lebensrecht des Kindes, des werdenden Menschen? Ab wann ist der Keimling im Mutterleib als Mensch zu betrachten? Sind wir selbst als Erwachsene nicht immer noch »Werdende«, nur ein »Wurf zum Menschen hin«, welcher selbst erst der Menschenwürde entsprechen könnte und auf den der Begriff Menschenwürde überhaupt erst anwendbar wäre? Der Leib gehört zu den Bedingungen *möglicher* Würde. Und ab wann? Das ist zunächst eine naturwissenschaftliche Frage, der wir uns nun zuwenden wollen.

2. Der naturwissenschaftliche Aspekt

Vom Gesichtspunkt der Genetik her gesehen ist der Mensch von der Konzeption an, also von der Vereinigung der Eizelle mit der Samenzelle an, als Mensch zu betrachten. Die befruchtete Eizelle hat dann einen doppelten (diploiden) Chromosomensatz, wie danach alle Körperzellen, aus denen nach und nach der Embryo heranwächst. Der aus 2×23 Chromosomen gebildete »Erbbrief« des Menschen ist ein rein menschlicher, denn noch nie hat eine Mutter ein Karnickel zur Welt gebracht, weil jedes Tier einen andersartigen, einen artgemäßen Chromosomensatz und somit einen eigenen Erbbrief besitzt. Sogar durch die typisch geformten menschlichen X- und Y-Chromosomen ist schon wenigstens erblich festgelegt, ob ein Junge (mit XY-Chromosomen) oder ein Mädchen (mit XX-Chromosomen) geboren werden soll. So ist der entwickelte Keimling genetisch gesehen von vornherein auf die Entwicklung eines Menschenleibes hinorientiert.

Erich Blechschmidt[2], der Göttinger Human-Embryologe, hat die Entwicklung der Keimlinge in den ersten Stadien weiter verfolgt und kam zu dem Schluß, daß diese Entwicklung von Anfang an anders als bei den Tieren abläuft. Auch ist allgemein bekannt, daß bei den Tieren, selbst bei den Affen, die embryonale Blasenform (Blastula, beim Menschen am 6. Tage nach der Konzeption) schon aus abgeplatteten, also spezialisierten, nicht mehr wie noch beim Menschen embryonal rundlichen Zellen, gebildet wird.[3] Ferner ist beim Menschen in der 2. Schwangerschaftswoche – also beim bereits in der Gebärmutter implantierten Keim – der

Zwischenraum zwischen dem Embryonalknoten, in dem sich ab 17. Tag die menschliche Leibesorganisation entwickelt, und der Anlage des Chorions[4] mit Mesenchym ausgefüllt, mit einer sol-artigen Substanz, in der einzelne Zellen unverbunden eingebettet liegen, während bei den Tieren, auch beim Menschenaffen, mesodermale Strukturen sichtbar sind.[5] Die embryonale Tierentwicklung zeigt demnach viel früher durchstrukturierte Gewebe mit spezialisierten Zellen, als sie bei der des Menschen auftreten, so als wolle das Menschenwesen sich seinem werdenden Leib nicht so schnell eine durchgestaltete und damit ihn festlegende Form geben.[6]

Ein Weiteres kommt hinzu. Die embryonale Entwicklung ist beim Menschen dadurch gekennzeichnet, daß bis zum Ende des 2. Monats äußerlich noch nicht zu entscheiden ist, ob der Embryo sich zu einem Mädchen oder zu einem Jungen entwickeln wird. Denn das sogenannte Urogenitalsystem, also die Bildung der Nieren und Geschlechtsorgane, geht bei Jungen und Mädchen aus einer gemeinsamen Organanlage hervor. Bis zum Ende der Embryonalzeit (7. bzw. 8. Woche) ist der Mensch noch androgyn[7], das heißt, er ist männlich-weiblich zugleich veranlagt. Es ist gleichsam wie bei Adam, der erst ein männliches Wesen wurde, nachdem Eva, das Weibliche, aus ihm herausgetrennt wurde. Er, Adam, war im Anfang noch reiner Mensch, ohne Geschlechtsbestimmung. Der schon menschlich gestaltete Embryo entspricht am Ende des 2. Monats noch dem Urbild des Menschen.

Der Mensch hält sich also in der Embryonalentwicklung bis gegen Ende des 2. Monats von der geschlechtlichen Differenzierung zurück, obwohl er genetisch durch die XY-Chromosomen bzw. XX-Chromosomen von Anfang an geschlechtlich vorbestimmt ist. Wenn sich dann am Ende des 2. Monats die geschlechtliche Differenzierung herausbildet, ist der Embryo[8], kaum 3 cm groß, nun völlig menschlich gestaltet, auch hinsichtlich der inneren Organisation. Er braucht jetzt nur noch heranzuwachsen. Die Wende vom 2. zum 3. Monat ist der Schritt vom Embryo zum Fetus.

Wenn gesagt wird, dieses kaum 3 cm große Gebilde sei ja nur ein Schleimklümpchen, so ist das hinsichtlich der Konsistenz, also der stofflichen Beschaffenheit mit etwa 95 % Wassergehalt, richtig, aber dieses zarte Gebilde, das noch so weich wie eine Qualle ist, ist nicht nur wie ein Mensch geformt mit einem gegenüber dem übrigen Körper noch recht großen Kopf mit hoher Stirn und sogar schon deutlich gebildeter Nase usw., sondern es enthält ein ausgebildetes Knorpelskelett, das an vielen Stellen bereits zu verknöchern beginnt.[9] Wie aber bei den Kleinkindern die Knochen noch recht plastisch sind, so daß es selten beim Hinfallen zu Knochenbrüchen kommt, so können wir uns vorstellen, daß das Knorpelgerüst bei diesen 3 bis 4 cm großen Feten zu Beginn des 3. Monats noch viel plastischer und weicher ist als selbst beim Neugeborenen. Aber darauf, daß dieser kleine Fetus schon ganz menschlich gestaltet ist, darauf kommt es doch gerade an. Von einer Unbestimmtheit eines bloßen Schleimklümpchens kann demnach keine Rede sein.

Ein typischer Wesenszug des Menschseins ist, wie wir sahen, das Zurückhalten der Entwicklung, um nicht zu schnell in festlegende Ausformungen hineinzugeraten. Da auch die Muttermilch für das Menschenkind ärmer an Nährstoffen als die Muttermilch der Tiere ist, wächst das Menschenkind auch langsamer heran. Die Verdoppelung des Geburtsgewichts wird beim Menschen erst nach 4 Monaten erreicht, beim Pferd schon nach 2 Monaten, beim Schaf nach 14 Tagen und beim Hund bereits nach 9 Tagen.

Die Geschlechtsreife tritt beim Menschen erst nach 11 bis 16 Jahren ein, obwohl die Geschlechtsorgane bereits am Ende des 5. Lebensjahres fertig ausgebildet sind. Während bei den Säugetieren mit der Ausbildung derselben auch die Zeugungsfähigkeit eintritt[10], verhindert beim Menschen das Melatonin, ein Hormon aus der Zirbeldrüse (Epiphyse), die Frühreife, damit der Heranwachsende auch seelisch so weit gefestigt ist, daß er verantwortungsbewußt und urteilsfähig handeln kann und nicht mehr von dem drängenden Triebhaften überwältigt wird. Nach dem Erlöschen der Fortpflanzungsfähigkeit ist der Mensch im Gegensatz zum Tier dazu veranlagt, weiter zu leben, um sich auch geistig weiterentwikkeln zu können. So sehen wir überall, daß der menschliche Bildeprozeß auf Zurückhaltung in der vorzeitigen Festlegung hinweist und auf ein endgültiges Fertigsein verzichtet. Der Mensch ist als Mensch nie fertig, er ist stets ein Werdender, aber er ist von Anfang ein Wurf zum Menschen hin. Er trägt jederzeit die Möglichkeit in sich, die Würde des Menschen darzuleben. Er ist immer schon Mensch, von der Keimzelle an.

3. Der geistige Aspekt

a) Vom Ich und Ich-Bewußtsein

Was versteht man überhaupt unter dem Begriff Mensch? Wenn man sagt: »Ich empfinde mich als Mensch«, so kann man solches doch nur aussprechen, wenn man bei vollem Tagesbewußtsein ist. Man fühlt sich mit seinem Leibe identisch, als eine Einheit mit ihm. Wenn man hingegen abends müde ist, tritt eine deutlich andere Empfindung auf: Man ist wie zerschlagen, zerbrochen, ent-zwei: »Ich schleppe mich...«, und man empfindet sich als »Zweiheit«. Wird durch irgendeinen Eindruck plötzlich das Inter-esse (= Dabeisein) wieder *erweckt*, ist die Müdigkeit wie verschwunden: Man ist wieder ganz bei sich. Das wird einem aber erst in diesem Augenblick wieder bewußt. Ebenso wissen wir ja auch nur, wenn wir aufgewacht sind, daß wir geschlafen haben, während wir im Schlaf nichts von uns wahrnehmen und deshalb nichts von uns wissen. Im Aufwachtraum läßt sich zuweilen beobachten, wie wir wie von weither herankommen, zum Beispiel über ein Wasser ans Ufer, oder uns durch Gänge oder durch einen Schornstein hindurchtasten oder durch einen Turm unsanft herabsausen, um plötzlich aufzuwachen. Dabei sind Gänge, Schornstein oder Turm bildhaftes Erleben innerer Lebensvorgänge.
Wer oder was ist nun dieses Ich, das sich erst im physischen Leib seiner selbst bewußt wird? Denn wenn wir von unserem Ich sprechen, tun wir es aus unserem tagwachen, leibbedingten Ich-Bewußtsein heraus. Es war gestern da wie heute, aber im nächtlichen Schlaf muß es ebenso dagewesen sein, selbst wenn wir nichts davon wissen. Es war also nur unser Ich-*Bewußtsein* nicht da, wie auch alles Denken, Fühlen und Wollen bewußtseinsmäßig nicht mehr existierte.

111

Das Ich muß also wesenhaft etwas sein, das an sich stets *ist*, aber unserem Bewußtsein, mehr oder weniger sogar im Laufe des Tages, immer einmal wieder entschwindet. Wir nehmen also eigentlich nur unser Ich-Bewußtsein wahr. Im Schlaf ist unser ganzes Seelenleben wie ausgelöscht. Nur das, was wir wahrnehmen, erfassen wir bewußt. Dieses Bewußtsein kann sehr klar und bestimmt sein oder auch nur wie schattenhaft an uns vorbeihuschen. Es kann sogar das Wahrgenommene noch nicht einmal von uns bewußt ergriffen worden sein, »es war zu schnell gegangen« oder »wir waren nicht bei der Sache«. Zuweilen sinkt es gleich ins Unterbewußte ab und taucht dann hin und wieder aus Seelentiefen an die Bewußtseins-oberfläche auf. Dieses sehr schwankende und wogende Bewußtseinsfeld ist im engeren und eigentlichen Sinne die Seele. Im alten Volksglauben wurde die Seele – im Gegensatz zum erdgebundenen Körper – als ein bewegliches Wesen erlebt, worauf im Bilde von Schmetterling und Vogel hingedeutet wurde.[11] Auch im alten Ägypten wurde die Seele Ba als Vogel dargestellt. Im Griechischen klingt das Wort Seele in Aiolos an, das sich aus saiwolos oder saiwelos entwickelt hat und die Bedeutung »beweglich« hat, »schnell sich hin und her bewegend«[12]. Das Seelenhafte ist stets als etwas Unstetes, unruhig Bewegtes empfunden worden. Zum geistdurchleuchteten Schauen der Dinge muß gleichsam wie durch »Sturmstillung« (s. z.B. im Mark. Ev. 4,35 f.) um Seelenruhe gerungen werden. Wir schauen dann in einem glatten Spiegel unverzerrt die Welt und unser eigenes Selbst darin. Mit diesem gewöhnlich bewegten Seelenleben wellt und wogt unser Ich-Bewußtsein hin und her, auf und ab.

Das Bleibende jedoch ist das Ich, durch das wir uns an unser Tun vom vorigen Tage wieder erinnern und so die Kontinuität unseres Seinserlebnisses aufrechterhalten. Dieses Bleibende, oft als Zuschauendes und als im Erinnern Tätiges empfunden, ist schon in früheren Zeiten als ein geistiges Prinzip bezeichnet worden. Während wir im Seelischen mehr passiv hin und her bewegt werden – wir sind diesem Gefühlsgewoge von Sympathie und Antipathie oft machtlos ausgesetzt –, empfinden wir, die Zügel fest erfassend, die Ich-Kraft als ein aktiv höheres Prinzip in uns. Man denke an die berühmte griechische Bronzestatue des Wagenlenkers in Delphi. In der Bhagavadgita ist es der Gott Krishna selbst, der als Wagenlenker neben dem Menschen, dem Königssohn Arjuna, steht und ihn belehrt.

Aber die Ichkraft reicht oft nicht aus, und es ist zuweilen, als ob unser eigentliches Ich wie ein höheres geistiges Wesen von oben herab traurig auf das wilde Seelengewoge in unserer Brust herabschaute. Als in Urzeiten dieses individuelle Ich noch gar nicht so tief mit dem Leib verbunden war, wurde es als das eigentliche geistige Wesen empfunden, das den Leib überschwebte.

b) Das Leib-Seele-Problem in der Psychosomatik

Es sei hier etwas eingefügt, das durch den Begriff Psychosomatik[13] als das Leib-Seele-Problem bekannt ist und besonders im Zusammenhang mit der psychosomatischen Medizin (seit A. Jores, Hamburg) auch in der offiziellen Medizin seit über 40 Jahren allmählich anerkannt wurde.

Das bekannteste Beispiel für diese Problematik ist das psychisch bedingte Magengeschwür (Ulkus), bei dem eine Magenoperation unwirksam ist, weil sich erneut ein Geschwür bildet oder sich andere Symptome wie Asthma, allgemeine Hinfälligkeit oder Depressionen entwickeln. Der Arzt empfiehlt dann, soweit er den Patienten nicht zum Psychotherapeuten schickt, eine Änderung der Lebenseinstellung.[14]

Warum wird ein Mensch magenkrank? Zum Beispiel dann, wenn neue Forderungen an ihn herantreten und er immer das

Gefühl hat, diesen gegenüber seinen Mitmenschen nicht genügen zu können. Oder er hat auf Grund eines ehrgeizigen Leistungswillens das ständig bohrende Gefühl: »Ich habe es im Leben nicht zu dem gebracht, was ich wollte!«[15] Die seelischen Empfindungen also, Kummer, Unterdrücktsein, ständiger Ärger machen ihn krank. Sein Ichbewußtsein ist offensichtlich nicht stark genug, diese an sich unsachgemäßen Gefühle klar durchschaut beiseitezuschieben und solche des Selbstvertrauens sich selber anzuerziehen. Und gerade das kann der Mensch nur aus gestärkter Ichkraft tun. Sie zu entwickeln kann ihm von einem psychosomatischen Arzt anempfohlen werden. Dabei muß er das Kunststück fertigbringen, ich-bewußt und einsichtig sein eigenes höheres Ich, seinen geistigen Wesenskern in seinen Leib hereinzurufen und so die abbauenden, krankmachenden Wirkungen seines irregeführten Seelenwesens heilend aufzuheben.

Anders ausgedrückt: wenn der Mensch besser zu sich kommt, wächst seine Ichkraft in der Seele. Schafft er dies nicht allein, müssen die Mitmenschen helfen. Durch entgegengebrachtes Verständnis, durch Lob, durch Bestätigen seines Selbstes kann in ihm Selbstvertrauen geweckt werden. Das ist auch in der Kindererziehung wichtig: da Lob zu spenden, wo es berechtigt ist, denn allzuviel Kritik kann – gerade heute – zerstörend wirken.

Wenn heute das Leib-Seele-Problem durchaus gesehen wird, so wird doch immer noch zu wenig beachtet, daß es das Ich ist, das aktiv Geistige im Menschen, das letzten Endes zum Eingreifen aufgerufen wird.[16] Das Seelenleben wird oftmals als der hilflos leidende Teil unseres Menschenwesens empfunden. Der Arzt oder ein anderer Wissender kann nun das Ich des Patienten oder Mitmenschen auf- und damit hereinrufen, damit es aktiv in das zerstörerische Geschehen der Krankheit einzugreifen vermag.

Somit stellt sich bei der Psychosomatik nicht nur die Frage

nach den seelischen Ursachen, sondern auch die weiterführende Frage: Wie bringt man den geistigen Wesensanteil des Patienten, sein eigentliches Ich dazu, seinen Leib besser zu erfassen, zu durchdringen, wodurch die Heilung aus eigener Kraft, also die Selbstheilung, erst möglich wird?[17]

Wir haben es also eigentlich mit einem Geist-Seele-Leib-Problem zu tun, wobei das Geistige als das aktiv wirkende Prinzip dem Leibe übergeordnet ist und heilend auf ihn einwirken kann. Solches vollzieht sich während des Schlafes, wenn unser Seelenweben im Leibe aufgehört hat, weshalb der Schlaf so gesundend und aufbauend wirkt.

c) Von der Trichotomie

Den obigen Betrachtungen zufolge ergibt sich, daß wir den Menschen nach Leib, Seele und Geist gliedern dürfen. Dabei steht die Seele als der zeitweilig bewußtwerdende Anteil des Menschen, gleichsam als Bewußtseinsfeld, zwischen dem Geistigen seines Wesens, seinem Ich, und dem Physisch-Leiblichen, seinem Körper. Das Ich als der geistige Wesenskern des Menschen ergreift, z.B. aufwachend, den physischen Leib und wird sich im Seelenleben, im Denken, Fühlen und Wollen seiner selbst mehr oder weniger bewußt. Diese schon aus alten Zeiten stammende Dreigliederung des Menschen nach Leib, Seele und Geist wird die Trichotomie genannt; denn das Wort Trichotomie besagt: das dreifach geschnittene, d.h. gegliederte Sein.

Wir erleben den anderen, wenn er im wachen Zustande ist, als eine mehr oder weniger ausgeprägte *Persönlichkeit*. Was da durch seine Leiblichkeit »hindurchtönt« (per-sonare) ist die Individualität[18], der geistige Wesenskern des Menschen, das eigentliche Ich.

Goethe sprach von der Entelechie des Menschen nach dem

griechischen Wort entelécheia, das Aristoteles geprägt hatte (384–322 v. Chr.) und das ein Wesen bezeichnet, das sein Ziel (telos) in (en) sich hat (échei). Christian Morgenstern sagte entsprechend:

»Wer vom Ziel nichts weiß,
  kann den Weg nicht haben...«

und Goethes Freund F. W. Riemer (1774–1845) schrieb in sein Tagebuch:

»Auf meine Frage, was Goethe unter dem Homunculus gedacht, erwiderte mir Eckermann, Goethe habe damit die reine Entelechie darstellen wollen, den Geist des Menschen, wie er vor aller Erfahrung ins Leben tritt. Denn der Geist des Menschen komme schon höchst begabt an, und wir lernten keineswegs alles, wir brächten schon mit.«

Mitunter wissen wir recht gut, was das Rechte wäre, aber die Wunschnatur im Seelischen treibt uns dann in eine andere Richtung, von der wir fühlen, daß sie nicht richtig ist, und doch richten wir uns nicht nach dem Wahrheitsgefühl und verteidigen unser Unrecht verstandesklug. Wir sagen so leichthin: Unser besseres Selbst sagt eigentlich »nein«. Dieses eigentliche besser wissende Selbst nannte Sokrates (470–399 v. Chr.), der Lehrer Platons, sein Daimonion[19], das ihn immer warne, aber nie sage, was er tun solle. Das würde seinem selbst urteilenden Bewußtseins-Ich in Freiheit überlassen.

Während das lateinische Wort für Mensch »homo« heißt, das etymologisch mit humus = Erdboden stammverwandt ist und somit den irdischen Aspekt zum Ausdruck bringt – wie übrigens auch das griechische Wort anthropos, das auf den sich »Hinaufwendenden« hinweist und den seelischen Aspekt anklingen läßt, so deutet der im Germanischen verbreitete Wortstamm für »Mensch« auf den geistigen Aspekt hin. So bedeutet das gotische Mannaseths in der Wulfila-Bibel

116

(um 350 n. Chr.) Menschheit, heißt aber wörtlich übersetzt: Geistsaat.[20] Der Mensch ist also dem Wortsinn nach Geistträger.

Und so hatte es auch Goethe verstanden, was bemerkenswert im letzten Gespräch mit Eckermann am 11. März 1832, also elf Tage vor seinem Tode zum Ausdruck kommt:

»Und überall, was ist es und was soll es? Gott hat sich nach den bekannten imaginierten sechs Schöpfungstagen keineswegs zur Ruhe begeben, vielmehr ist er noch fortwährend wirksam wie am ersten Tag. Diese plumpe Welt aus einfachen Elementen zusammenzusetzen und sie jahraus, jahrein in den Strahlen der Sonne rollen zu lassen, hätte ihm sicher wenig Spaß gemacht, wenn er nicht den Plan gehabt hätte, sich auf dieser materiellen Unterlage eine Pflanzschule für eine Welt von Geistern zu gründen. So ist er nun fortwährend in höheren Naturen wirksam, um die geringeren heranzuziehen.«

Das Erfassen des Geistigen fällt uns am schwersten. Denn das Bewußtsein vom Real-Geistigen – wenn es auch ein mehr traumhaftes war – ging im Laufe der Zeit mit der Entwicklung des wachen Tagesbewußtseins mehr und mehr verloren. Seit dem 8. ökumenischen Konzil zu Konstantinopel im Jahre 869 n. Chr. wollte man nur noch davon sprechen, daß der Mensch einen Leib besitze, in dem eine Seele waltet, die nur einige geistige Eigenschaften habe.

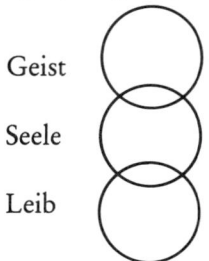

Geist   Seele mit einigen geistigen Eigenschaften

Seele

Leib   Seele immer mehr an das Leibliche gebunden

Das Geistige selbst war schon damals tatsächlich nicht mehr in der Lebensempfindung der Menschen vorhanden. So ist das auch heute noch. Es scheint so, als ob es den Menschen nur überschwebe, aber nicht in ihm real wirksam sei. Wirksam erlebte man mehr und mehr nur das uns bewußte Seelenwesen, wenn es tagsüber an den Leib gebunden ist. So sprach man schließlich von einem leiblich-seelischen Dualismus.

Da man endlich alle seelischen Erlebnisse nur im leibgebundenen Bewußtsein für real nahm – das Geistige war dem Bewußtsein schon ganz entschwunden und wurde nur im Denken noch schattenhaft erahnt –, so richtete sich der forschende Blick auf die Leiblichkeit. Dadurch konnte Ernst Haeckel 1899 in seinen »Welträtseln« erklären, daß es Geistiges und Seelisches – zusammenfassend gesagt – als eigene Entitäten gar nicht gäbe, sondern daß diese nur Wirkungen physiologischer Prozesse seien. Er betrachtet die Psychologie als Teilgebiet der Physiologie, eine Anschauung, wie sie auch heute von den anglo-amerikanischen Verhaltensforschern im Behaviorismus vertreten wird. Schon der französische Philosoph Lamettrie (1709–1751) lehrte in seinem Buche »L'homme-machine«, daß, so wie die Leber die Galle, das Gehirn die Gedanken ausschwitze. Haeckel nannte seine Weltanschauung den »materialistischen Monismus«, weil er dem Leibe das Primat gab.

In gewissem Gegensatz zum Konzil zu Konstantinopel von 869 steht die Darstellung des Nobelpreisträgers John Eccles von 1982.[21] Für ihn ist es der selbstbewußte Geist, das Ich des Menschen, der sich der Gehirnstrukturen bedient. Wenn man vor 1115 Jahren den Geist vom Seelenwesen des Menschen zu trennen suchte, so vermeidet es J. Eccles, den Begriff Seele von dem des Geistes loszulösen und nennt das bewußte Selbst, das er mit der Seele identifiziert, die subjektive Komponente des selbstbewußten Geistes. Man kann dabei den

Eindruck haben, daß so, wie J. Eccles die Wechselwirkung von Geist und Leib beschreibt, eine neue Art von Dualismus, von dualistischer Betrachtungsweise entsteht, wohl deshalb, weil für ihn das Seelische eine Folgeerscheinung dieser Wechselbeziehung des Geistes mit dem Leibe auf der dazwischenliegenden Bewußtseinsebene ist.

Hier wird wohl zum ersten Mal in neuester Zeit von naturwissenschaftlicher Seite der Versuch gemacht, den selbstbewußten Geist als aktives Wesensglied des Menschen, als sein eigentliches Ich, direkt anzuschauen. Und das ist doch wohl ganz neu!

Das Primat des Geistes aber – wie nach Matth. Ev. 26,41 (s. a. S. 130): Der Geist ist eine vorwärtstreibende Kraft, der Leib an sich ist kraftlos[22] – kann auch, so wie J. Eccles es faßt, zur Überschätzung des Geistigen und dadurch zu einer Vernachlässigung des Physisch-Leiblichen führen. Dieser Umwertung durfte J. Eccles als Naturwissenschaftler selbst nicht unterliegen, wie es bekanntlich den Gnostikern im Gnostizismus[23] erging. Während die Gnostiker nämlich noch von der Erscheinung Gottes in einem Menschenleibe sprachen, also von der Inkarnation des Logos im Leibe des Jesus von Nazareth wie im Johannes-Evangelium (christliche Gnosis), so meinten dagegen die Gnostizisten (Gnostizismus), daß der Logos zwar auf Erden gewirkt habe, aber nicht eigentlich leiblich erschienen sei. Sie sprachen von einem Scheintod und leugneten somit die leibliche Auferstehung. Sie legten damit den Grund für den späteren Dualismus: Der Geist inkarniert sich nicht in dem menschlichen Körper; er entfacht zwar in ihm das Seelensein, hält sich aber selbst zurück, lenkt nur wie von außen. Im Monismus Haeckels besteht dann nur noch ein Parallelismus zwischen dem stofflichen und dem geistigen Teil des Menschen, aber es wird keine eigentliche Wechselwirkung zwischen den beiden mehr anerkannt.

Auch Rudolf Steiner postulierte das Primat des Geistigen, weshalb er einmal seine Weltanschauung – der Haeckelschen entgegensetzend – den spirituellen Monismus genannt hat. Doch betonte er sehr die Wichtigkeit des Physischen, weil es das Medium ist, durch das sich das Geistige individuell geprägt selbst erkennen und weiter entwickeln kann. Denn nur, was wir auf Erden veranlagt haben, kann sich nach dem Tode in der geistigen Sphäre fortentwickeln. Sind wir mit der Leiblichkeit an das Erdensein gebunden und ragen im Denken zu den Himmelshöhen hinauf, so erleben wir als Menschen unser Selbst nur im urteilenden Fühlen, im fühlenden Verantwortungsbewußtsein. Wir stehen somit in der Mitte zwischen Himmel und Erde, zwischen Geistwelt und physischer Welt, zwischen Form und Stoff, als Bürger zweier Welten. Doch wir als Selbst stehen zwischen ihnen im Seelenbewußtsein.

Die Trichotomie in ihrem gegenseitigen, zu erstrebenden harmonischen Ausgewogensein könnte man etwa so darstellen:

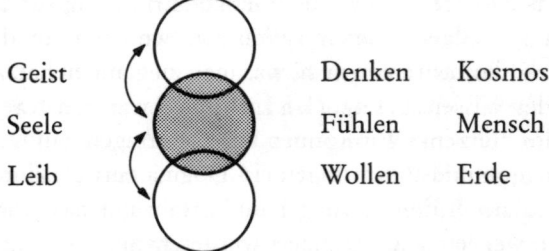

Geist	Denken	Kosmos
Seele	Fühlen	Mensch
Leib	Wollen	Erde

Im *Geistigen* ragt der Mensch denkend über sich hinaus, er darf aber auch edle Erdenerfahrungen der Geistwelt (Kosmos) hinaufvermitteln.

Im *Seelischen* hält er die Waage zwischen Oben und Unten im Bewußtseinsfeld des Fühlens.

Im *Leiblichen* fühlt er sich dankbar der Erde verpflichtet. Am Irdischen gewonnene Seelenfrüchte hat er der Geistwelt weiterzureichen.

Alle drei Bereiche sind von gleicher Gewichtigkeit. Die Erde muß mitgenommen werden, der Mensch darf sich ihr nicht verantwortungslos um seines Seelenheiles willen zu entziehen trachten. Auf diese Haltung der Mitverantwortlichkeit legte Rudolf Steiner großen Wert.

Die Bewußtseinsentwicklung könnte man schematisch zusammenfassend folgendermaßen darstellen:

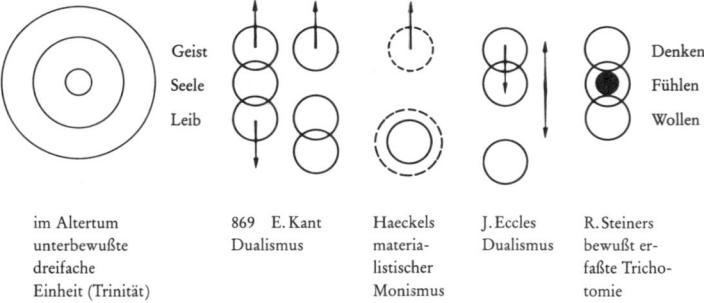

im Altertum unterbewußte dreifache Einheit (Trinität)	869 E. Kant Dualismus	Haeckels materialistischer Monismus	J. Eccles Dualismus	R. Steiners bewußt erfaßte Trichotomie	

Da, wo das einstige Wissen aus geistiger Erfahrung für die Menschen im allgemeinen verglommen war, wurde das Dogma, d. h. die Lehre von dem, was man zu glauben hat, an die Stelle des Wissens gesetzt (I. Kant), und zwar in den Seelenraum des Herzens. Wir können uns aber fragen, auf welchen Ansichten und Erfahrungen ein Dogma beruht, zumal es auf Grund neuer Empfindungen und Erfahrungen, wie wir noch sehen werden, auch geändert werden kann.

4. Der seelisch-religiöse Aspekt

a) Die Trichotomie schon in der Genesis

Das Dogma, die Lehrmeinung der christlichen Religionsgemeinschaften, besagt zunächst, daß die Seele von Gott geschaffen sei. Dabei wird oft von der Seele gesprochen, wenn der Geist gemeint ist. Das ist verständlich, weil das Geistige heute nur im Seelensein bewußt erlebt werden kann.

Ich habe den griechischen Text der sogenannten Septuaginta herangezogen.[24] Und da übersetze ich:

Und Gott schuf (plastizierte) den Menschen (anthropos) als *Staub* (choun ist Acc.!) von der *Erde* und blies in sein Angesicht (prosōpon, nicht Nase!) hinein Hauch, *Geist* (pno-èn = pneuma) des Lebens (zōēs) und es wurde (entstand = egéneto, daher Genesis = Entstehung, Werdung) der Mensch zu einer lebendigen *Seele* (eis psychén zōsan, also Psyche).

Gott blies gewissermaßen einen Teil seines geistigen Wesens in den physischen Leib des Menschen, und dadurch entstand erst in dem Menschen das Seelensein, das Seelenleben. Mit »Leben« ist nie das vegetative Leben (bios) gemeint, sondern es steht da immer zoé, das heißt geistig-seelisches Leben.

Daraus geht übrigens hervor, daß in der Genesis der Mensch noch trichotomisch aufgefaßt wird, nämlich nach Leib (Staub aus Erde), Seele (Psyche) und Geist (pneuma).

Wenn nun gesagt wurde, die von Gott erschaffene Seele des Menschen[25] werde erst in den letzten Monaten vor der Geburt dem Fetus hinzugefügt, so fragt man sich, woher man das denn wisse. In der Bibel steht nichts davon. Diese Behauptung soll von dem griechischen Philosophen Aristoteles stammen. Man hat sie wohl aus seiner Darstellung über Leib – Seele – Geist herausgelesen.[26] Da heißt es nämlich, daß in dem ersten Stadium die Embryonen eine Art Pflanzenleben zu führen scheinen, und erst in der Folgezeit könne bei ihnen offenbar auch von einer empfindenden und schließlich einer denkenden Seele die Rede sein. Alle diese seelischen Kräfte könnten aber unmöglich vorher existiert haben. Es bliebe also nur übrig, daß einzig der Geist von außen hereinkomme, und daß er allein göttlich sei.

Demnach hat die Seele des Menschen nicht vorher existiert, sondern nur der Geist, der göttlicher Herkunft ist. Darin dürfte zum Ausdruck kommen, daß der Geist im langsam stärker sich vollziehenden Inkarnieren mehr und mehr wirksam wird und dadurch das Seelenleben nach und nach erweckt. Dieses Hereinwirken des geistigen Menschenwesens würde in der fühlbaren Bewegung des Fetus wahrgenommen werden können. Denn ein Seelenleben veranlaßt Bewegung.[27]

Die Leugnung des unmittelbar Wirksamwerdens des geistigen Wesensanteiles im Menschenleibe, die 869 im 8. ökumenischen Konzil zu Konstantinopel dogmatisch festgelegt wurde, ließ eine Verwirrung zwischen den Begriffen Seele und Geist – »Seele mit einigen geistigen Eigenschaften« – aufkommen. Es wurde offensichtlich das erste Auftreten des Seelenlebens, das durch die Bewegung des Kindes im Mutterleibe erlebbar wird, mit dem allmählichen sich Inkarnieren des Menschengeistes, der Individualität verwechselt. Diese besteht ja schon vor der Empfängnis, sie ist also präexistent, wie wir an den Erlebnissen von Müttern, Vätern und selbst Kindern schon aufgezeigt haben und weiterhin noch aufzeigen werden.

Dieses »Kindes-Ich« muß demnach erst wie von außen auf die Hüllenbildung (Chorion) des implantierten Keimes einwirken. Um den 17. Tag jedoch, zu Beginn der eigentlichen Embryonalentwicklung wird das plötzliche Eingreifen des Ich den Forschern in der Gestaltung des Keimes sichtbar, wenn im Embryonalknoten der Blastula die Keimscheibe sich streckt und sich durch Einkrümmung in der Längsachse und Abfaltung an den Seiten vom Dottersack abhebt und dabei sich als eigener Körper von seinem Umkreis abtrennt. Dieser Vorgang vollzieht sich dann sehr schnell innerhalb weniger Stunden.

Bewußtseinsmäßig wäre das erste Stadium der Keimesentwicklung nach Aristoteles pflanzenhaft, vergleichbar mit unserem Schlaf. Denn das geistige Ichwesen des Menschen zieht sich nach Rudolf Steiner während des Schlafens aus dem Umwelt-Nervensystem (Gehirn und Rückenmark), das bezeichnenderweise auch animalisches Nervensystem genannt wird (anima = Seele, Seelenbewußtsein), zurück, wodurch wir kein Bewußtsein, auch kein Ich-Bewußtsein mehr haben; das Ich – der geistige Wesenskern des Menschen – bleibt aber mit dem vegetativen Nervensystem und zugleich mit den durch dieses versorgten Stoffwechselorganen des Leibes verbunden. Die Vorgänge im Stoffwechselsystem vollziehen sich ja wie pflanzenhaft unterbewußt.

Da man nun bei der Ausdeutung der Bibel und der Ausgestaltung der Lehrmeinung (Dogma) besonders im Dominikanerorden des Mittelalters von Aristoteles ausging, unter anderem durch Thomas v. Aquino (1225–1274), ist die Hinwendung zur alten, durch das Konzil von 869 allerdings mißverstandenen, griechischen Auffassung des Aristoteles verständlich. Solche Vorstellungen vermögen dann auch zu der Meinung zu führen, daß der Mensch erst dann Mensch ist, wenn er Seelenregungen durch Bewegungen offenbart. Und das wäre dann nur in der Fetalzeit, also ab 3. Monat frühestens möglich, nach G. L. Flanagan allerdings schon in der 7. Woche nach der Empfängnis.[28]

Es ist allerdings seit einiger Zeit das Dogma der katholischen Kirche: die von Gott erschaffene »Seele« des Menschen werde erst in den letzten Monaten vor der Geburt dem Fetus beigegeben – nicht mehr aufrechterhalten worden. Es besagt heute, daß die »Seele« schon bei der Konzeption dem befruchteten Ei hinzugefügt werde. Doch wird sicherlich, wie die Bewußtseinsgeschichte der Menschheit lehrt, noch etliche Zeit vergehen, bis das wahre Wissen um diese Dinge ins Lebensgefühl und somit ins tiefere Bewußtsein der Menschheit eingedrungen ist.

b) Der Mensch – ein Zufallsprodukt?
Die Prädestinationslehre des hl. Augustinus

Die »von Gott geschaffene Seele« bezieht ein werdendes Leibeshaus, das schon von der Konzeption an genetisch eine bestimmte ererbte Konstitution enthält. Nach der materialistisch orientierten naturwissenschaftlichen Ansicht ist die jeweilige Zusammensetzung der Erbanlagen – entsprechend der genetischen Rekombination bei der Meiose[29] – eine rein zufällige. Somit wäre der Mensch leiblich gesehen ein Zufallsprodukt (Neudarwinismus).[30] Die Körper aller Menschen wären also schon per Zufall vererbungsmäßig verschieden, von den eineiigen Zwillingen abgesehen. Die »Seele« bezieht bei der Konzeption nach dieser Ansicht ein reines Zufallsprodukt, dem sie ohne Schuld und Verdienst ausgeliefert ist.
Für die Entwicklung des Menschen spielen allerdings nicht nur die mitgebrachten erblich bedingten Anlagen für Gesundheit und Begabungen eine gewichtige Rolle im Leben, sondern auch die umweltbedingten Gegebenheiten mit ihren sozialen Umständen, in die man hineingeboren ist. Sie sind so gesehen für das einzelne Menschenwesen ebenfalls zufällig gegebene Bedingungen in bezug auf die Zukunftsmöglichkei-

ten der individuellen Persönlichkeitsentwicklung. Wir sind demnach in unseren Entfaltungsmöglichkeiten abhängig von der sozialen Stellung der Familie, von Volkseigentümlichkeiten, Geburtsort, Sprache, Rasse usw., also von Voraussetzungen, in die wir nach dieser Anschauung unfreiwillig hineingeboren waren.

Der als der hervorragendste Kirchenvater des Abendlandes bezeichnete hl. Augustinus (354–430) fragte sich unter anderem, woher es denn komme, daß es Gläubige und Ungläubige gäbe. Da nun der Glaube wie jegliches Gut ein Geschenk Gottes sei[31], muß Gott den einen Menschen die guten Gaben zuerteilt, den anderen diese vorenthalten haben. Aus diesen Überlegungen entstand die *Prädestinationslehre* (Lehre von dem Vorherbestimmtsein). Es ist die kirchliche Lehre von einem ewigen, unerforschlichen Ratschluß Gottes, durch den eine bestimmte Anzahl von Menschen aus Gnade zum ewigen Heil bestimmt sind (die sogenannte Gnadenwahl!), während die anderen der selbstverschuldeten Verdammnis überlassen werden (Prohibitation – Zurückweisung). Dann aber müßte der Mensch schon vor der Geburt bzw. Empfängnis zu sündigen die Möglichkeit gehabt haben – oder sogar zu der Verdammnis vorausbestimmt worden sein (Prädammnationslehre = Lehre von der Vorherverdammung). Das entspräche vom Menschen her gesehen dem Zufall, denn wir könnten gegen dieses uns zufallende Schicksal nichts tun. Luther hatte sogar in seiner Schrift »De servo arbitrio« (d. h. »Vom knechtischen Urteilsspruch«) und Melanchthon in der 1. Ausgabe der »Loci communes rerum theologicarum« (1521) (d. h. »Die allgemeinen Hauptlehren der Theologie«) die Prädammnationslehre streng vertreten. Der englische Philosoph Henry More (1614–1687), dessen Eltern und Voreltern orthodoxe Calvinisten waren, soll schon als Knabe die strenge Prädestinationslehre Zwinglis bekämpft und streng abgewiesen haben. So sprach Calvin von der Gnade, die nicht an alle gelange, aber unwiderstehlich und unverlierbar sei. Zwar hat die protestantische Kirche nach Luther von dieser Lehre Abstand genommen, wie sich vorher noch die katholische Kirche gegen diese Vorstellungen des hl. Augustinus abgesetzt hatte, aber mitunter sind bei gewissen kirchlichen Gemeinschaften noch Empfindungen da, die sich zum Beispiel in Redewendungen äußern wie: Wer Erfolg hat, mit dem hat es Gott eben gut gemeint. Und mancher Hochmut reicher Familien gegen das arme Volk mag darin seine unerkannte Wurzel haben (s. Florence Nightingale, S. 150).

Übrigens hat Augustinus den Begriff der Erbsünde dementsprechend formuliert: Durch Gottes Gnade werde ein Teil der an sich verlorenen und verdammten Menschen ohne alle Rücksicht auf deren eigenes Zutun durch Christus gerettet. Auch im Islam liegt dem Begriff des Kismet (Schicksal) die Prädestinationslehre zugrunde.

Im Grunde ist die Prädestinationslehre gefühlsmäßig mit eine Voraussetzung dafür gewesen, daß sich der Darwinismus und somit unser heutiges materialistisches Sozialverständnis entwickeln konnten, weil keine Empfindung mehr für ein Verantwortung tragendes, individuelles Ich im Bewußtsein ist.

c) Was wird bei der Konzeption empfangen?

Gegen den Abtreibungsparagraphen, d. h. gegen die Abtreibung als solche hat die Kirche offensichtlich keine rechten Argumente. Welches Leben, welches ungeborene Leben soll nämlich geschützt werden, wenn der Menschenleib, in dem die »Seele« leben soll, doch nur ein Zufallsprodukt ist? Warum Abtreibung nur dann erlauben, wenn Krankheitsveranlagungen oder Milieuschwierigkeiten (soziale Indikation) zu erwarten sind, da doch Krankheit und Mißgeschick (!) nach unerforschlichem Ratschluß Gottes vorgeplant sind gemäß der Prädestinationslehre? Würden die Mutter, der Arzt nicht gegen den Willen Gottes handeln, wenn... – Und die Freiheit? Im Grundgesetz heißt es im Artikel 2, Absatz 1, daß zwar jeder das Recht auf freie Entfaltung seiner Persönlichkeit habe, aber eben nur so weit, als er nicht die Rechte anderer verletzt..., also hier das Recht des Ungeborenen auf Leben, auf Bildung seines Leibes, das ihm die Möglichkeit der Menschenwürde einst geben soll. Wenn nun auch theologisch anerkannt wird, daß der Mensch als Werdender schon von der Empfängnis an als solcher existiert, dann müßte man doch auch den Embryo von Anfang an schützen wollen.

Das alte Wort Empfängnis weist auf ein Empfangen hin, wobei man früher und auch heute zunächst nicht an das Empfangen des männlichen Samens dachte, sondern an die Kindesseele, wie man es nannte. Doch woher wußte man überhaupt von einer »Empfängnis«?

Eine Mutter berichtete – wie mir auch andere Mütter immer wieder bestätigten –, daß das Zusammensein mit ihrem Manne jedesmal dann ein ganz andersartiges Erlebnis war, wenn dabei die Empfängnis, die Konzeption erfolgte. Es sei jedesmal anders als sonst gewesen. Sie habe bei ihren vier Kindern genau gewußt, wann sie ein Kind empfangen habe. Sie fügte noch hinzu, daß sie bei zwei Kindern dabei außerdem das Erlebnis gehabt habe, daß sie sich wie in die Weiten hinausgeschleudert empfand. Man kann den Eindruck haben, daß sich das mütterliche Wesen zum Empfang weit öffnete. Eine junge Mutter drückte dieses Erlebnis mit den Worten des »Größerwerdens als das Allergrößte« aus.[32]

Wie nun die »Kindesseele« – so wird ja das sich inkarnieren wollende Ich oft genannt – sich zur Empfängnis nähert, wird von einer jungen Frau geschildert, deren Bericht Verbrugh (S. 28–30) wiedergibt. Die Frau erlebte bei der Vereinigung mit ihrem Manne, wie ein sehr helles Licht langsam in spiralförmiger Bewegung auf sie zukam. Erst später erkannte sie, daß die Spirale bedeutete, daß ihr Junge zu ihr kam.

Eine andere Mutter berichtete, ihr Sohn habe ihr als Kind erzählt, wie er herumgewirbelt wurde, als er zu ihr, seiner Mutter, gekommen sei. Er machte dabei mit den Armen eine Bewegung, die auf ein spiralförmiges Kreisen hindeutete. Dieses spiralförmige Herankommen der Kindesseele deutet also auf die Art und Weise hin, wie sich der Inkarnationsvorgang vollzieht.[33] Daraus kann verständlich werden, weshalb bei Inkarnationsschwäche, d. h. wenn man sich in seinem Tagesleben nicht so recht drinnen in seinem Leibeshäuschen fühlt, als heileurythmische Therapie die spiralförmige Bewegung geübt wird. Man läuft von außen herankommend spiralig dem Mittelpunkt zu – mit nach beiden Seiten ausgestreckten Armen, wobei der jeweils innere Arm zum Mittelpunkt zeigt (Inkarnationsbewegung). Danach wird umgekehrt vom Mittelpunkt spiralig nach außen gelaufen (Exkarnationsbewegung). Dieser rhythmische Wechsel von Inkarnation und Exkarnation hilft, sich besser, tiefer in die Leiblichkeit zu inkarnieren, besonders morgens beim Aufwachen, damit man schneller und ganz zu sich kommt. Kinder deuten dieses spiralförmige Sich-Inkarnieren an, wenn z. B. Renate erzählt, wie sie, vom Himmel heruntergeschickt, erst um die Erde herumgewirbelt wurde, bevor sie »durch das Fenster« zur Mutter einging. Auch als Angelika sich anmeldete, sah die werdensollende Mutter ein helles Licht, das sie umkreiste (vgl. auch S. 36, 74 ff.).

Das spiralförmige Sich-Inkarnieren scheint übrigens ein »geistiges Naturgesetz« zu sein. Denn bekanntlich setzen viele Pflanzen ihre Blattansätze mit den Knospen für die neuen Zweige spiralig an. Besonders schön zeigen die Korbblütler, wie die Sonnenblume (Helianthus), die spiralig auf dem flachen Blütenboden angeordneten vielen Einzelblüten. Auch die Kiefern- und Fichtenzapfen schrauben sich spiralig zur Spitze hin. Es ist, als ob das jeweilige Pflanzenwesen im Hinaufwachsen des Pflanzenleibes sich allmählich inkarniert.

Es ist also ein Geistig-Wesenhaftes, das sich bei der Empfängnis inkarniert und das weltweiten Gesetzen folgt im spiralförmigen Herankommen. Und dieses sich inkarnierende Geistig-Wesenhafte hat Kraft. »Der Geist ist eine vorwärts treibende Kraft.«[34]

5. Berichte aus der Bibel

Wie ist es nun zu verstehen, daß die sich inkarnieren wollenden Individualitäten in der Bibel anders verkündet werden als bei den Frühvölkern und auch bei uns?

In einer Evangelienharmonie[35] aus dem 2. Jahrhundert im 2. Kapitel, Vers 3 spricht der Engel zu Maria: »Gegrüßet seist du, Maria, du hast Gnade gefunden, denn Gottes Mutterschaft ist mit dir; du bist gebenedeit unter den Weibern und gebenedeit ist die Frucht deines Leibes«, und im Vers 6: »Der Heilige Geist wird über Joseph kommen, deinen Vertrauten, und die Kraft des Höchsten wird dich überschatten, o Maria; darum wird das Heilige, das von dir geboren wird, Gottes Sohn genannt werden ...« Dann im Vers 9: »Und am selben Tage erschien der Engel Gabriel dem Joseph im Traum und sprach zu ihm: »Sei gegrüßt, Joseph, du bist auserwählt, denn die Vaterschaft Gottes ist mit dir. Gesegnet bist du unter den Männern und gesegnet die Frucht deiner Lenden ...« Übrigens wird dieses Auserwähltwerden des Joseph im Protevangelium des Jakobus 8,2 bis 9,3 ausführlich geschildert. Man muß auch berücksichtigen, daß in einer Evangelienharmonie hier die beiden verschiedenen Verkündigungsgeschichten im Matthäus-Evangelium und im Lukas-Evangelium wie zu einer Einheit ineinander geschoben erscheinen, denn im Matthäus-Evangelium 1, 18–25 erscheint dem Joseph ein Engel des Herrn im Traum, der ihm die Geburt Jesu verkündet und ihm den Namen zuruft; im Lukas-Evangelium 1, 26–38 ist es der Engel Gabriel, also ein Erzengel, der der Maria die Empfängnis verkündigt und ihr den Namen zuruft.

Ganz Entsprechendes wird im Protevangelium des Jakobus,

Kapitel 1 bis 5 von der Empfängnis der Anna berichtet, welche Maria, die Mutter Jesu, gebar.[36] Zunächst wird ausführlich die Kinderlosigkeit des inzwischen altgewordenen Ehepaares Joachim und Anna geschildert. Joachim verliert wegen seiner Kinderlosigkeit das Recht, des Priesteramtes zu walten, und zieht sich verzweifelt in die Wüste, in die Einsamkeit zurück. Anna fühlt sich zweifach gestraft, zum einen wegen der Schande der Kinderlosigkeit und zum anderen wegen ihres Verlassenseins als Witwe. Da verkündet ihr der Engel des Herrn, daß sie empfangen und gebären solle, und dann, als sie sich bereit erklärt hat, dem Joachim: »Gehe hinab von hier! Denn siehe: Dein Weib wird schwanger werden.« Der höhere Auftrag ergeht also wiederum an beide Partner, und sie wissen, was sie zu tun haben.

Auch kennen wir die im Neuen Testament (Lukas 1,5–25) geschilderte Verkündigung der Geburt Johannes des Täufers, eine Verkündigung, die nur dem Priester Sacharias zuteil wird, sowie die im Alten Testament erzählten Vorgänge, die zur Geburt des Isaak durch Sarah führten, wobei die Verkündigung direkt an Abraham erfolgte, und zwar durch drei Erzengel, während Sarah nur zuhörte und lachte, weil sie schon zu alt sei (1. Mose 17,15–22 und 18,1–16).

Weniger bekannt ist die Verkündigung der Geburt des Sampson (Simson), die an die Frau des Manoah erging, wie sie im Alten Testament in dem Buche Richter 13,3–5 und 24 berichtet wird:

Und der Engel des Herrn erschien dem Weibe des Manoah und sprach zu ihr: »Siehe, du bist unfruchtbar und gebierst nicht; aber du wirst schwanger werden und einen Sohn gebären. So hüte dich nun, daß du nicht Wein und starke Getränke trinkst und nichts Unreines essest. Denn du wirst schwanger werden und einen Sohn gebären, dem kein Schermesser aufs Haupt kommen soll. Denn der Knabe wird dem Gotte ein Nasiräer (ein Nasir Gottes) sein, wenn er aus dem Mutterleibe kommt, und wird anfangen, Israel zu erlösen aus der Hand der Andersstämmigen (gemeint Philister) ... Und das Weib gebar einen Sohn und rief seinen Namen *Sampson*« (hebr. kleine Sonne).

Immer sind es Erzengel, die die Geburt bzw. die Empfängnis und das Schwangerwerden ankündigen. Das ist dann jeweils wie ein göttlicher Auftrag, der sich an die Frau und oder nur an den Mann richtet.

Auch heute noch geschieht so etwas, wenn Frauen und auch Männer, nun aber von der Kindesseele, d.h. von der sich inkarnieren wollenden Individualität selber die entsprechende »Aufforderung« bekommen. Es ist ihnen dann so, als ob ihnen zugerufen wird: »Ich will jetzt zu dir kommen.« Und die Kohabitation, die unter diesem Eindruck erfolgt, wird ganz anders erlebt: nicht im sexuellen Taumel, sondern vielmehr ehrfurchtsvoll, wie solche Fälle Hugo Verbrugh wiedergibt.[32] Wenn es sich da als Verkünder um Erzengel handelt, die ja auch die Funktion als Volksgeister haben, wenn es sich also um hohe völkerführende Engelwesen handelt, die auch zu Zeiten als Zeitgeister wirken und dann die Schicksale vieler Völker leiten, kann man auch auf die weltgeschichtliche Bedeutung solcher Individualitäten hinschauen, deren Geburt von Erzengeln verkündet wird.

Es kündigen sich also heutzutage die Kinder-Iche selber an, während im Altertum wie im Alten Testament die Ankündigung bedeutender Persönlichkeiten durch Erzengel erfolgte. Daß sich heutzutage die Kinder selber ankündigen, mag ein Ausdruck dafür sein, daß die Individualitäten selbständiger geworden sind, gemäß der Bewußtseinsentwicklung der Menschheit.

Aus den Aussagen von Frühvölkern, die im folgenden dargestellt werden sollen, und aus den biblischen Berichten, die sich mit den Erlebnissen der heutigen Mütter und Väter in vieler Hinsicht decken, wird deutlich, daß es sich um durch alle Zeiten hindurchgehende, gemeinsame Urerfahrungen handelt. Durch die verschiedenen Bewußtseinsstufen, in denen sich die Erlebnisse kundtun, erscheinen die Bildausdrücke oft mehr oder weniger anders. Das sollte uns nicht beirren. Das, was sich als Wesentliches ausdrückt, ist dabei gleichsam das Gesetzmäßige.

6. Frühvölker erzählen

Angehörige von sogenannten Naturvölkern wissen von der Vorgeburtlichkeit im Sinne der Präexistenz der Kinderseelen viel zu berichten. Ihre Medizinmänner und Schamanen haben noch die Fähigkeit des übersinnlichen Schauens, wie sie die Menschen in Zeiten längst vergangener Kulturen gehabt haben. Wegen der Frühformen ihres Bewußtseins werden diese Naturvölker von Richard Karutz, der in Lübeck das Völkerkundemuseum eingerichtet und geleitet hatte, als Frühvölker bezeichnet. Es mögen nun einige Berichte von Angehörigen solcher Frühvölker folgen. Dabei zeigt sich, daß sie ihrem wesentlichen Gehalt nach jenen Erlebnissen gleichen, die heute auch bei uns immer zahlreicher wieder auftreten.

Die *Ovambo* – ein den Herero und Bergdamara nahestehendes Bantuvolk in Namibia um die sogenannte Etoscha-Pfanne – fertigen Puppen an, ounona-Kinder genannt, die sie sorgfältig hüten; sie werden zum Beispiel bei einem Brande zuerst gerettet und später den Mädchen mit in die Ehe geben. Die Puppe gilt als Kind des verlobten Paares und bekommt vom Bräutigam einen Namen, den nachher auch das Erstgeborene erhält. Sie ist also kein Spielzeug, sondern gilt als das erlebte Bild des Wesens, das sich in der neuen Familie verkörpern will, jetzt aber noch im Sippengeiste ruht, denn sie geht immer in den Besitz der ältesten Tochter über.[37]

Der *Ewhe-Neger* in Dahome sagt, daß seine Seele aus dem Lande Nodsie freiwillig zur Erde komme. Der Eintritt des geistigen Wesenskernes des Menschen in den Mutterleib ist also sein eigener Wille.[38]

Uhtlakanyana, der Nationalheld der *Sulu* (Natal und Tongaland in Südostafrika) habe im Mutterleibe gesprochen: »Mutter, ich bin nicht dein Kind, und dein Mann ist nicht mein Vater; ich war nur in deinem Leibe, ich gehe nun meinen eigenen Weg über die Erde.«

Hier haben wir wieder einen Ausdruck des Eigenwillens des Menschen zum Leben auf der Erde, für das die Eltern nur Vorbedingung sind. Das Kind ist demnach als geistige Wesenheit nicht das Produkt von Vater und Mutter, auf das diese Anspruch hätten.

Dementsprechend beschreibt der arabische Schriftsteller Kahlil Gibran (1883–1931) in seinem Buche »Der Prophet – Wegweiser zu einem sinnvollen Leben« die von den Eltern einzunehmende Haltung folgendermaßen:

»Eure Kinder sind nicht Eure Kinder. Sie sind die Söhne und Töchter der Sehnsucht des Lebens nach sich selbst. Sie kommen durch Euch, aber nicht von Euch. Und obgleich sie bei Euch sind, gehören sie Euch nicht. Ihr dürft ihnen Eure Liebe schenken, aber nicht Eure Gedanken, denn sie haben ihre eigenen Gedanken...«[39]

Richard Karutz schreibt, daß bei diesen Frühvölkern das einzelne Ich noch im Rassen- und Stammesgeist west. Darum betet der *Aschanti* in Ghana beim Tode eines Säuglings:

»O Mutter, die du wohnst im Lande der Geister, wir danken dir, daß du diesem Kinde erlaubtest zu kommen. Aber wir bitten dich um ein neues Kind, und erlaube ihm, zu bleiben.«

Dann verkörpern sich die Seelen in derselben Sippe wieder (s. Karutz II, S. 273).

Und in *Melanesien* hören die Frauen oft vor der Empfängnis eine Stimme rufen:

»Mutter, ich komme zu dir.«

Die Eingeborenen in *Ostaustralien* sagen, daß die bronzefarbenen Mistelzweige mit den orangefarbenen Blüten die verwandelten Kinderseelen seien, die vergebens nach Müttern zur Verkörperung gejammert haben. Die Verwandlung in Pflanzen ist dabei ein Bild für das Verbleiben der Seele in der Äthersphäre, der Mondensphäre, wo der jeweilige Sippen- und Stammesgeist west. Dort müssen sie »klagend und jammernd« bleiben, weil sie nicht zur Geburt kommen können.[40]

Andreas Lommel, zuletzt Leiter des Völkerkundlichen Institutes in München, berichtet von den Unambal in Australien, daß der zukünftige Vater die erste vorkonzeptionelle Geistbeziehung zu den Seelenkeimen hat, die Jalala genannt werden. Im Traum kann ihm solch ein Jalala, solch eine »Kindesseele« als ein etwa fingergroßer Mensch erscheinen. Eine Kinderseele gefunden zu haben wird ihm aber erst dadurch bewußt, daß ihm zugleich der Name des Menschen, der entstehen soll, im Traum genannt wird. Die Seele ruft den Namen, der ihr Wesen enthält, dem Manne, den sie zum Vater haben möchte, im Traum zu.

Nach Meinung der Eingeborenen dringt der Traum, eine Kinderseele gefunden zu haben, zunächst in das Herz eines Menschen ein. Vom Herzen wandert der Seelenname in den Kopf, und der Mensch »denkt mit seinem Kopf wie ein Weiser«. Hat aber jemand keine Seelenkraft im Kopf, das heißt von Ungud nicht die Gabe, schöpferisch und formend zu denken, so kann er den Namen, den die Kindesseele selbst ihm zuruft, nicht behalten. Er kann dann auch die Kindesseele selbst nicht erfassen und seiner Frau nicht übergeben, was wiederum in einem Traumvorgang vor sich gehen muß. Ein solcher Mann ist dann nicht fähig, Kinder zu zeugen. Die gesamten sogenannten Traumerlebnisse werden bei den Unambal zur Erzeugung eines Kindes für unbedingt notwendig erachtet. Die physische Zeugung allein genügt nach ihrer Ansicht nicht, um ein Kind hervorzubringen. Sie geben zwar zu, daß es bei den Weißen oder auch bei den Tieren genügen mag, betonen aber immer, daß bei ihnen eine seelische Disposition zur Zeugung unerläßlich sei. Andreas Lommel meint, daß das, was die Unambal mit dem Wort »Traum« bezeichnen, von uns aus als eine gewisse seelische Disposition bezeichnet werden kann, die als Vorbedingung zur physischen Zeugungsfähigkeit bei den psychisch sehr beeinflußbaren Menschen notwendig erscheint. Ein Kind kann nicht gezeugt werden ohne diese vorangegangenen Traumerlebnisse, selbst wenn die Eltern sich solche sehnlichst wünschen.

In einem solchen Falle bleibt ihnen nichts anderes übrig, als sich von einem anderen, der eine Kindesseele gefunden hat und im Moment kein Kind wünscht, sich diese übergeben zu lassen. Dies kann geschehen, wenn der »Finder« mit einer solchen Übergabe einverstanden ist. »Sie verabreden dann die Übergabe, und während der eine in der Nacht davon träumt, ein Kind zu finden« (also seelische Empfangsdisposition), »gibt« er das Kind an den anderen weiter.

Das Finden einer Kindesseele geschieht immer wie von ungefähr: es kann nicht erzwungen oder beabsichtigt werden. Auch Menschen, die in dieser Hinsicht begabt erscheinen, können nicht auf Wunsch Kindesseelen finden, sondern müssen warten, bis ihnen dies widerfährt.

Auch bei der Übergabe der Kindesseele an die Frau wird von den Eingeborenen die Wichtigkeit des Traumvorganges betont. Die physische Zeugung wird als nebensächlich angesehen und bildet nur eine Art Hilfsleistung. Man ist sich über die physische Funktion bei den Tieren völlig im klaren. Es scheint sich also hier nicht, wie man früher oft annahm, um eine »Unkenntnis der physiologischen Vaterschaft bei den australischen Eingeborenen« zu handeln. Die Eingeborenen geben dem Menschen vielmehr eine Sonderstellung innerhalb der Natur.[41]

Die Unambal können gerade noch bis drei zählen, darüber hinaus gibt es nur »viele«. Doch vermögen sie aus einer Herde von 10 000 Rindern das eine, das verlorengegangen ist, an den Hufspuren erkennend von den übrigen zu unterscheiden und so dessen Spur zu verfolgen. Eine für uns unvorstellbare Gedächtnisfähigkeit zeichnet sie aus. Tagsüber tauchen sie mit ihrem Bewußtsein nur wenig über die Traumsphäre auf, nachts dafür auch nur wenig unterhalb der Traumsphäre hinab. Wenn sie bei den Weißen ausdauernd hart arbeiten müssen, schlafen sie nachts zu tief, so daß sie den zugerufenen Namen des zukünftigen Kindes nicht behalten und die Übergabe in dem Traumvorgang nicht mehr vollziehen können. Das soll der Grund dafür sein, daß dieses Volk der Unambal im Aussterben begriffen ist.

P. Droste berichtete, daß sich die *Australier* folgendes erzählen:

> Die Kinder entstehen aus Lebenskeimen, die von ihren über die Erde wandernden Urahnen stammen und an gewissen Plätzen (besonders bei Bäumen, an Quellen u. dgl.) in den Boden gegangen sind. Frauen gehen schnell an solchen Plätzen vorüber, wenn sie keine Kinder wünschen.

Man weiß also genau von der doppelten Herkunft, man kennt den physiologischen Vorgang und weiß auch, daß nicht jeder

Kohabitation eine Konzeption folgt. Jene sei zwar immer nötig, aber von dem Menschenwesen abhängig, das auf Empfängnis wartet, das solange umherirre, bis es die Eltern gewählt habe und ihnen im Traume erscheinen kann.

7. Die Biographie des Menschen

Bei der Betrachtung menschlicher Biographien zeigt sich häufig ganz deutlich, daß sich so etwas wie ein roter Faden ungewollt und ungesucht durch ein Menschenleben hindurchzieht, der trotz aller Abweichungen und Abirrungen erkennbar bleibt. Es ist wie ein verborgenes, Schicksal führendes Wirken, in welchem das eigentliche Ich offenbar wird. Dieses Ich erlebt der Mensch nicht unmittelbar in seinem täglichen Bewußtsein, doch erfährt er etwas davon, wenn er zurückschaut auf sein Leben. Dann kann er sich erst bewußt werden, was er eigentlich »gewollt« hat, und wie er sich durch Begierden und Geltungsbedürfnis, durch Umwelteinflüsse und Weltanschauungen von seinem Pfade hat immer wieder ablenken lassen. Ein Rückblick auf das Leben vermag Klarheit über die eigentlichen Intentionen eines Schicksalsweges zu verschaffen. Manch ein Dichter versuchte das Lebensrätsel eines berühmt gewordenen Menschen zu lösen, indem er dessen Biographie schrieb. Daß das Charakteristische eines Menschen nicht in seinen Worten, Meinungen und Absichten in Erscheinung tritt, drückte Goethe im Vorwort zu seiner Farbenlehre so aus:

»...Vergebens bemühen wir uns, den Charakter eines Menschen zu schildern; man stelle dagegen seine Handlungen, seine Taten zusammen und ein *Bild* des Charakters wird uns entgegentreten.«

Das Wesen eines Menschen entzieht sich also dem äußerlich bestimmbaren »Zugriff«, es kann zunächst nur im Bilde erlebbar werden.

So sind auch jene eindrücklichen Träume oder Wahrnehmungen, die Mütter vor oder nach der Empfängnis ihres Kindes haben können, ein bildhaftes Erleben vom Wesen des kommenden Menschen und seiner Intentionen (s. Verbrugh[32], S. 35 f.).

Denn immer wieder traten uns in den Berichten Hinweise auf Charakter und Wesensart des werdenden Kindes entgegen. Die Mutter kann etwas von der Art erfahren, wie es sich in seine Umgebung hineinstellen wird. So teilten sich im Erlebnishintergrund einer Mutter die Intentionen des Sohnes mit, die er später in seinem Beruf in der Landwirtschaft und im Schutz der bedrohten Umwelt ergriff.
In den folgenden Traumschilderungen weisen besonders markante Bilder auf das spätere berufliche Wirkensfeld des kommenden Kindes hin.

Frau A: Der erste Traum beim dritten Kind fällt auf das Ende der dritten Woche nach der Konzeption. Ich stand diesmal allein am offenen Fenster meines derzeitigen Schlafzimmers. Es war Nacht und trotzdem stand die leuchtende Sonne hoch am Himmel zwischen West und dem Nordstern, wo sie sonst nie zu sehen ist. Ich schaute sie unverwandt an, denn ich bemerkte eine stete Veränderung. In Erinnerung habe ich, daß sie sich dunkel verfärbte, rot, blau und violett, und daß die Erde auf einmal schrecklich bebte und ich mich fürchtete. Da hörte ich mich selbst sprechen: »Es isch halt Karfrytig.« Ich erwachte darüber. Es war wirklich die Nacht vom Gründonnerstag auf Karfreitag. (Über diese Trauertage hatte ich wohl früher nachgedacht, aber nur über die Kreuzigung und die Grablegung, nie über die Sonnenfinsternis und das Erdbeben). Erst dachte ich gar nicht an ein Kind. Etwa eine Woche später spürte ich die ersten Anzeichen der Schwangerschaft. Etwas später träumte mir, daß ich ge-

lähmt am geöffneten Fenster unseres Kinderzimmers saß und auf die Wiese und die sie abschließende Hecke hinunterschaute. Da bemerkte ich hinter der Hecke ein etwa zwei- bis dreijähriges, schneeweißgekleidetes Kind an der Hand einer Freundin von mir gehen. Auf der Wiese breitete sich ein kreisrunder Teich aus, der in Wirklichkeit nicht vorhanden ist. Die Sonne lag in diesem Weiher und färbte das Wasser purpurn. Mit dem Glücksgefühl, mein Kind gesehen zu haben, konnte ich mich vom Stuhl erheben und sprang voll Wonne in den Weiher, mitten in die Sonne hinein. (Diese Freundin bat mich später, ohne den Traum zu kennen, um die Übernahme der Patenschaft).
Dieser Sohn beschäftigt sich besonders viel mit dem Leid in der Welt, trägt daran besonders schwer, sucht aber in seinem Beruf als Heilpädagoge zu helfen.

Frau A: Beim sechsten Kind, wieder einem Knaben, den wir gar nicht mehr erwartet hatten, weiß ich vom starken Traumerlebnis keine Einzelheit zu berichten. Es war einfach überwältigend durch die dabei auftretenden Stimmungen. Anfänglich unsäglicher Schmerz und dunkle Trauer, allmählich übergehend in unbeschreiblich schönes, farbiges Licht, Musik und gewaltige Freude.
Ich deutete dieses Traumerlebnis zunächst nur zögernd als Schwangerschaftszeichen und mußte aber nach kurzer Zeit bemerken, daß es wieder an das Ende der dritten Woche nach einer Konzeption fiel.
Wenige Wochen später, als ich aber schon die Gewißheit meines Zustandes hatte, träumte mir etwas sehr Schlichtes, Inniges. Ein Knabe, etwa im Alter von neun bis zehn Jahren, trat aus einem dunkelgrünen Tannenwald. Er schritt auf mich zu, wendete sich aber vor mir gegen links, meinem Geburtshaus zu, denn der Wald zeigte sich deutlich als der meiner Kindheit. In der Hand trug das anscheinend

fröhliche Bürschchen ein geschmücktes, mit brennenden Kerzen übersätes Christbäumchen. – Schon im ersten Schulalter kannte unser Jüngster nichts Schöneres, als morgens um 5 Uhr allein in den Wald zu gehen, Wild und Vögel zu beobachten und der Mutter seltene, schöne Dinge von seinen Spaziergängen heimzubringen. Später, während seiner Lehrzeit als Forstwart, durfte er regelmäßig unsere Weihnachtstanne selbst schlagen; trug sie nach Hause und schmückte sie mit einem Bruder zusammen.

Durch solche Erlebnisse wird schon bei der Ankündigung des Kindes die Offenheit vorbereitet, die die Eltern der Entfaltung der Intentionen ihres Kindes entgegenbringen sollten. Wie sehr die richtige Entwicklung der Kinder von Eltern und weiterer Umgebung abhängig ist, wissen wir meist sehr gut aus eigener oder den Erfahrungen unserer unmittelbaren Umgebung.

In späteren Beiträgen wird dieser Gesichtspunkt noch einmal aufgegriffen werden.

Es fühlt also ein Kind im Mutterleibe schon Willensregungen wie bestimmte Interessen und Absichten, die es einmal im Erdenleben zu verwirklichen trachtet und die es der Mutter in solcher Weise mitteilt (s. auch Verbrugh [32], S. 35/38). Zeigen sich solche verborgenen Hinweise auch in Kindheits- und Jugendbiographien? Darauf soll in den folgenden biographischen Skizzen einmal hingeschaut werden.

Kindheits- und Jugendbiographien

a) Die Explosion in der Scheune

Ein sechsjähriger Bub machte sein erstes physikalisches Experiment, das mit einer Explosion endete. Die Scheune ging in Flammen auf. Nur mit Aufbieten aller Kräfte gelang ihm rußgeschwärzt der Ausweg ins Freie. Als Brandstifter »gebrandmarkt« – er hatte auch Brandblasen bekommen –, wurde er öffentlich vor den Augen von Pfarrer, Lehrer und Bürgermeister des kleinen Ortes Milan (in Ohio, USA) wie ein Dieb geschlagen und litt sehr unter der Schande. Als der kleine, schwächliche Junge sieben Jahre alt war, zog sein Vater mit der Familie 200 km weit weg nach Port Huron, wo er Lebensmittel und Holz verkaufte. Für seinen Sohn richtete er im Keller seines Hauses ein kleines Labor ein. Die Mutter lebte in der ständigen Angst, das Haus könnte eines Tages in die Luft fliegen. Tom, so hieß der Junge, besuchte dort nur drei Monate die Schule, dann unterrichtete ihn die Mutter. Mit 12 Jahren wurde er »train-boy« und verkaufte Obst und Erfrischungen in den Zügen der Michigan-Nord-Süd-Bahn. Doch immer wieder, eigentlich in jeder freien Minute experimentierte er. Im Gepäckwagen richtete er sich eine kleine Druckerei ein, horchte, was die Reisenden vom Kriegsschauplatz erzählten, druckte seine eigene Zeitung und verteilte sie selbst. – Wußte er, warum er solches tat? War es nicht wie ein unwiderstehlicher Trieb in ihm, sich technisch zu betätigen? Viele Kinder experimentieren, gewiß, aber bleiben sie dabei? Tom hatte die Schicksalsgunst, einen Vater zu haben, der Verständnis für den Experimentiertrieb seines Sohnes hatte. Über 2500 Patente erwarb Tom im Laufe seines Lebens, er erfand die Glühbirne, das Grammophon und vieles, vieles andere: Es war Thomas Alva Edison (1847–1931).

b) Die Transsibirische Eisenbahn

Als man 1912 begann, eine Eisenbahnlinie über Irkutsk nach dem Fernen Osten zu bauen, wurde der Vater des kleinen Michail als Arzt von Leningrad in ein Baulager bei Irkutsk versetzt. Michail war fünf Jahre alt und konnte wegen des weiten Weges nicht in die Schule gehen. Dafür streunte er in der näheren und ferneren Umgebung umher, sammelte Knochen, stopfte Tierbälge aus und stellte sie in einer Scheune auf. Mit zehn Jahren begann er, systematisch Ausgrabungen zu machen. In einem Schulaufsatz: »Was möchtest du werden?« schrieb er damals, daß er Archäologe werden und nach den Gebeinen das Äußere von Lebewesen modellieren wolle, aber nicht von Tieren, sondern von Urmenschen. Mit 13 Jahren wurde er aktives Mitglied des heimatkundlichen Heimatzirkels, saß vormittags in der Schule und nachmittags unter den Studenten der dortigen Universität. Mit dreizehn Jahren machte er die ersten Versuche an Schädelskeletten. Er fragte Professor Grigorjew, ob dieser es für möglich halte, das Gesicht auf dem Schädel eines der Gegenwart angehörenden (rezenten) Menschen authentisch nachzubilden. Dieser antwortete: »Jawohl, ich bin überzeugt, daß es möglich ist, Kollege...« Aber er wisse ja doch selbst, daß bisher alle Versuche in dieser Richtung gescheitert seien. Viele Jahre intensiver Arbeit folgten, mißtrauisch und neidisch von den alten Kollegen beobachtet. Und schließlich gelang es Michail, die richtige Methode zu entwickeln. Im Jahre 1963 wurde er gebeten, nach Weimar zu kommen, um festzustellen, ob der 1826 von Goethe aufgefundene Schädel des 1805 gestorbenen Friedrich Schiller auch der echte sei, was immer wieder angezweifelt worden war. Doch er konnte durch die authentische Nachbildung des Gesichtes auf dessen Schädel den Beweis für die Echtheit erbringen. –
Wäre 1912 nicht mit dem Bau der Transsibirischen Eisenbahn

begonnen worden, hätte Michail Michailowitsch Gerassimow (geb. 1907) mit seinen Eltern in Leningrad bleiben müssen. Er hätte das Gymnasium besucht, ohne mit Knochenfunden in Berührung kommen zu können, die es gerade in Irkutsk ganz besonders zahlreich gab. Sein eigenes Schicksal fügte es so, wie wir zu sagen pflegen, weil er es eben so wollte. Auch die richtigen Lehrer wurden ihm zugeführt. Er mußte nur unbeirrt wollen, und mit zehn Jahren wußte er sogar, was er wollte, in Fortsetzung von dem, was er mit fünf Jahren unterbewußt, träumend, triebhaft schon geübt hatte.

c)Maler oder Zoologe

Dem sechsjährigen Adolf mußte sein Vater, ein einfacher Arbeiter in Basel, Bücher besorgen, aus dem er Tierbilder abmalen konnte. Die bunten Vögel und Vogelfedern hatten es ihm besonders angetan. Während seiner Ausbildung zum Maler kam er später auf der Universität mit der Zoologie in Berührung, und seine Begeisterung entzündete sich für Tiere und Tierverhalten. Fast 40 Jahre lang leitete er das Zoologische Institut in Basel und baute es aus. Er hielt viele für jeden verständliche Vorträge, und seine Beschreibungen besonders der Tierformen erinnern daran, daß er die Beobachtungsgabe als Kind durch das Zeichnen gelernt hatte. Früh übt sich, was ein Meister werden will, diesmal nicht ein Meister der Malerei, sondern der Beschreibung. Es war Adolf Portmann (1897–1982). Als er sechs Jahre alt war, trieb es ihn zum Zeichnen und Malen. Hatte er gewußt, warum es ihn dazu trieb? –

d) Vom Buchbinderlehrling zum Physiker

Michael war der dritte Sohn eines Arbeiters bei einem Grob-
schmied auf einem Dorfe bei London. Vier Jahre erhielt er die
damals übliche Schulbildung, dann trug er Zeitungen und Bücher für eine Buchhandlung aus. Schließlich wurde er von einem Buchbinder in die Lehre genommen, der besonders Uni-
versitätsbücher einzubinden hatte. Es gab – zum Glück für
Michael – nicht viel zu tun, so daß er Zeit hatte, die einzubindenden Bücher auch zu lesen. Dann nahm er an Abendkursen
in Physik teil, machte auf primitivste Weise die vorgeführten
Versuche nach und schrieb dazu ausführlich Protokoll. Nach
einer siebenjährigen Lehrzeit kam er als Geselle zu einem anderen Buchbinder, der kein Verständnis dafür hatte, daß er
die einzubindenden Bücher auch noch las. Michael packte
seine Manuskripte mit den Notizen und Versuchsprotokol-
len, die er auf Grund der Abendkurse verfertigt hatte, zusammen und schickte sie an seinen Professor. Dieser sagte zu seinem Assistenten: »Wenn er zufrieden damit ist, die Gläser zu
putzen, ist er ein Kerl; wenn nicht, taugt er nichts.« Der Professor sah staunend zu, wie Michael sorgfältig und gewissen-
haft, geradezu liebevoll die Gläser putzte. Bald mußte Michael die Experimente vorbereiten, dann vor den Studenten
vorführen, während der Professor seine Vorlesung hielt.
Schließlich wurde ihm die Leitung des Labors anvertraut,
und er folgte dem Professor auf dessen Europa-Reise, auf der
er viele berühmte Fachgelehrte kennenlernte. Als der Professor starb, wurde Michael sein Nachfolger. Dieser bedeutende
Physiker des 19. Jahrhunderts war Michael Faraday
(1791–1867). – Wußte der Buchbinderlehrling Michael,
warum und wozu es ihn trieb, die Bücher der Universität zu
lesen? Er kam dann aber auch bei dem für ihn rechten Lehr-
meister in die Lehre. Er hatte es sich – natürlich nicht bewußt – gut ausgesucht! Aber unendlichen Fleiß mußte er

sich als Antrieb seines Ich-Willens mitbringen. Das Schicksal gab nur die Gelegenheit.

e) Das ganze Haus stürzte ein

Joseph kam aus den Trümmern des eingestürzten Hauses seines Meisters unverletzt heraus. Davon hörte König Max von Bayern, der ihm die Mittel zur Beschaffung einer eigenen Glasschleifmaschine schenkte, denn Joseph war mit zwölf Jahren in die Lehre eines Spiegelmachers und Glasschleifers gegeben worden. Der Hofkammerrat v. Utzschneider fragte ihn, was er am liebsten noch haben möchte, und da wünschte sich der 14jährige Physik- und Mathematikbücher. Mit 20 Jahren wurde er Gehilfe in einem mathematisch-mechanischen Institut, wo er die besten Glaslinsen schmolz und danach aufs genaueste zu berechnen und zu schleifen wußte. So schliff er die größte Linse seiner Zeit für ein astronomisches Fernrohr, entdeckte im Sonnenspektrum die nach ihm benannten Linien, wurde mit 36 Jahren Professor und dann wegen seiner großen wissenschaftlichen Verdienste geadelt. Joseph von Fraunhofer (1787–1826) starb schon mit 39 Jahren. –
Wäre ihm jemals eine solche Wirkungsmöglichkeit und wissenschaftliche Laufbahn möglich gewesen, wenn man nicht durch den »glücklichen« Unglücksfall auf den armen Glaserlehrling aufmerksam geworden wäre? Das war seine Schicksalshilfe, aber nur für ihn, denn er wollte offensichtlich – natürlich ohne es eigentlich zu wissen – doch etwas anderes werden als Glaser wie sein Vater, dessen zehntes Kind er übrigens war. Dann wünschte er sich Mathematik- und Physikbücher, denn das war sein Impuls, obwohl er nur vier Jahre Grundschulunterricht hatte. Er brachte eine erst noch verborgene Begabung mit, die es ihm möglich machte, sich die erforderlichen Kenntnisse schnell anzueignen. In seinem op-

tischen Betrieb war er rastlos tätig, gönnte sich keine Ruhe, keine Erholung – er starb auch an einer nicht ausgeheilten Lungenentzündung. Als verborgen veranlagte Fähigkeiten brachte er, wie sein Biograph E. Lommel schrieb, »tiefgründigen Scharfsinn, mächtige Erfindungskraft, unermüdliche Ausdauer, strenge Wahrheitsliebe und technische Meisterschaft« mit.

f) Aus der Art geschlagen

Als die Familie Nightingale eines Tages durch das Armenviertel von London kam, fragte die Tochter Florence, damals noch ein Kind, entsetzt: »Müssen denn diese Menschen so arm sein?« Und die Mutter erwiderte hochmütig: »Wegen der Leute brauchst du dir wirklich nicht den Kopf zu zerbrechen, Florence. Gott hat nun einmal reiche und arme Leute geschaffen. Und er wird wissen, warum er es so und nicht anders eingerichtet hat. Auf keinen Fall ist es *unsere* Aufgabe, seine Schöpfungsordnung umzustoßen«. Sie bemerkte, wie Florence die Stirn runzelte, und fuhr nachdrücklich fort: »Du solltest lieber Gott danken, daß es dir nicht so geht wie diesen armen Leuten!« Florence war ja an sich dankbar, aber sie fühlte sich angesichts des Elends unglücklich. Sie war schon als kleines Kind anders als die anderen Kinder; das Spielen war ihr langweilig, dafür lernte sie früh lesen und schreiben, arbeitete in ihren Schulbüchern und, weil sie mit niemandem sprechen konnte, der sie verstand, schrieb sie Tagebücher, übrigens ihr ganzes Leben hindurch. – Sie wollte schließlich Krankenpflegerin werden, also einen Beruf ergreifen, der zu den verachtetsten in der ersten Hälfte des 19. Jahrhunderts in England gehörte. Fast niemand in ihrem Umkreis verstand sie, da ihre Eltern sehr reich waren und großes Ansehen in der Gesellschaft genossen. Es war ein Leidensweg für diese junge Frau, die es inzwischen bis zur Oberin eines verwahrlosten Damenstiftes gebracht hatte. – Als 1854 der Krimkrieg ausbrach, organisierte sie 34jährig die freiwillige Krankenpflege in Skutari, gegenüber Istanbul-Konstantinopel liegend, und dann auf der Krim in Bala Klawa vor Sewastopol. Die Soldaten gaben ihr den Ehrennamen »Engel mit der Lampe«, mit der sie sich nachts helfend und tröstend durch die Reihen der Verwundeten und Sterbenden hindurchtastete. Ihr ganzes Erbteil, ein großes Vermögen, gab sie für die nötigen Einrichtungsgegenstände hin. Am Ende ihres Lebens, nachdem sie viele Krankenschwestern ausgebildet und in viele Länder geschickt hatte, konnte sie noch durch eine Spende, die ihr Königin Victoria von England zukommen ließ, eine Schule für Gemeindeschwestern begründen, was ihr letzter Wunsch gewesen war. Sie starb 1910 im Alter von 90 Jahren.

Warum ging Florence Nightingale diesen schweren Lebensweg, den sie mit alles überwindender Kraft und Energie beschritt, kämpfend als Frau, gegen die Männerwelt, gegen Ärzte und Offiziere sich durchsetzend, wie sie sich schon als Kind gegen Tradition und Herkommen gewehrt hatte? Sie mußte ja von klein auf durch alle Hindernisse hindurch ihren eigenen Weg sich erstreiten. Die Hilfen kamen nie von selbst, sie mußte sie erbitten und fordern, unbeirrt ein Ziel verfolgend, das ihr die Not der Umwelt – keine eigene! – eingab. Welche Kraft eines sich freikämpfenden Ich muß in diesem Leibe gesteckt haben, dem alle Verwöhnungen und Verführungen in einem reichen Elternhause angeboten wurden. Der Anblick der Not ließ ihren mitgebrachten Lebensimpuls nur erwachen, so daß sie nun bewußt tun konnte, was sie als Lebensaufgabe sich offensichtlich schon mitgebracht hatte.

Trotzdem mußten gewisse physische Vorbedingungen vorhanden sein, wie zum Beispiel der umfassende Bekanntenkreis eines philantropischen Vaters, so daß Florence an die einflußreichen Persönlichkeiten überhaupt herankommen konnte. Und das aus der englischen Familientradition Herausfallende mußte wie vorprogrammiert sein: Das Kind wurde während der Hochzeitsreise der Nightingales in Florenz geboren, und weil die Eltern nicht wußten, wie sie es rufen sollten, nannten sie es einfach nach dem Geburtsort Florence. Darin wird schon eine gewisse innere Beziehungslosigkeit der Mutter zu ihrem Kinde erkennbar, und das Mädchen empfand später innerlich immer eine Fremdheit zur englisch geformten Umgebung. Dadurch wurde sie früh selbständig. Über Florenz stehen eben die Sterne zur Geburtsstunde anders als über London! Dies hatte sich Florence auch ausgesucht, gewissermaßen die Eltern animierend, die Hochzeitsreise gerade über Florenz zu machen. Irdische und kosmische Konstellationen müssen zusammenwirken, um so ein einzigartiges Schicksal formen zu können. Auch daß sie als Frau und nicht als Mann geboren wurde, war für diese Individualität – der geistige Wesenskern des Menschen ist ja an sich ungeschlechtlich – von Wichtigkeit, weil nur in einem Frauenleibe ein so starkes Mitgefühl des Mitleids und der Opferwilligkeit empfunden werden konnte, zumal man sich noch, väterlicherseits mitbedingt, eine hohe intellektuelle Begabung mitbringen mußte. Dadurch war Florence auch nie gefühlsschwärmerisch geworden, sondern packte stets sogleich umsichtig zu. Ihr Motiv war Opferwilligkeit, nicht Opferfreudigkeit, weil sie nie egoistisch handelte, sondern selbstlos im Hinschauen auf das, was, wie sie es ausdrückte, Gott von ihr erwartete.

An den wenigen mehr oder weniger bekannten Beispielen sollte nur deutlich gemacht werden, wie im Kinde, stark drängend, aber doch unbewußt, das schicksalwissende und bestimmte Taten wollende Ich wirksam ist.

8. Wiederholte Erdenleben

Aus einigen Erfahrungsbeispielen im ersten Teil dieses Buches war schon ein ganz deutlicher Hinweis darauf angeklungen, daß der Mensch wiedergeboren wird. Darüber hinaus gibt es zahlreiche Berichte über das Wissen um vergangene Erdenleben mit sehr genauen Einzelheiten. Durch ein vergleichendes Betrachten vieler solcher Mitteilungen kann man verhältnismäßig leicht erkennen, ob die Angaben stimmen können, weil man einen Eindruck von ihren Gesetzmäßigkeiten erhält.

Obwohl es eigentlich nicht Thema dieses Buches ist, längere Ausführungen über Erfahrungen wiederholter Erdenleben zu machen, bliebe die Darstellung über die Vorgeburtlichkeit im Sinne einer Präexistenz des geistigen Wesenskerns des Menschen doch unbefriedigend, wenn nicht auch über den tieferen Sinn von Lebenszielen und Begabungen, von Schicksalsschlägen und Krankheiten einige Gedanken geäußert würden. Denn die Idee der Reinkarnation schließt die Präexistenz des Menschenwesens mit ein. Es sollen deshalb hier einige Beispiele gebracht werden, die auf ein Wissen um diese Tatsachen hindeuten.

a. Aussagen von Frühvölkern

Beginnen wir wiederum mit Anschauungen, die uns von Frühvölkern überliefert sind. Wir blicken dabei von unserer heutigen, selbstbewußten, aber geistverlassenen Zivilisation auf die ursprüngliche, noch kindhaft träumende Geistverbundenheit dieser Menschen hin, den Entwicklungsweg der Menschheit ahnend.

Australier: Die Seele schweift nach dem Austritt aus dem Leibe als njer umher, geht als rai in ein Tier und ist danach fähig, wiedergeboren zu werden.

Eskimo: Die Seele des Menschen geht nach dem Tode ein in das Reich der Seehunde.

Arktiker: Die Seele geht in eine Reihe von Tieren, verläßt sie aber jedesmal freiwillig, weil es ihr darin nicht behage, worauf das Tier stirbt, während die Seele weiterschreitet, um endlich in eine Frau einzugehen.

Mit den Tieren ist das erlebte Bild der Seelen- und Triebwelt gemeint, die in der Mondensphäre zwischen Erde und Mond waltet und in der die Gruppenseelen der Tierarten sowie die Sippen- bzw. Stammesgeister der Eingeborenen verweilen.

Wenn ein Mensch stirbt, verläßt der geistige Wesenskern den physischen Leib. Wenn es heißt, daß das Tier stirbt, wenn die Seele des Menschen weiterzieht, so soll darauf hingedeutet werden, daß die menschliche Individualität den »Leib« der Tiergruppenseele verläßt. Es kann sich dabei nur um eine geistige Leiblichkeit der Tiergruppe handeln. Für die geistige Welt »stirbt« der Mensch, wenn er sich zu einem Elternpaar begibt, um auf Erden geboren zu werden.

Daß es der Seele, wie der Arktiker sagte, »in den Tieren nicht behage«, deutet wohl auf das Erleben im Fegefeuer (Purgatorium, Seelenläuterungsbereich, Kamaloka) hin.[42] Der Mensch streift nach dem Tode allmählich das Tierseelenhafte seines Triebwesens ab und läßt es wie eine Hülle zurück, damit es sich allmählich auflösen kann – jetzt stirbt das »Tier« in

154

ihm, nachdem auf Erden der physische Körper beim Tode verlassen wurde, um sich aufzulösen.

Wenn seit alters her in den orientalischen Ländern von Seelenwanderung gesprochen wird, hört man immer wieder die Vorstellung, daß eine Wiedergeburt der Seele nicht nur in einem Menschenleibe, sondern auch in einem Tier erfolgen könne, entsprechend noch dem heutigen Hinduglauben.[43]

Die Anschauung von der Wiederverkörperung des geistigen Wesenskernes des Menschen, wie sie seit dem Anbruch des klassischen deutschen Geisteslebens entwickelt wurde, beinhaltet nicht, daß sich ein Menschen-Ich in einem Tierleibe wieder verkörpern kann. Auch nicht, daß es vorübergehend darin weilt. Auch die altindischen Weisen haben niemals an eine Seelenwanderung durch physische Tierleiber hindurch gedacht, weil sie von der Menschwerdung als Überwindung des Tierhaften wußten. Als aber die Hellsichtigkeit – im Orient sogar zuerst – verlorenging, wurde die Überlieferung mißverstanden, und es wird heute noch im Hinduismus eine Wiederverkörperung in Tierkörpern vorgestellt. Dieses Mißverständnis kennen die Angehörigen der Frühvölker nicht, weil ihre Schamanen – Medizinmänner – noch echt hellsichtig sind.

Ein Ewhe-Neger (Dahomé)

begrüßt das Kind als einen Ahnen, der wieder Mensch geworden sei und befragt es über den Stand der Dinge in der Geisterwelt. Er bedenkt allerdings nicht, daß es vor dem Eintritt in die Verkörperung die Geisterfahrungen vergessen mußte, um die Möglichkeit zu haben, in Freiheit Mensch zu sein.[44]

Ein Neger

stellte sich einmal als sein eigener Großvater vor, der in ihm wiedergeboren wäre.

Übrigens: Enkel heißt ja kleiner Ahne, Großväterchen. Nicht nur bei den Germanen, sondern auch bei vielen alten Völkern und besonders bei Frühvölkern findet man zahlreiche Hinweise für die Auffassung, daß der Großvater oder ein Vorfahre der Sippe sich im Enkelkinde wiederverkörpere. Bezeichnenderweise geschieht dies offensichtlich nur innerhalb der Sippe.[45]

Der Ashanti (Ghana)

kommt in derselben mütterlichen Sippe und in derselben väterlichen »ntoro« wieder, einem geistigen Beziehungskreis, aus dem der Name des Kindes gegeben wird.

Der Indianer

hütete gewisse Namen als Eigentum der Familie und gab sie jeweils dem Kind, in dem der hellsichtige Priesterarzt die Eigenschaften und Fähigkeiten eines bestimmten Verstorbenen vorausgeschaut hatte.

Kamba (Ost-Afrika)

Wenn ein Kamba-Säugling viel schreit und die Brust verweigert, so ist der in ihm wiedergeborene Vorfahre unruhig, weil man dem Kinde noch nicht seinen Namen gegeben, ihn also noch nicht im Kinde wiedererkannt hat. Er ermahnt dann die Eltern im Traume: »Ruft mich bei meinem rechten Namen.«

Nomen est omen – Name ist zugleich Vorbedeutung.[46] Das lateinische Wort omen ist verwandt mit dem griechischen

Wort oiomai = ich ahne, ich sehe voraus. Entsprechend bedeutet im Mittelhochdeutschen »mich anet« soviel wie »es kommt mich an«. Dabei wird auf ein Erlebnis hingewiesen, das im Mittelalter empfunden wurde als wie ein Überkommenwerden von etwas geistig Wesenhaftem, das im Bewußtsein ahnend erfaßbar ist. So dürfte also der herankommende Ahn, Vorfahre, ahnend noch erlebt worden sein. – Der Name wurde einst noch als Wesensoffenbarung erlebt, wie man aus der Bedeutung vieler Namen erkennen kann. Man »schaute« noch Schicksal und Lebensaufgabe der sich inkarnierenden Individualität und gab dem Kinde den entsprechenden Namen. – Man kann ja einmal still mit der Frage umgehen – ohne sie gleich intellektuell beantworten zu wollen –, worauf eine Kindesseele hindeuten will, wenn sie der Mutter schon vor der Empfängnis den Namen mitteilt, mit dem sie gerufen werden will.[47] Es ist auch ganz wichtig, daß man ein Kind beim Taufnamen nennt, damit es in den werdenden Leib hereingerufen werden kann. Wird es nur »Jungchen, Bübchen, Muschi« usw. gerufen, erschwert man – erfahrungsgemäß – die Inkarnation des Ich als geistige Wesenheit in den Leib. Mangelndes Selbstbewußtsein kann die Folge sein.

Aus den Berichten der Frühvölker ist zu entnehmen, daß diese auf hellsichtigen Beobachtungen der Medizinmänner und Schamanen beruhen, die die menschlichen Wesenheiten nach dem Tode begleiten können. Sie schildern, wie die Seele durch das Reich des Sippen- bzw. Stammesgeistes hindurchgeht, indem auch die Gruppenseelen – eigentlich die Gruppen-Ichs – der Tierarten leben, die sich in die jeweils zu ihnen gehörenden Tierexemplare auf der Erde gleichsam teilweise einkörpern (incorporieren), nicht verkörpern (inkarnieren). Sie tauchen nur etwas hinein in die Leiblichkeit. Diesen verschiedenartigen Tierseelenwesenheiten fühlt sich die Menschenseele je nach der Artung ihrer eigenen vorherrschenden Seeleneigenschaften verwandt. Dieser Sippen- und Tiergruppenseelenbereich ist aber offensichtlich erfüllt von Lebensbildekräften. Der *Baja-Neger* (einst kulturell hochstehender Sudannegerstamm südlich des Tschad) nennt die Sphäre der Lebenskräfte gbasso = großer Geist = geistige Welt, in welcher die Seele lebe, bis sie alt geworden sei und stirbt, um auf der Erde neu geboren zu werden.[48]

In diese Sphäre der ätherischen Bildekräfte tritt das Menschenwesen nach dem Tode zuerst ein. Für die Frühvölker bleibt sie dort, durch sie hindurchwandernd, im Bannkreis des Sippengeistes verweilend bis, wie der *Ibo-Neger* (im Niger-Delta) sagt, er die Kindesseelen aus der Welt der Bäume herunterkommen sieht, oder wie der *Buschongo-Neger* (am Kassai, südliches Kongogebiet) sagt, die Seelen aus den heiligen Bäumen zur Erde steigen, womit auf die Sphäre der Lebensbildekräfte hingewiesen wird, aus der das seelisch-geistige Wesen des Menschen dann wieder herabsteigt. Wenn nun aber ein *Neger* im Leben mächtig, reich und angesehen geworden ist, dann wird er nicht wiedergeboren. Der Schamane kann ihn nämlich nach dem Tode in der Welt des Sippengeistes nicht mehr wiederfinden, er verliert ihn gewissermaßen aus den hellseherisch wahrnehmenden Augen. – Der einzelne Mensch verkörpert sich mit Zustimmung des Ahnengeistes (Gruppenseele) in seiner Sippe so lange, bis er seine ihm gestellte Aufgabe in ihr erfüllt hat, das heißt, bis sich sein Ich-Wesen aus dem Gruppenseelensein herauslöst und sein Schicksal von dem der Gruppe, der Sippe, des Stammes trennt.

Der Völkerkundler Günther Teßmann bereiste besonders die Gebiete um Südkamerun und der Duala-Bucht. Als er die *Bubi auf Fernando Po* nach Sitte und Brauch befragte, stellten sie ihm die Gegenfrage, ob er denn alles vergessen hätte, er müßte es doch als ihr alter Häuptling am besten wissen.

Wenn wir die vorangegangenen Andeutungen über den Weg des Menschenwesens zwischen Tod und neuer Geburt

(s. S. 64) mit heranziehen, können wir sagen, daß die aus dem Bannkreis der Sippenseelenhaftigkeit sich herauslösende Individualität nun aus der Mondensphäre in die Sonnensphäre übertrat und so dem Medizinmann nicht mehr wahrnehmbar war. Die fortgeschrittene Individualität vollzieht nun den großen Weg durch die vielgestaltige Geisteswelt, und es dauert oft Jahrhunderte, bis sie wieder zur Erde zurückkehrt, nun aber in einem anderen Volk, ja in einer höher entwickelten Rasse wiedergeboren wird, die weitere Entwicklungsmöglichkeiten bietet. Teßmann fühlte sich demnach zu dem Orte seines Wirkens im vergangenen Erdenleben hingezogen, und die Neger nahmen dies offensichtlich – zumindest – hellfühlend wahr. Entsprechend den beiden Reinkarnationsmöglichkeiten schrieb Hans-Hasso von Veltheim-Ostrau:

»Man muß also der allgemeinen Wiedergeburt einen zweifachen Aspekt geben, indem man etwa zwischen Wiederverkörperung und Seelenwanderung unterscheidet. Dann kommt man zu dem Schluß, daß Menschen der Gruppenseelenhaftigkeit Seelenwanderungen durchmachen und sich verhältnismäßig schnell nach dem Tode wieder inkarnieren, wogegen Individuen, das heißt die in der Ich-Entwicklung bewußt stehenden Menschen Wiederverkörperungen durchmachen, die sich in ganz wesentlich längeren Zeitspannen zwischen Tod und neuer Geburt äußern.«[49]

Auch frühverstorbene Kinder können schnell wiederkommen. So wird berichtet, daß die Familie Rilke erst eine Tochter bekommen habe, die Maria genannt wurde, aber jung starb. Danach kam ein Sohn, und die Mutter behauptete, daß Maria wiedergeboren sei. Daher sei der Name: Maria Renée (Maria, die Wiedergeborene), verdeutscht Rainer Maria, wobei Rainer die deutsche Version von René sei.[50]

Eine Frau erzählte uns, daß sie nach mehreren Kindern zuletzt eine Tochter zur Welt gebracht habe, die aber etwa im fünften Lebensjahr an einer Krankheit starb. Viele Jahre später bekam sie noch einmal ein Kind, auch ein Mädchen. Als sie mit diesem Kinde wieder einmal zum Friedhof ging und an dem Grabe ihres verstorbenen Töchterchens weinte, sagte die kleine Nachgeborene zur Mutter: »Du brauchst doch nicht mehr zu weinen, ich bin doch wieder da, ich weiß noch genau, wie du mich hier hingelegt hattest, ich war doch sehr krank gewesen.«

Es möge hier die Frage offengelassen werden, ob es sich bei den schnell wiedergekommenen Kindern um eine Wiederverkörperung oder nur um eine Seelenwanderung im obigen Sinne handelt, weil sie so bald und in denselben Familien wiedergeboren werden.[51] Aber abgesehen davon, daß wenigstens mir von einem Sippengeist bei der weißen Rasse nichts bekannt ist, wie ein solcher bei den farbigen Völkern geschildert wurde, läßt sich die Möglichkeit des schnellen Wiederkommens auch anders erklären. Ein Kind hat in seinem Dasein zwischen Tod und neuer Geburt nicht viel Schicksalgeschaffenes im Läuterungsbereich umzuwandeln, es hat auch keine wesentlichen, neu im Erdenleben erworbenen Anlagen mitgebracht, die zu Fähigkeiten weiterentwickelt werden wollen. So kann es schnell durch die Seelen- und Geistbereiche hindurchgehen, um bald wiederzukommen. Aber so etwas wie eine Krankheitserfahrung dürfte für ein späteres Erdenleben schon wichtig sein, und gestärkt kann es nun ins neue Leben eintreten.

Es leuchtet auch ein, daß Menschen, die nur eine kurzfristige Seelenwanderung durchgemacht haben oder nur kurze Zeit zwischen Tod und neuer Geburt in der geistigen Welt weilten, sich noch an das jeweilig vorausgegangene Erdenleben erinnern können. Ja, selbst die Körper der aufeinanderfolgenden Inkarnationen ähneln sich. Dazu nur wenige Beispiele.

b) Erlebnisse von Angehörigen der weißen Rasse

Wie eine offensichtlich nicht weit zurückliegende Inkarnation sich auf die Leiblichkeit bis hin zur Ähnlichkeit der Gesichtszüge auswirken kann, zeigt folgendes Beispiel:[52]

Der Engländer F. Moss berichtete: »Ich kam mit der Besatzungstruppe 1919 nach Deutschland. Bald nach der Ankunft in Köln fühlte ich mich in meiner Umgebung seltsam heimisch. Um diesem Gefühl des Daheimseins nachzuspüren, ging ich mit einigen Kameraden in den wundervollen Kölner Dom. Ehe wir eintraten, gab ich ihnen eine genaue Beschreibung des Inneren des Domes, den ich in diesem Leben nie gesehen hatte – und den ich doch genau kannte... Doch weiter: ich kam mit ein paar Kameraden mit der Lokalbahn nach dem einige Kilometer von Köln entfernten Ort Engelskirchen. Hier angekommen, erklärte ich meinen Kameraden, daß in der Nähe ein Ort Freilingsdorf sein müsse. Wieder erwies sich meine Angabe als richtig. Aber die größte Überraschung erlebten wir, als der alte Wirt des Gasthofs in Freilingsdorf mich bei meinem Eintritt verblüfft anstarrte und dann davonlief, um ein altes Porträt – datiert 1756 – zu bringen, das einen Knaben in der Tracht des 18. Jahrhunderts zeigte, dessen Gesichtszüge in allen Einzelheiten so genau mit den meinen übereinstimmten, daß man nicht mehr von Ähnlichkeit, sondern nur noch von völliger Gleichheit reden konnte.«

Ein weiteres Beispiel von genauer Rückerinnerung:[53]

Ein Junge zeichnet eine runde Negerhütte »mit einer eigenartigen Ausleitung für den Rauch. ... Vor der Hütte eine nackte Frau mit langen, hängenden Brüsten. Neben der Hütte gab es Wasser mit Wellen und im Hintergrunde Palmen. Dann zeigte er mir, der Mutter, die Zeichnung und erklärte: ›Wir wohnten in solchen Hütten, wir bauten sie uns selber. Ebenso wie jeder für sich ein Boot aus einem Stück Baumstamm aushöhlte und geschnitzt hat. Dort war ein großer Fluß, aber man konnte nicht tief hinein, weil im Wasser irgendein Ungeheuer lebte..., das den Menschen die Beine abbiß... Jetzt weißt du, warum ich voriges Jahr immer brüllte, wenn du mich ins Wasser führen wolltest. Und erinnerst du dich, Mutti, wie wir im vorigen Jahr ein großes Boot kauften, wollte ich auch sofort rudern. Ich wußte, daß ich es kann... Schau, da stehe ich und mache Jagd auf einen großen Vogel, da liegt mein Hut neben mir.‹ Die Mutter fragte: ›Warum hast du deiner Frau solche langen, hängenden, häßlichen Brüste gezeichnet?‹ ... ›Weil sie solche hatte! Und das ist nicht häßlich! Sie war sehr schön!‹ fügte er stolz hinzu... Später, als er 15 Jahre alt war, bat er mich, ihm eine große Jazztrommel zu kaufen... Er nahm zwei Schlegel, setzte sich neben sie und schlug mit sicherer Hand und größter Selbstverständlichkeit gleich die schwersten Rhythmen mit den unmöglichsten Synkopen. Er trommelte wie in einer Ekstase, seine Augen strahlten, und Tränen rannen über seine Wangen... Als er einen sehr merkwürdigen Rhythmus trommelte, sagte er: ›Siehst du, Mutti, so gaben wir einander aus riesigen Entfernungen verschiedene Zeichen und Botschaften weiter‹, und er trommelte wie ein Besessener. –
Viel später, als Paul Brunton[54] die Familie besuchte, zeigte die Mutter, Frau E. Haich, ihm die Zeichnungen ihres Sohnes. Er sagte: ›Diese Bauart der Hütten ist typisch für einen Negerstamm in Mittelafrika, am Ufer des Sambesi. Er

hat alle Einzelheiten vollkommen richtig gezeichnet...
Und der ›moderne Filzhut‹ ist aus Schilfblättern geflochten und typisch für diesen Stamm. Auch seine Jagdwaffe ist richtig gezeichnet. Und das Ungeheuer, das Beine abbeißt, ist natürlich das Krokodil. Dort wimmelt es von Krokodilen‹...«

In Hinblick auf das im Vorangegangenen geschilderte Beispiel (S. 58), wo von einem zehnjährigen Knaben die Rede war, der mit einem Mädchen »Bauernhof« spielte, das sich erinnerte und alles besser wußte als der Lehrer, sei in bezug auf die Rückerinnerung noch Folgendes erwähnt:

Frau Haichs Sohn wollte nie Negergeschichten lesen. »Wozu? Ich weiß doch besser, wie es dort war, was brauche ich zu wissen, was die weißen Menschen darüber denken? Und wenn ich dann richtige Schilderungen lese, dann muß ich immer weinen, ob ich will oder nicht...« – Später, als er schon Fliegeroffizier war, sah er mit seiner Mutter zusammen einen Negerfilm. Da weinte der alte Junge im Dunkeln wie ein Kind, er schluchzte, und die Tränen rannen unaufhaltsam über sein Gesicht.[55]

Wenn man solche Berichte bedenkt, kann man manches Seltsame, spontan Auftretende an seinen eigenen Kindern verstehen.

Auch folgende Darstellung dürfte auf eine nicht weit zurückliegende Inkarnation hinweisen. Sie ist aus der Lebensgeschichte einer – nennen wir sie einmal – *ägyptischen Amerikanerin:*[56]
Sie war das einzige Kind angesehener und wohlhabender Eltern in Amerika. Photos aus ihrem zweiten, dritten und vierten Lebensjahr zeigen ein ernstes Gesicht mit einem

Zug unkindlicher Weisheit. Die Eltern und Großeltern taten alles, um das Kind daran zu gewöhnen, englisch zu sprechen. Aber es beharrte eigensinnig darauf, alles in seiner eigenen Sprache auszudrücken. Wenn man das Kind anhielt, table (Tisch), seat (Stuhl) usw. zu sagen, sträubte es sich ungeduldig und ärgerlich, das vorgesprochene Wort zu wiederholen und ersetzte es durch andere Wörter, die niemand verstand. Die Mutter wurde durch das seltsame Verhalten ihres Kindes so beeindruckt, daß sie schließlich die einzelnen Wörter und Sätze, die das Kind sprach, lautgetreu in einem Buch festhielt und die englische Bedeutung danebensetzte... Das inzwischen neunjährige Mädchen wurde schließlich einem verständnisvollen Psychiater überwiesen, dem sie alles erzählen konnte. Der Arzt erklärte ihr folgendes:

»Du bist gesund. Ich verstehe dich voll und ganz – und eines Tages werden auch die anderen alles verstehen, was du mir erzählt hast. Aber vorläufig können sie es noch nicht verstehen, – und solange machst du deinen Eltern durch dein Verhalten begreiflicherweise Kummer und Sorgen. Versprich mir, daß du jetzt alles vergessen willst, was du mir berichtet hast – die fremde Sprache, die du sprichst und alle die Orte und Begebenheiten, an die du dich so gut zurückerinnerst – und daß du diese Dinge vorerst auf sich beruhen lassen wirst und nur noch daran denkst, alles zu tun, was deine Eltern wünschen, die doch möchten, daß du ein gesundes, kluges und glückliches Menschenkind wirst... Vergiß alles, was gewesen ist, und sieh und lerne nur noch das, was *dieses* Leben dich lehren will!«

Das Mädchen versprach es und hat sein Versprechen nie gebrochen. Auf der Hochschule brachte es besonders der Geschichte des Altertums, der Philosophie und den Religionen des Ostens ein ungewöhnliches Verständnis entgegen, als seien ihr diese Dinge längst vertraut...

Als sie 45 Jahre alt war, weilten sie und ihr Mann in Ägypten, wo sie Gäste eines bekannten Araberführers waren...
Auf dem Bankett zu Ehren seiner amerikanischen Gäste erklärte ihr der Araber, daß seine Mutter ihr gern ein Schmuckkästchen mit Juwelen zeigen würde, die Jahrtausende alt seien und von einer Vorfahrin, einer großen Königin stammten.

»Meine Mutter wird französisch mit Ihnen sprechen, Madame«, sagte der Araber, »so daß Sie sich gut verstehen werden. Mit ihrer Dienerin allerdings spricht sie in einer Sprache, die so alt ist, daß man sie nicht einmal benennen kann. Die Vorfahren der Dienerin sind allerdings schon seit Jahrtausenden in unserem Hause als Bedienstete tätig.«

Sie wurde nun in die Gemächer der Mutter des Gastgebers geführt, die die Dienerin in einer seltsamen Sprache aufforderte, die Juwelen der Königin zu holen. Die Dienerin schien über diese Weisung bestürzt und erinnerte die Herrin bescheiden daran, daß diese Schätze doch noch nie fremden Augen gezeigt worden seien. Bei diesen Worten erhob die Amerikanerin die Hand und sagte französisch:

»Sprechen Sie nicht mehr davon; ich verstehe jedes Wort, das Sie und die Dienerin sprechen!«... Die alte Mutter ließ – entsetzt und beschämt – ihren Sohn holen, der sich wegen der Taktlosigkeit entschuldigte. »Aber sie erscheint bedeutungslos angesichts der Tatsache, daß Sie, Madame, die Sprache unserer Vorfahren verstehen! Ist das möglich? Wo haben Sie sie gelernt?«

»Nicht in diesem Leben«, gab die Amerikanerin zur Antwort, »aber ich wurde mit diesem Wissen geboren und habe meine Eltern zur Genüge damit gequält, daß ich jahrelang nur diese Sprache sprechen wollte. Ich habe nun seit Jahren nicht mehr daran gedacht, aber als Ihre Mutter sich in dieser Sprache unterhielt, wurde die ganze Erinnerung wiederum in mir lebendig.«

Ihr Gastgeber bat sie nun dringend, das Buch, in dem ihre Mutter die Worte und Sätze aufgeschrieben hatte, sofort aus Amerika kommen zu lassen. – Als der Araber dann das Buch durchgesehen hatte, sagte er erschüttert: »Aus irgendwelchen karmischen Gründen oder um irgendeiner Lehre willen hat sich Ihr voriges Leben einst in unserem Stamme abgespielt. Soviel ist mir nun klar geworden.«

Der Amerikanerin wurden von da an ungewöhnliche Vertrauensbeweise entgegengebracht; die Araber betrachteten sie als eine der Ihren.

c) Alte orientalische Anschauungen

Die Araber glauben als Mohammedaner nicht an die Wiederverkörperung. Aber im alten *Sufismus, der islamischen Mystik, die aus dem 2. Jahrhundert der Hedschra, also aus dem 8. Jahrhundert n. Chr. stammt, besingt der Sufi Dschelal ud Dîn Rûmi (Dschelaledin Rûmi,* 1207–1273) den Reinkarnationsgedanken folgendermaßen:

> »Ich erstarb der Pflanze und kam als Tier zurück. Ich erstarb nach zahllosen Leben dem Tierreich und wurde Mensch. Warum also mich fürchten? Bin ich durch's Sterben geringer geworden? Das nächste Mal ersterb' ich dem Menschenreich, damit mir Engelsflügel wachsen. Und den Engel hinter mir lassend, werd' ich das, was alle Vorstellungen übersteigt. Dann laßt mich in Gott eingehen. Rufen doch die Saiten meiner Harfe mir zu: Wahrlich, in ihn, in Gott, kehren wir alle zurück.«[57]

Der Sufismus, der einstige Mystizismus der Mohammedaner, lehrte, daß der Menschengeist ein Ausfluß, eine Emanation des Göttlichen sei und zur Wiedervereinigung mit dem Göttlichen zurückstrebe.[58]

Man könnte vermuten, daß der Araberführer in Ägypten vom Sufismus etwas wußte, denn der sufistische Reinkarnationsgedanke scheint unter den Mohammedanern verbreiteter zu sein, als man gemeinhin denkt, vielleicht ein Trost gegenüber der Glaubensvorstellung von Kismet.[59]

Auch in den *Sagen der Juden*[60] wird von Wiederverkörperung erzählt:

Am Ende der vierzigjährigen Wüstenwanderung und nach dem Tode Moses übernahm Josua (aus dem Stamme Ephraim) die Führung des israelitischen Volkes. Bevor er über den Jordan ging, schickte er zwei Kundschafter nach Jericho[61], die von der Wirtin Rahab aufgenommen wurden. Davon berichtet das Buch Josua im Alten Testament, das den fünf Büchern Mose unmittelbar folgt. Darüber wird aber auch in den Sagen der Juden berichtet:

> » Rahab – eine der vier schönsten Frauen, die es auf der Welt gegeben hat – ward Jüdin und vermählte sich mit Josua. In diesem Josua, dem Sohne Nuns, ward Joseph, der Sohn Jakobs – Joseph war ja nach Ägypten verkauft worden –, lebendig. Und weil Joseph sich gescheut hatte, die Gemahlin seines Herrn Potiphar, des Pharaos oberstem Hofbeamten, zu nehmen, sollte Josua die Rahab ehelichen, in welcher die Ägypterin aufs neue auf die Welt kam.«

Also Joseph, der Sohn Jakobs, der 1890 v. Chr. nach Ägypten verkauft worden war, wurde in Josua (1260–1170), also nach ca. 700 Jahren wiederverkörpert; und die Frau des Potiphar (geb. ca. 1900 v. Chr.) wurde als Rahab, die Wirtin von Jericho, wiederverkörpert. In diesem alttestamentlichen Beispiel wird auch etwas von der Wirkung des Schicksalhaften, von Karma, sichtbar, wahrnehmbar.

Und im *Talmud* (hebr.: Belehrung), in dem das aus alten Zeiten stammende mündlich überlieferte Gesetz in den ersten nachchristlichen Jahrhunderten niedergeschrieben wurde, wird ausgesagt:

> »Die Juden zur Zeit Christi glaubten ziemlich allgemein an die Seelenwanderung. Die Talmudisten nahmen an, Gott habe nur eine bestimmte Anzahl von Judenseelen geschaffen, die daher immer wieder kamen, solange es Juden gäbe, bisweilen auch zur Strafe in Tierkörper versetzt, am Tage der Auferstehung aber alle gereinigt wären und in den Leibern der Gerechten im gelobten Lande aufleben würden.[62]

Auch bei den alten Kulturvölkern wußte man noch von der Wiederverkörperung. So wurde z.B. in *Ägypten* unter den Füßen einer Götterstatue ein Kapitel des Ägyptischen Totenbuches gefunden, und zwar aus der Zeit der Regierung des Königs Men-Kau-Ra, also um 2700 v. Chr., von dem königlichen Prinzen Herutataf während einer Tempelbesichtigung.[63] Dieses Kapitel beginnt mit den Worten:

Ich bin das Heute.
Ich bin das Gestern.
Ich bin das Morgen.
Meine wiederholten Geburten durchschreitend
Bleibe ich kraftvoll und jung...
Seht, ich fliege dem Vogel gleich,
Und schwebend steig ich zur Erde hinunter...
Fortschreitend folge ich den Spuren
Meiner vorherigen Taten; denn vom Gestern
Bin ich ein Kind,
Mein Werden beherrschen die Akeru-Götter.

In der *Bhagavadgita Indiens* heißt es:

Sind unsere Kleider verbraucht,
   tun wir die alten beiseite,
Legen an ihrer Statt andere,
   Neue uns an.
So ruhn im Alter wir aus
   von des Lebens ermüdendem Streite,
Und überlassen dem Grab
   das irdische Körperkleid dann.
Bis die Natur uns aufs neu
   gewirkt eine leibliche Hülle,
Liebend bereitet im Schoße der Mutter
   ein neues Gewand,
Wenn wir dann wieder erwacht,
   leuchtet in goldener Fülle
Jugendlich strahlender Tag,
   der wunderbar für uns erstand.

d) Der Reinkarnationsgedanke in Märchen und Sagen

Den Gedanken der wiederholten Erdenleben finden wir immer wieder im Märchen- und Sagengut der Völker. Hier nur einige wenige Beispiele.

Am bekanntesten ist als Reinkarnationsmärchen das Märchen von der »Frau Holle«: Die in der nächsten Inkarnation – nämlich als sie durch das Tor wieder auf die Erde zurückkehrt – als Pechmarie auftretende Individualität war bemerkenswerterweise schon in der vorhergehenden »häßlich und faul«. Sie schien durch die alten Bewußtseinskräfte der echten Mutter, die aber bereits eine »Witwe«[64] war, noch wie begünstigt. Sie wurde nicht genötigt, neue Bewußtseinskräfte durch Erdenarbeit mühevoll zu erwerben wie die Stieftochter. Letztere entwickelte die wachen Gedankenkräfte – im Bilde des den »Gedankenfaden« Spinnens –, mußte diese aber entsagungsvoll und unter Verzicht auf alte Herzblutmächte erringen. Sie war »schön und fleißig«, und auch gütig, denn sie holte alle Brote aus dem Backofen, schüttelte alle Äpfel vom Baum und verrichtete willig den Dienst bei der Frau Holle, wie sie einst im Erdenleben ihrer Stiefmutter gedient hatte. Willigkeit, Fleiß und Güte brachte sie in die geistige Welt mit. Zusammen mit den neu errungenen Gedankenkräften wurde sie auf dem Wege durch das Tor zum neuen Erdendasein mit dem Gold des Geistes begabt. Die Faule aber brachte die Voraussetzungen mit, daß sie mit negativen Eigenschaften wiedergeboren wurde, auf Grund deren sie immer Pech im Leben hatte. »Das Pech aber blieb fest an ihr hängen und wollte, solange sie lebte, nicht abgehen.« Daß mit dem »Haus der Frau Holle« die geistige Welt gemeint ist, geht sehr eindrucksvoll daraus hervor, daß die Goldmarie dort Sehnsucht verspürte, wieder »nach Hause« zurückzukehren, also in die Erdenwelt, wo sie Fähigkeiten erwerben konnte, obwohl sie es in der geistigen Welt so gut hatte. Wie wir sahen, verlangt die Geistseele des Menschen wieder nach neuem Erdenleben.

Schon Gotthold Ephraim Lessing spricht es in der »Erziehung des Menschengeschlechtes« aus: »Warum sollte ich nicht so oft wiederkommen, als ich neue Kenntnisse, neue Fertigkeiten zu erlangen geschickt bin? ...«

Man kann auch sagen, man wartet in der geistigen Welt ab, bis die Erdenverhältnisse sich so weit entwickelt haben, daß man wieder Neues lernen kann, oder aber auch, um mit den zu Fähigkeiten gewordenen Anlagen in die Weltentwicklung neu eingreifen zu können, wenn die Weltlage es erfordert. Der letztere Aspekt klingt auf in der Kyffhäuser-Sage von Kaiser Friedrich Barbarossa (1152–1190), der im Innern seines Burgberges schlafend der Wiederherstellung der Einheit des deutschen Volkes harrt. Friedrich Rückert (1788–1866) läßt in seiner Ballade »Barbarossa« den Kaiser seinen Knaben, einen Zwerg, nach den kundigen alten Raben Ausschau halten, die anzeigen, ob die Zeit erfüllt ist.

Auch das Grimmsche Märchen (Nr. 181) »Die Nixe im Teich« ist ein Reinkarnationsmärchen, das in seiner Weise auf Vorgänge hinweist, die wir schon, von anderer Seite herkommend, angesprochen haben. Die junge Frau hat ihren Mann, den Jäger, aus den Fängen der Nixe im Teich befreit, dem Rat der schicksalwissenden Alten folgend. Doch kaum dem Wasserelemente entronnen, wollte die Nixe mit der ganzen Fülle des Teiches die beiden Fliehenden zu sich herabholen, wo sie im Wasser-Ätherweben ihr Ich vergessen würden.
Wenn man einmal in recht warmem Wasser ruhig liegt, kann man erleben, wie einem die Sinne schwinden und wie man sich in wogendes Weben träumend immer mehr eingehüllt fühlt, bis einen schließlich, wie im letzten Moment, Angst überfällt, man könne nicht zurückkehren. Mit einem Ruck richtet man sich aus dem Wasser auf.
In der Angst rief die junge Frau die weise Alte um Hilfe an, die sie in eine Kröte, ihn in einen Frosch verwandelte. »Die Flut, die sie erreicht hatte, konnte sie nicht töten, aber sie riß die beiden voneinander und führte sie weit weg.«
Das Wasser ist im Märchen immer wieder ein Bild für die Ätherwelt, auch die des Lebens nach dem Tode. Vom Schlafe aufwachend erleben wir selbst mitunter etwas von dieser Sphäre: Wir kommen wie vom Jenseits über das Meer oder einen breiten Strom geschwommen oder mit einem Boot gefahren. Im Wasserelement tauchen wir gewissermaßen ein in das Ätherweben der jenseitigen Welt.
Aber warum verwandelte die Alte die junge Frau in eine Kröte, den Jäger in einen Frosch? Kröte und Frosch gehören zoologisch gesehen bekanntlich zu den Amphibien, und zwar

zu den schwanzlosen, sich gleichsam aufrichtenden und laut-
begabten Lurchen. Die Bezeichnung Amphibien (amphi =
zu beiden Seiten, bios = Leben) besagt zudem, daß sie im
Wasser und auch auf dem Lande leben können, eben wie
Menschenwesen abwechselnd auf Erden und im Himmel,
ohne ihr Eigensein zu verlieren. Die Nixe dagegen wollte das
Menschenwesen im Wasser-Äther-Element für sich festhal-
ten und hätte so das Eigensein aufhebend die Wiedergeburt
verhindert. Frosch, Kröte und übrigens auch Unke sind zugleich mythische Wesensbilder des in beiden Bereichen behei-
mateten Menschen, der dazu bestimmt ist, abwechselnd individuell ichhaft in beiden Reichen zu leben.
Im Märchen wird nun weiter erzählt:

»Als das Wasser sich verlaufen hatte und beide wieder trok-
kenen Boden berührten, so kam ihre menschliche Gestalt
zurück. Aber keiner wußte, wo das andere geblieben war;
sie befanden sich unter fremden Menschen, die ihre Heimat nicht kannten. Hohe Berge und tiefe Täler lagen zwischen ihnen. Um sich das Leben zu erhalten, mußten beide
die Schafe hüten. Sie trieben lange Jahre ihre Herden durch
Feld und Wald und waren voll Trauer und Sehnsucht. Als
wieder einmal der Frühling aus der Erde hervorgebrochen
war, zogen beide an einem Tage mit ihren Herden aus, und
der Zufall wollte es, daß sie einander entgegenzogen. Er
erblickte an einem fernen Bergeshang eine Herde und trieb
seine Schafe nach der Gegend hin. Sie kamen in einem Tal
zusammen, aber sie erkannten sich nicht, doch freuten sie
sich, daß sie nicht mehr so einsam waren. Von nun an trieben sie jeden Tag ihre Herden nebeneinander: Sie sprachen
nicht viel, aber sie fühlten sich getröstet. Eines Abends, als
der Vollmond am Himmel schien und die Schafe schon
ruhten, holte der Schäfer die Flöte aus seiner Tasche und
blies ein schönes, aber trauriges Lied. Als er fertig war,

bemerkte er, daß die Schäferin bitterlich weinte. ›Warum weinst du?‹ fragte er. ›Ach‹, antwortete sie, ›so schien auch der Vollmond, als ich zum letzten Mal dieses Lied auf der Flöte blies und das Haupt meines Liebsten aus dem Wasser hervorkam.‹ Er sah sie an, und es war ihm, als fiele eine Decke von den Augen, er erkannte seine liebe Frau: Und als sie ihn anschaute und der Mond auf sein Gesicht schien, erkannte sie ihn auch. Sie umarmten und küßten sich, und ob sie glücklich waren, braucht keiner zu fragen.«

Die beiden werden also wieder verkörpert und Sehnsucht zueinander aus unterbewußtem Wissen führt sie schicksalsmäßig zusammen. Der Flötenton erweckt die Erinnerung an das vergangene, gemeinsam durchlittene Erdenleben, und sie erkennen sich wieder. Nichts geht verloren, aber vermögen wir den Schatz aus vergangenen Tagen zu heben, um Wissende zu werden? Wir müssen lernen, Schicksal zu erkennen und dadurch dankbar anerkennen.

Nicht wiedergeboren zu werden, galt einst als schwerstes Geschick. Im Sigurdlied spricht Hagen über Brünhilde den Fluch aus: »Erfüllen mög' sich ihr finsteres Geschick! Verleide ihr keiner den langen Weg, und verwehrt sei ihr ewig die Wiedergeburt.«[65]
Hagens Fluch setzt also den Gedanken der wiederholten Erdenleben als selbstverständlich voraus.

Ein Märchen aus Südwestafrika berichtet, wie der Wiederverkörperungsgedanke wieder verlorenging. Die Hottentotten erzählen nämlich, daß der Mond dem Hasen als dem klügsten Tier[66] den Auftrag gibt, den Menschen zu sagen, daß sie genau wie er, der als Mond auf- und untergeht und stets immer wiederkehre, nach vollbrachtem Erdenleben auch immer wieder auf die Erde zurückkehren.[67] Der Hase versprach, es auszurichten, sagte aber den Menschen, daß sie nur ein Mal auf der Erde leben würden wie er als Hase. Der Mond ward zwar sehr zornig, daß der Hase die Menschen so falsch belehrt habe, aber er konnte nichts mehr dagegen machen.

Die Hasenklugheit wurde zum erdgerichteten Intellekt, der die Himmelsweisheit vor dem Menschen verbarg. Sie wurde apokryphes, okkultes, verborgenes, weil verheimlichtes Wissen.[68]

9. Mitgebrachte Anlagen

a) Begabungen und Fähigkeiten

Bei einer Bewerbung um eine Lehrstelle oder um eine berufliche Anstellung wird einerseits nach den entsprechenden Begabungen und Fähigkeiten, nach der Eignung, oder auch nur nach Anlagen, die man gegebenenfalls weiter entwickeln kann, gefragt und andererseits nach den im Berufsleben bereits gemachten Erfahrungen und erübten, also erworbenen Fertigkeiten. Dabei kann man schon bei Kindern wahrnehmen, welche Begabungen vom Schicksal mitgegeben –, also ins Erdenleben mitgebracht wurden. Erfahrungen und Fertigkeiten dagegen erlangt man erst im Laufe seines Lebens. Sie werden sich dann im nächsten Erdenleben wiederum als mitgebrachte Begabungen und Geschicklichkeiten erweisen.
Doch welche Rolle spielt nun die Vererbung, der leibliche Faktor, der die mitgebrachten Begabungen physisch in Wirksamkeit treten läßt? Auch um Fertigkeiten erwerben zu können, bedarf es gewisser körperlicher Voraussetzungen.
Ein guter Musiker trachtet danach, ein gutes Instrument zu bekommen, um seine Kunst darauf entfalten zu können. Dem Spiel hört man dann an, ob die Mißtöne am verstimmten Instrument oder am Stümper liegen. Auf Grund der biographischen Berichte, die wir im Vorangegangenen kennengelernt haben (s. S. 145), können wir uns vorstellen, daß man sich die Musikalität als Begabung ins Erdenleben mitgebracht hat und sich dementsprechend ein Elternpaar aussucht, das das geeignete Erbgut zur Verfügung stellen kann. Das wäre der Vererbungsfaktor.

Eine Musikerfamilie, in die man sich möglichst hineingeboren werden läßt, wird sich darüber hinaus mit Musikfreunden und ausübenden Musikern umgeben, was für die sich inkarnieren wollende Individualität die anregende Umwelt ist, die sie zum Bewußtwerden der mitgebrachten Intentionen braucht.

Erbgut und Umwelt müssen also möglichst gut zu den entsprechenden Absichten und Intentionen der jeweiligen Individualität passen, die ihrerseits die Begabung mitbringen muß.

Doch die wichtigste Voraussetzung für die Verwirklichung der Intentionen ist der Impuls, die Willenskraft der Individualität, die sich die erblichen Bedingungen einerseits und die jeweilige Milieusituation andererseits aussucht, um die Begabung auch ausleben zu können.

Mitunter beobachtet man jedoch, daß mancher musikalisch durchaus begabt ist, aber sich nicht für seine Begabung zu interessieren scheint. Solch einer sucht sich womöglich einen Beruf aus, für den er offensichtlich keinerlei Begabung mitbringt, ja geradezu ungeschickt ist. Es ist, als wolle er sich etwas Neues an Fähigkeiten für die nächste Inkarnation veranlagen. Die einst erlangten Fertigkeiten gehen nun nicht etwa verloren, sondern sie können, wie historische Beispiele zeigen, mit den neuerrungenen zusammen wieder aufleben (z. B. bei K. L. Schleich oder Hans Carossa, die beide Arzt und Dichter waren).

Dagegen kann es auch geschehen, daß ein Mensch zwar eine gute musikalische Begabung gepaart mit einem starken Ichwillen mitbringt, aber ihm – etwa durch Conterganschaden – keine Arme gewachsen sind. Er übt das Geigenspielen mit den Füßen und wird sich daraus neue Fähigkeiten für sein nächstes Leben erwerben.

Es kann nun die Frage gestellt werden, wie eine derartige mitgebrachte Begabung überhaupt zustande kommt. Rudolf

Steiner sagte, und zwar auf Grund von okkult untersuchten Fällen, daß zum Beispiel einer, der zwar die Gelegenheit hatte, viele musikalische Eindrücke aufzunehmen, diese aber doch gewissermaßen ungenutzt an sich vorübergehen lassen mußte, weil er das absolute Gehör nicht besaß, daß dieser Mensch nun im Leben zwischen Tod und neuer Geburt in sich den Drang verspürt, im nächsten Erdenleben Musik auszuüben und ein Musiker zu werden.

Ein anderer hat vielleicht Architekturformen besonders stark nachempfunden und diese als tönend erlebt. Bei ihm erwacht dann das Bedürfnis, das Tönen selbst hervorzubringen. Er sucht sich dann für sein nächstes Erdenleben das geeignete Elternpaar aus, das ihm über die Vererbungslinie (vgl. S. 175) die Möglichkeit gibt, sich ein geeignetes physisches Gehörorgan zu schaffen. Und die Umwelt, zunächst die Familie, regt ihn dann seelisch an, das zu ergreifen, was sein Ich will.

Die erbbedingte physisch gute Gehörorganisation führt dann die verschiedensten Individualitäten in bestimmten Familien zusammen, wodurch auch gemeinsames Schicksal für die Zukunft bewirkt werden kann. So erklärt sich zum Beispiel auch, daß innerhalb der Familie Bach im Verlaufe von 250 Jahren 29 Musiker geboren wurden.

So auffallend wie die musikalischen Begabungen in einer Familie auftreten können, verhält es sich auch mit mathematischen Fähigkeiten. Das bekannteste Beispiel hierfür, das Rudolf Steiner immer wieder beschreibt, ist das der Familie Bernoulli. Steiner weist[69] darauf hin, daß zur mathematischen Begabung keine besondere Gehirnkonstruktion nötig sei, wie viele Menschen glaubten. Das Denken, die Logik sei beim Mathematiker wie bei anderen. Worauf es ankommt, das sind die im Ohr befindlichen sogenannten drei Bogengänge, die so zueinander stehen, daß sie die drei Richtungen des Raumes einnehmen. Nach Benninghoff-Goerttler[70] sind sie nach Form, Länge und Krümmung großen individuellen Schwankungen unterworfen. Rudolf Steiner betont nun, daß deren besondere Ausbildung das mathematische Talent bedinge. Darin liege die (physische) Anlage zur Mathematik. Es sei ein physisches Organ und müsse dementsprechend vererbt werden. So sehen wir, daß sich in der Familie Bernoulli acht bedeutende Mathematiker verkörpert haben.[71]

Auch zum Pädagogen muß man talentiert sein, und so mancher ist es auffällig im hohen Grade, ohne es gelernt zu haben. Er hat die betreffende Fähigkeit eben mitgebracht. Zu ihrer Vollendung bedarf es mitunter mehrerer Inkarnationen über Jahrtausende hin.

So kann eine Individualität auf etwas zurückgreifen, das vor Jahrtausenden an Fähigkeiten in ihr veranlagt worden war. Oft hat ein Mensch mehrere hervorragende Begabungen und weiß nun nicht recht, welcher er im Berufsleben den Vorzug geben soll. Auch Goethe wußte bis zum 40. Lebensjahr noch nicht, ob er zum Maler oder zum Dichter geboren sei.[72] Er malte dann nicht nur in dichterischen Worten, sondern war in Jena auch als Lehrer für anatomisches Zeichnen tätig. Auf Adolf Portmann wurde schon hingewiesen (vgl. S. 147).

Wir sehen, wie Talente, Begabungen und Fähigkeiten im vorangegangenen Leben veranlagt werden und dabei oft durch Metamorphosen hindurchgehen. Das Ich, der geistige Wesenskern des Menschen, ist deren eigentlicher Träger und bringt sie mit ins Erdenleben.

Und wer, nach R. Steiner, in einem Erdenleben reichliche Kenntnisse auf bestimmten Gebieten erworben, im Leben gut angewendet, viel sich angeschaut habe, man denke z. B. an die wandernden Handwerksburschen im Mittelalter, die dadurch »bewandert« und »erfahren« waren, dem werde im nächsten Erdenleben ein Astralleib mit besonderen Begabungen in der entsprechenden Richtung »mitgegeben«. Die im Ich gemachten Erlebnisse und Erfahrungen prägen sich also in der nächsten Inkarnation im Astralleib aus. Was der

Mensch hingegen empfindet und fühlt wie Lust und Leid, was also inneres Erleben ist, das wirkt in der nächsten Inkarnation bis auf den Ätherleib und bewirkt in ihm eine bleibende Neigung, also zum Beispiel die Neigung, gerne Musik zu treiben.

Zu den Begabungen und der dazu geeigneten Leibesorganisation, die man sich aus der Vererbungsströmung gewissermaßen anorganisiert hat, treten als ein Drittes die Umweltbedingtheiten hinzu, die sich die Individualität vor ihrer Inkarnation aussucht. Dazu gehören die Eltern, die Verwandten und Freundschaften.[73] Begegnungen mit den entsprechenden Lehrern, Arbeitsverhältnisse mit Kollegen und vieles andere mehr wird angestrebt, aber auch Landschaften, die einen gemütsprägenden Einfluß haben, Volk und Sprache. Das Zusammentreffen mit helfenden, aber auch hindernden Mitmenschen ist wiederum oft schicksalsbedingt aus vorigen Erdenleben (Karma), wenn auch nicht immer. Denn wir schaffen uns immer wieder neue Schicksalsbedingungen, besonders in der zweiten Lebenshälfte. Diese können sich bereits in diesem Erdenleben auswirken, doch vor allem in der Jugendzeit der nächsten Inkarnation zum Tragen kommen.

Um also das Schicksal des Menschen zu verstehen, müssen wir gewissermaßen drei Faktoren in Rechnung stellen:

das Ich, das die jeweilige Begabung mitbringt,

die Seele, die die entsprechenden mitmenschlichen Beziehungen und das geeignete soziale Milieu erleben läßt und von ihnen die nötigen Anregungen erhält,

die Leiblichkeit, wobei der *physische Körper* weitgehend den angeerbten Gesetzen folgt, *der Ätherleib* die Neigung zu einer der Begabung entsprechenden Tätigkeit in sich trägt und *der Astralleib* die Erlebnisse und Erfahrungen aus dem vorigen Erdenleben eingeprägt enthält, um die Seele anzuregen, sich der jeweiligen Umweltsituation zuzuwenden.

Es durchdringen sich also mehrere Faktoren, wobei sie sich entsprechend der Trichotomie in die Dreiheit nach Leib, Seele und Geist gliedern lassen, wie auch die Leiblichkeit nach physischem Körper, Lebensleib (Ätherleib) und Seelenleib (Astralleib) dreigegliedert ist. Doch die eigentlich vorwärtstreibende Kraft ist das Ich.

Wenn wir auch immer wieder auf Rudolf Steiner hinweisen mußten, weil er am klarsten, deutlichsten und differenziertesten auf die Wirkungsweise von Wiederverkörperung und Karma in bezug auf Begabungen und Fähigkeiten eingegangen ist – auf konkrete Mitteilungen R. Steiners über einzelne Persönlichkeiten mußte hier verzichtet werden –, so können wir die aufgezeigten Gesetzmäßigkeiten durchaus aus der Beobachtung des täglichen Lebens verstehen. Viele Ereignisse im Leben werden uns durch Einbeziehung des Gesichtspunktes von Reinkarnation und Karma erst erklärlich, wodurch sich ein tiefes Wahrheitsgefühl für diese Betrachtungsart entwickelt. Das Erklärlichwerden der Lebenserscheinungen ermöglicht uns, das Leben besser verstehen zu lernen. Lebenssicherheit fühlen wir in uns aufkeimen.

b) Krankheit als Schicksal

Zum Abschluß unserer Betrachtungen, die uns von der Darstellung des Menschenwesens zu Vorgeburtlichkeit und wiederholten Erdenleben geführt haben, sei die Frage nach den Krankheiten und Krankheitsveranlagungen bis hin zum Als-Krüppel-geboren-Werden gestellt. Gibt es von daher gesehen, also aufgrund der Wiederverkörperungsgesetzmäßigkeiten, eine Antwort auf die Frage nach dem Sinn des Krankseins? Wie oft fragen wir uns, warum werde ich gerade *jetzt* krank, warum bekomme gerade *ich* diese oder jene Krankheit? Wenn wir uns diesen Fragen tastend, wie innerlich lauschend nähern, ahnen wir manchmal: Ja, das mußte jetzt so sein, ich brauchte das. Wieviel habe ich durch das Durchstehen der Krankheit gelernt. Wir spüren, daß Krankheit ein Lernprozeß sein kann.

Aber haben wir nicht schon in früheren Betrachtungen dieser Schrift über solche »Lernprozesse« gesprochen? Psychosomatische Erkrankungen können letztlich nur so geheilt werden. Und sind nicht auch die Erlangung von Begabungen und Fähigkeiten solche Lernprozesse des Ich, wie wir im vorigen Abschnitt sahen? Wir sprachen davon, daß der Astralleib die Erlebnisse und Erfahrungen aus den vorigen Erdenleben eingeprägt erhält. So bringen wir auch gleichsam in ihm Eigenschaften, Verhaltensweisen aus einem früheren Erdenleben in das folgende mit. Eine weise Schicksalsführung, hinter der wir den Christus sehen dürfen, lenkt unseren Werdeprozeß im Leben zwischen Tod und neuer Geburt so, daß wir Verfehlungen, Einseitigkeiten im folgenden oder den folgenden Erdenleben überwinden und ausgleichen können.

Ein Beispiel, das Rudolf Steiner gegeben hat, möge deutlich machen, was gemeint ist. Er stellt dar, daß es im nächsten Leben zur Diphtherie-Erkrankung kommt, wenn ein Mensch in dem früheren sehr stark »aus allerlei Aufwallungen, Affekten und so weiter gehandelt hat«.

Was spielt sich in unserer Leiblichkeit bei einem Affekt ab? Das Blut kommt in Bewegung, der Mensch bekommt einen roten Kopf, das Herz schlägt schneller – und der Mensch redet unentwegt.

Die Diphtherie ist eine entzündliche Erkrankung, die die Schleimhäute des Halses, manchmal auch die der Nase, vor allem dann aber den Kehlkopf und weiter absteigend die Luftröhre befällt. Es ist der physische Gegenprozeß des seelischen Aufwallens. In diesem schweren Krankheitszustand kann der Mensch kaum noch sprechen, ja, es können Zustände von Atemnot und allgemeine Lähmungen eintreten. Auch das Herz kann betroffen sein.

Die aus einem früheren Erdenleben in den Astralleib geprägten Eigenschaften und Verhaltensweisen stellen zunächst eine Krankheitsdisposition dar, aufgrund derer allein eine Infektion stattfinden kann. Auch die körperliche Konstitution des Menschen wird von daher bestimmt. Rudolf Steiner spricht nun davon, daß nicht jede Krankheitsdisposition auch zu einer Erkrankung führen muß. Der Mensch kann durch Selbsterkenntnis und übendes inneres Tun solche Krankheitstendenzen umwandeln. Wenn bei einem Kind Eltern und Erzieher eine zutage tretende Charakterschwäche bemerken, können sie liebevoll helfend das Kind so führen, daß dieselbe ausgeglichen, harmonisiert wird. Allerdings ist dazu manchmal eher eine strenge als eine nachgebende Hand notwendig. Wie selbstverständlich Kinder gerade in Krankheitssituationen mit dem Gedanken der Wiederverkörperung leben, zeigen die beiden folgenden Berichte:

> Ein achtjähriges Mädchen, das schwer an Leukämie erkrankt war, und von dem die Mutter wußte, daß es bald sterben würde, tröstete diese eines Tages mit den Worten: »Sei doch nicht so traurig – ich komme doch wieder!« –

> In einer anderen Familie kam die viereinhalbjährige Cousine zu Besuch. Vor acht Monaten war der zweieinhalbjährige Vetter gestorben, und über das schreckliche Unglück war in beiden Familien oft gesprochen worden. Nachmittags hört die Mutter des hinterbliebenen zweijährigen Schwesterchens, wie die Cousine begeistert zu diesem sagt: »Was bist du schon groß! Wenn dein Bruder wieder runter kommt, der freut sich aber, wie du geworden bist!«[74]

Das schwerste Kranksein ist ja wohl die Behinderung, die körperliche wie auch die seelisch-geistige. Aber vielleicht können wir auf dem Hintergrund des Vorangegangenen ahnend fühlen, ja vielleicht sogar verstehen, daß auch solche Schicksale nicht sinnlos sind. Alles ist Aufgabe für uns, für den betreffenden Menschen, für die Angehörigen, an der wir wachsen. Unser Ich, unser geistig-seelischer Wesensanteil erkraftet sich nicht, wenn wir ihm alle Steine aus dem Weg räumen, ihm alle Lasten abnehmen. Im Gegenteil! Je mehr zu überwinden ist, um so kraftvoller, um so gesünder, um so tätiger kann der Mensch dann im nächsten Leben wirken. Dabei muß noch gesagt werden, daß wir nicht nur unsere Schicksalspäckchen mitbringen. Im Miteinanderleben entsteht auch immer neues Schicksal, und so kann auch eine Behinderung etwas sein, das eine Individualität aus freiem Entschluß auf sich genommen hat, den sie aber nur mit der Hilfe höherer Geistwesen, ja mit der Hilfe des Christus selber aus der Einsicht höherer Notwendigkeit heraus wollen kann, um im nächsten Erdenleben besser dem Menschheitsganzen dienen zu können. Und das wird ihr um so mehr gelingen, je mehr die umgebenden Menschen ihr die Behinderung tragen helfen aus der Kraft des Christus heraus.

Der letzte Bericht möge unsere Betrachtung abschließen.

Käthe, von Geburt an gelähmt, war geistig schwer behindert und lernte nie ein Wort sprechen. Stumpfsinnig lebte sie dahin, unterbrochen von zappeliger Unruhe. Vor vielen Jahren hatte man ihr ein Bein abnehmen müssen, seit Monaten lag sie im Bett, ein trauriges Jammerbild.
Im Heim der großen Inneren-Missions-Anstalt Hephata bei Treysa (Bezirk Kassel), wo u. a. 400 schwachsinnige Menschen (1958) betreut werden, hatte man es so eingerichtet, daß Käthe von den Heimkindern und deren Tun umgeben war, um sie daran teilnehmen zu lassen, obwohl

sie nichts mittun und auch nie mitsingen konnte. Als in ihrer Todesstunde der Arzt Dr. Wittneben mit Kirchenrat D. Fritz Happich das Zimmer betreten wollten, hörten sie draußen ein leises Singen durch die verschlossene Türe dringen. Welches Kind mochte wohl der Heimgehenden ein Sterbelied singen? Als sie öffneten, sahen sie Käthe zum ersten Mal aufrecht im Bett sitzen die Lieder singen, die um sie erklungen waren. Vor allem sang sie immer wieder: »Wo find die Seele die Heimat, die Ruh? Ruh, Ruh, himmlische Ruh!« Ein halbe Stunde lang hörten sie Käthe so singen. Das bis dahin so entstellte Gesicht war durchgeistigt und verklärt. Dann legte sie sich zurück und starb friedlich.

Wir können uns denken, daß dieser Mensch all die von Kindern, Schwestern und Ärzten liebevoll entgegengebrachten Erlebnisse als ein Geschenk mit in die geistige Welt nahm; nichts geht verloren, was der Geisteswelt entspricht. Und wir können uns vorstellen, wie diese Käthe im nächsten Erdenleben als kraftvolle Persönlichkeit sozial in der Menschengemeinschaft zu wirken bemüht sein wird, das soziale Wirken als Lebensimpuls mitbringend.

Schlußbetrachtung

Aus den vorangegangenen Darstellungen wurde deutlich, daß nicht nur Rudolf Steiner aufgrund seiner geisteswissenschaftlichen Forschung ein Leben nach dem Tod bis hin zu einer neuen Geburt darstellen und begründen kann, sondern daß auch in vielen Völkern ein Wissen um diese Tatsachen besteht oder sich zumindest in überlieferten Mythen und Märchen erhalten hat.

Denken wir nun zurück an die berichteten Träume und Wahrnehmungen, in denen sich Kinder ankündigten, dann wird der Gedanke an ein Dasein vor der Empfängnis zur realen Anschauung.

Die Kindesseele kündigt sich an und tut ihren eigenen, individuellen Schicksalswillen kund. Als geistige Wesenheit trägt der sich zur Inkarnation anschickende Mensch bereits die Menschenwürde in sich, die er dann im Laufe des Erdenlebens zu verwirklichen sucht. Guter Hoffnung sein: das ist ja ein Ausdruck, den man synonym, das heißt sinnverwandt verwendet für schwanger sein. Warum ist man eigentlich guter Hoffnung? Man ist es doch erst richtig von Herzen, wenn sich Geistiges vom Himmelssein her dem Menschen zuneigt. Wir erhoffen uns, erwarten eigentlich das erstrebte echte Menschensein in uns durch das Licht und die Kraft von oben. Das wäre der tiefere Sinn der Selbstverwirklichung: daß wir die Menschenwürde in uns entwickeln können.

So ist es auch für eine Mutter, die ein Kind erwartet. Es senkt sich Himmlisches in sie herab, und so wird es auch, wie wir sahen, von vielen Müttern erlebt. Ist es doch, als wenn ein Kind – der geistige Wesenskern eines Menschen, der sich inkarniert – Himmelslicht mitbringt. So empfinden Mütter oft, daß sie sich innerlich gestärkt fühlen, allem Widerwärtigen zum Trotz. Man sieht es ihnen an, wenn sie als junge Mütter schön werden. Und aus Kinderaugen träumt uns noch Engelhaftes entgegen, das vorher aus dem Antlitz der Mutter herausgeleuchtet hatte. Ein kleines Kind bringt die Kunde vom Himmelssein auf die Erde durch sein ausstrahlendes Wesen, was uns für die Menschheitszukunft weiterhin hoffen läßt. Der innere, tiefere Sinn all der geschilderten Erlebnisse wird erst deutlich, wenn man die Berichte miteinander vergleicht und dabei Gesetzmäßigkeiten und Werdefolgen zu erkennen beginnt. Die Aussagen stützen sich dann gegenseitig, und der Wahrheitsgehalt der einzelnen Mitteilungen und deren Deutungsmöglichkeiten ergeben sich aus der Zusammenschau.

So beantwortet sich die Frage nach dem eigentlichen Wesen des Menschen, den wir empfangen und ins Erdenleben hineinzuführen haben. Sein ewiger geistiger Kern existiert schon vor der Empfängnis und wird auch nach dem Tode weiter bestehen.

Der Gedanke der Reinkarnation steht nicht im Widerspruch zum Christentum, sondern nur zu der kirchlichen Lehrmeinung. Er steht auch nicht in Widerspruch zu den naturwissenschaftlich gefundenen Fakten, sondern zu deren materialistischen Ausdeutung. Auf seinem Hintergrund ersteht aus Kunst, Wissenschaft und Religion ein ganzheitliches Menschenbild, das neben dem Leiblichen das Seelische und das Geistige als real Wesenhaftes mitumfaßt. Diese Anschauungen werfen auch ein ganz neues Licht auf das Problem der Überbevölkerung. Es hat in der Menschheitsentwicklung immer Zeiten gegeben, in denen mehr Menschen auf der Erde lebten. Manche Individualitäten durchlebten kürzere Zeiten zwischen Tod und neuer Geburt, bei anderen lagen längere Abschnitte dazwischen. Rudolf Steiner hat einmal geäußert, daß sich in diesem Jahrhundert alle existierenden Individualitäten wenigstens einmal inkarnieren würden, was auch mit dem großen Entwicklungstempo zusammenhinge, danach würden die Zeitabschnitte zwischen den Inkarnationen wieder größer. Schon allein dadurch würde, so können wir schließen, die Bevölkerungszahl auf der Erde wieder abnehmen.

Zudem ist es mit der Vorausberechnung der Bevölkerungszahl vergleichsweise so, als wenn man sagte: der jugendliche Mensch zwischen dem zweiten und fünfzehnten Lebensjahr nimmt jährlich im Durchschnitt 6 cm an Größe zu, also würde er in 50 Jahren 3 m und mit neunzig Jahren 5,4 m groß sein. Man setzte dabei voraus, daß sich die beobachtete Größenzunahme bis zum Tode fortsetzen würde. Nur weil man beobachtet, daß das Größenwachstum in Schüben vor sich geht – im 9. Lebensjahr wächst das Kind durchschnittlich sogar 7,5 cm heran[75] – und mit 20 Jahren so ziemlich seinen Abschluß gefunden hat, und weil man weiß, daß es keine 3 m und 5,4 m große Menschen gibt, rechnet man nicht so weiter. Auch müßten in bezug auf die Bevölkerungszahl theoretisch immer neue Individualitäten bis ins Unendliche geschaffen werden, um die Weltbevölkerung auch nach dem Jahre 2000 so weiter wachsen zu lassen. Übrigens nimmt die Bevölkerungsrate auch bei Völkern, die keine Pille und andere Verhütungsmaßnahmen verwenden, bereits wieder ab. Und außerdem: Individualitäten, die noch nie inkarniert gewesen waren, brächten keine Fähigkeiten mit, deren Anlagen man sich ja in vorhergehenden Erdenleben erworben haben muß, sich durch Erdenerfahrungen errungen haben muß, wie wir im Vorangegangenen sahen. Sie brächten auch keine Schicksalsbeziehungen, kein Karma mit. Es wären Menschen, die in unsere Welt gar nicht hineinpaßten. So etwas kennen wir aber nicht. Es gibt offensichtlich noch Individualitäten, die erst nur wenige Inkarnationen auf der Erde erlebt zu haben scheinen, wie zum Beispiel die in abgelegenen Dschungeln Mindanaos (Philippinen) lebenden sogenannten Steinzeitmenschen, die 1971 erst entdeckt wurden und die die Begriffe Feind und Krieg noch nicht kennen. Sie sind wie die Unambal in NW-Australien im Aussterben begriffen. Die Individualitäten verlassen mit dem Tode die Leiber dieser Negritos und suchen sich für die nächste Inkarnation neue Leiber in anderen Lebenszusammenhängen aus, um sich seelisch-geistig weiterentwickeln zu können.

Mit diesem angedeuteten Bevölkerungsproblem, das in Wahrheit gar keines ist, deuten wir aufgrund der vorliegenden Betrachtungen gerade auf die Frage hin: Was tun wir vor allem durch Abtreibung an den Kinderseelen, an diesen sich inkarnieren wollenden Individualitäten, die sich doch weiter zu entwickeln trachten? Wir sehen, wie wir die ganze

Menschheitsentwicklung auch von diesem Gesichtspunkt aus mit verantworten. Ebenso stellt sich die Frage nach der Freiheit, die gewöhnlich mit Willkür verwechselt wird, ganz anders. Alle menschlichen Beziehungen, sozialen Fragen und politischen Entscheidungen werden sich unter den Gesichtspunkten von Vorgeburtlichkeit und »Vorempfängnisheit« und wiederholten Erdenleben ändern müssen.

Hartmut Görg

Der Wille zu neuem Leben

Die Bedeutung des Lebenslaufes und der Lebensrhythmen

Die eigenen Lebensrhythmen durchschauen zu lernen, sie bewußt zu erleben, kann für jeden Menschen eine großartige Hilfe darstellen. Aus dem Durchschauen erwächst ein immer selbstverständlicheres Gespür für die größeren Rhythmen unseres Daseins und den Sinn unseres Erdenlebens. Das Leben zwischen Geburt und Tod wird schließlich als Teilabschnitt des ganzen Daseins erkannt, der sich im Weltenzusammenhang in den Rhythmus der sich immer neu wiederholenden Erdenleben einfügt.

Wir »atmen« unser Leben in einer Erdenphase ein und in einer Zeit zwischen Tod und neuer Geburt aus. Innerhalb des Lebens »atmen« wir jeden Tag unser Erdenbewußtsein ein und nachts wieder aus. Den *kleinsten Atemrhythmus* kennen wir am besten – das Luft-Ein- und Ausatmen. Den *größten* Lebens-»*Atem*«-*Rhythmus* müssen wir erst wieder als Wiederholungsvorgang erkennen lernen.

In einem *platonischen Weltenjahr*[1] ist ein Menschenleben von etwa 72 Jahren 360mal enthalten. 360 Tage hat das Jahr. Ein Menschenleben zählt entsprechend etwa 25 920 Tage, und der Mensch atmet täglich etwa 25 920 mal ein und aus.

In diesem Zahlenspiel verbirgt sich eine tiefe kosmische Weisheit, aus der unsere Lebensrhythmen entspringen.

Es ist zu vermuten, daß solche Gesetzmäßigkeiten sich verfeinert durch unser ganzes Leben ziehen und uns eine Erkenntnisquelle für unser ganzes höheres Dasein werden können. Präexistenz, nachtodliches Leben und Reinkarnationsgedanken können in den rhythmischen Wandlungsphasen des menschlichen Lebenslaufes mit ihren Schicksalserfahrungen als Realitäten erlebt werden.

Bleiben wir bei dem Bild der Atemrhythmen unseres Weltendaseins, so beginnen wir in der Zeit vor der Geburt wieder ein neues Leben einzuatmen. Oder wir wachen aus der Schlafphase in der geistigen Welt zu einem neuen »Erdentag« wieder auf. Das richtige »Aufwachen« aus dieser Schlafphase zum selbständigen Erdenbewußtsein beginnt erst mit der Geschlechtsreife, wenn der Mensch sein Dasein im Irdischen als ein Gegenüber von Welt und Ich erkennen lernt. So kann man die Kindheit als eine von allen geistigen Wesen und allen Menschen umhüllte und beschützte Vorbereitungszeit für ein selbständiges Erdenleben anschauen. Sie erscheint wie der dem Wachwerden vorausgehende Traum.

Auffallende Wandlungsphasen finden beim Übergang von Jahrsiebten statt. Zehn solcher Abläufe prägen unser Leben. Jeder Jahrsiebtwechsel erlaubt dem Menschen, einen kräftigen Entwicklungsschritt zu machen. Im ersten Lebensdrittel bis 21 Jahre sind diese Wandlungen äußerlich sichtbar (Zahnwechsel, Geschlechtsreife, Erwachsenenreife). Ab 28 Jahre sind Veränderungen im wesentlichen innere Reifungsschritte. Nur mit 49 Jahren scheint das Äußere wieder vorzuherrschen und prägt dieser Phase auch unliebsame Alterungserscheinungen auf. Richtig ist aber, daß in den »Wechseljahren« der wichtigste Wandel zur geistigen Reife stattfindet – ein innerlicher Prozeß, der dem Äußeren Opfer abverlangt, dem reiche Früchte folgen können.

In einer kurzen Charakterisierung des Lebenslaufes sollen einige Anregungen zur Selbsterkenntnis, zur Geisteserkenntnis und zum Verständnis des Lebens vor der Empfängnis gegeben werden. Den Bogen möchte ich spannen von der Pubertät bis zum Tod – der bewußten Erdenphase –, um dann die leibfreie Zeit nachtodlichen bis vorkonzeptionellen Lebens zu überspringen und mit der Kindheit zu enden. Möge diese ungewohnte Abfolge des menschlichen »Lebenslaufes« von der Jugendzeit bis in die Kindheit dazu beitragen, vielen die starren Grenzen unseres Daseins zwischen Geburt und Tod aufzulösen. Vielleicht leuchtet manchem die »leibfreie« Zeit, die ich nicht mit Beispielen verdeutlichen kann, in der ausklingenden Kindheit kräftig auf, um den Wunsch der Ungeborenen zu einem neuen Erdenleben mit tiefem Ernst verstehen zu können.

Mit dem Erwachen zum bewußten Erkennen der Welt und seiner selbst als einem Glied des Ganzen übt der Jugendliche sein Denken, bis er es mit 21 selbständig beherrscht. Das Leibliche erfährt den Ausdruck des geistigen, individuellen Ausreifens zu seiner Erwachsenen-Gestalt. Das Ich wird sichtbar in die Welt geboren.

Die *Leibesreifung* erfährt ihre erste Vollendung. Die *Seelenreifung* folgt von 21 bis 42, und die *Geistesreifung* läßt den Erdengang mit dem letzten Lebensdrittel in die Todesphase ausgleiten.

Das Ich lebt nach der Erdenreife noch unfrei im stark polarisierten Seelenleben. Bei den Jungens in größerer Weite zwischen Sinnes- und Innenwelt, bei den Mädchen mehr verinnerlicht. Das Bedürfnis wächst, sich aus Sympathie und Antipathie-Kräften anderen Menschen zuzuwenden, ältere Mitmenschen manchmal bis zum Schwärmen zu verehren oder auch in Selbstüberschätzung zu verachten. Mit Gleichaltrigen werden Gruppenbildungen gesucht, in denen neu entdeckte Ideen ausgetauscht und erprobt werden.

Der frei gewordene Ätherleib (vgl. S. 67) vermittelt unbewußt Erinnerungen aus den Vorleben, denen jetzt Zukunftsahnungen entgegentreten. Daraus bilden sich Phantasiefähigkeiten, die sich in der Sympathie zu höheren Liebeskräften entfalten (Eros), im künstlerischen Empfinden die Ästhetik entstehen lassen. Das Begehren zur aktiven Begegnung mit der Außenwelt bewegt die Willensseite und drängt schließlich zur Gewinnung eines Urteils. Treichler beschreibt dieses Bemühen wie folgt: »Gesucht wird letzten Endes beim eigenen Urteilen nach dem Wesen des Gegenstandes, dem Wesen der Welt, nach dem ›Ur-Teil‹, dem Kern des Seins, aus dem sie entstanden ist, aus dem sie im (selbstgewonnenen) Denken wieder erstehen kann.«[2]

Letztlich bildet sich in der weiblich-männlichen Begegnung aus der gesunden Seelenkraft und der bewußten Erkenntnis des Ichs die Bereitschaft, Verantwortung für einen weiteren Menschen zu übernehmen. »Die schöpferischen Kräfte des Ätherleibes, die bis zum siebten Lebensjahr im eigenen Leibe tätig waren, können nun für die Zeugung eines anderen Leibes schöpferisch werden« (Treichler).

Mit der »Ich-Geburt« des Menschen im 21. Lebensjahr beginnt seine individuelle Selbständigkeit und sein Fragen nach dem eigenen Dasein in verstärktem Maße. In den Weltzusammenhängen sucht er, sein Selbst widergespiegelt zu finden und sein individuelles Verhältnis zur Welt und zur Menschheit zu klären.

Mit dieser Entwicklung geht ein Reifen der Seele einher, um die höhere Seite unseres Daseins, den geistigen Ursprung, bewußt zu erfassen und in sich reifen zu lassen.

Betrachtet man die ersten drei Jahrsiebte als Aufwachphase in das individuelle Erdenbewußtsein mit Ergreifen des Erdenleibes bis zur Eigenständigkeit, so haben wir ein ständiges *Wollen* zugrunde liegen, das sich von einem Jahrsiebt zum nächsten verwandelt. *Wollendes Wahrnehmen* zur Durchgestaltung des Leibes über die Sinnesorgane (Ernährung und Aufbau des eigenen Leibes aus der Umwelt) wird ab sieben zum wollenden Empfinden und Vorstellen einer eigenen seelischen Innenwelt (Ernährung und Aufbau des Seelenleibes aus Urbildern). Mit 14 beginnt das *wollende Erkennen* (Ernährung und Aufbau des geistigen Ichs aus der Welt der Begriffe), die Denkschulung.

So kann das mittlere Lebensdrittel (21–42) als die selbständige Phase des *Fühlens* der Daseinszusammenhänge angesehen werden. Wiederum wandelt sich dieses Fühlen vom Wahrnehmen der Welt über das ganz verinnerlichte Fühlen unseres Daseins mit Ausbildung der Gemütskräfte und der stärker erwachenden Verstandeskräfte der Seele bis hin zur »Bewußtseinsseele«. In diese Ausreifungszeit der Seele leuchtet bereits das geistige Bewußtsein herein, das *fühlende Erkennen.*

Im dritten Lebensdrittel (42–63) vermag der Mensch diese Metamorphosen im *Denken* zu vollziehen. Dem denkenden Wahrnehmen der Zusammenhänge (die Lebensziele leuchten deutlicher auf) folgt das denkende Verinnerlichen, Empfinden (abwägendes Distanzieren) und schließlich die Fähigkeit des *denkenden Erkennens,* unsere höchste Entwicklungsmöglichkeit im Erdenleben.

Alle drei großen Lebensabschnitte zusammen zeigen wiederum in sich die Wandlung vom Wahrnehmen (Wollen) zum Empfinden in der Seele (Fühlen) und zum Erkennen im Geiste (Denken).

Nach der Lebensmitte können Schicksalsfragen besser verstanden und bejaht werden. So können Krankheiten leichter angenommen und ihre Möglichkeiten zur inneren Weiterentwicklung gesehen werden. Ob bei sich selbst oder bei anderen, zu pflegenden Menschen – der erkannte tiefere Sinn dieser alltäglichen Erscheinungen wird zur geistigen Reifung beitragen.

An dieser Lebensmitte der inneren Entwicklung kann die Ganzheit unseres Daseins innerhalb der wiederholten Erdenleben deutlich erahnt werden. Die leibliche Entwicklung kulminiert erst mit 35, um dann mit mehr »Tod« dem Aufbau der geistigen Reifung zu dienen.

Aus der Vorstellung des rhythmischen Ein- und Ausatmens eines Erdenlebens und der Kenntnis der nachtodlichen Geschehnisse kann auch dem Sterbenden große Hilfe zuteil werden.

Vom sinnvollen würdigen Sterben kann nur gesprochen werden, wenn das Nahen des Todes natürlich gespürt wird und ein Ahnen vom Nachtodlichen beginnt. Ist der Mensch in diese Erlebnissphäre des Sterbens eingetaucht, können mit ihm möglicherweise viele geistige Zusammenhänge vom Nachtodlichen besprochen werden. Die Lösung vom Irdischen kann leichter vollzogen werden. Das Hereinleuchten des Geisteslichtes durch die Todespforte hindurch in die letzte Phase des Lebens kann wohltuend und erlösend wahrgenommen werden.

Wer Sterbende so begleitet, kann gestärkt in seinen eigenen Lebenszielsetzungen weiterwirken und bekommt neues Ahnen für die Zeit vor einer neuen Geburt. Werden der Tod und die Geburt wieder als selbstverständliche Übergangsphasen innerhalb unseres Daseins empfunden, so kann auch das Vertrauen in unsere Existenz nach dem Tode und bis zu einer neuen Geburt entstehen. Der Bogen des Lebenslaufes schließt sich, wenn nun wieder die Kindheit als Vorbereitungszeit für das *bewußte* Erdendasein ins Auge gefaßt wird. Das Kleinkind erobert sich stufenweise die räumliche Welt durch das Gehen-, Sprechen- und Denkenlernen. Mit dem Zahnwechsel als Ausdruck des Abwerfens der Reste des »Erbleibes« kann die Ausbildung eines kraftvollen Seelenlebens beginnen. In Kinderkrankheiten können wir jeweils wichtige Impulse des Ichs zu einem weiteren Entwicklungsschritt beobachten. Mit dem Ausklingen des zweiten Jahrsiebents schließlich erwacht der kindliche Organismus zum denkenden Bewußtsein – zur Erdenreife.

Fragen zur Empfängnis

a) Unerfüllter Kinderwunsch bei Eltern mit erhaltener Fruchtbarkeit

Häufig erlebe ich Ehepaare, die bereits mehrere Jahre erfolglos versucht hatten, ein Kind zu bekommen. Viele Ärzte hatten bei ihnen bereits Hormonbehandlungen und zum Teil auch künstliche Befruchtungen versucht, obwohl weder anatomische noch hormonelle Mängel festzustellen waren. Kinder blieben ihnen versagt.

Im Gespräch stellte sich hier häufig eine fordernde Erwartungshaltung nach einem Kind heraus. Gedacht wird dabei im materiell-logischen Sinne, ein Mensch sei wie jedes Naturwesen oder sogar wie ein technisches Gerät beliebig produzierbar. Es müsse genügen, den Wunsch nach dem »Produkt« zu äußern, um ihn sich auch erfüllen zu können. Infolgedessen lassen sich auch viele Menschen in die Mechanisierung der Kinder-»Produktion« mit Hormonen und genauem Zeitplan hineinpressen. Manche Kinder werden so auch gezeugt.

Gelingt es, die Realität der Individualität aus der Ganzheit des Menschendaseins hervorzuheben und deren Existenz auch schon vor der Empfängnis als annehmbar zu erklären, so wird auch bald der Individualwille des Ungeborenen anerkannt. Es wirkt dann sehr befreiend, wenn die Partnerschaft nicht mehr unter dem Zwang stehen muß, den Geschlechtsverkehr statt zum errechneten Eisprungtermin zum gemeinsam empfundenen Termin vollziehen zu können. Auch die Beendigung einer Hormon-Therapie wird entlastend empfunden. Das Eheleben harmonisiert sich wieder!

Die Information, daß der Wille einer sich-inkarnieren-wollenden Individualität den von der Mutter vorgegebenen Eisprungtermin nicht beachtet, sondern diesen sehr häufig, ihrer kosmischen Konstellation entsprechend, verschieben kann, vermag diese Zwanghaftigkeit aufzulösen. So werden viele Kinder auch zu völlig unerwarteten Zeitpunkten empfangen (vgl. S. 93).

Die meisten dieser »gesunden« Ehepaare bekommen nach dem völligen Loslassen von dem Gedanken an ein Kind und dem oft verkrampften Kinderwunsch sehr bald ohne jede Hilfe von dritter Seite »ihr« Kind – zum Beispiel nach Aufgabe einer Berufstätigkeit.

Die bekannte Erscheinung, daß einem adoptierten Kind häufig ein leibliches folgt, bestätigt diese Freilassung des Kindes in seinem eigenen Inkarnationswillen. Unter Zwang wollen viele Kinder nicht kommen.

In einem Falle ist mir berichtet worden, daß durch bewußte Übung zur Überwindung des eigensüchtigen Kinderwunsches – auch ohne Adoption – schließlich ein Kind kam und dieses später immer sehr eigenwillig blieb.

Wenn in der Phase nach dem fünfunddreißigsten Lebensjahr bei bisheriger Kinderlosigkeit der mehr egoistische Impuls zu einem Kind noch vorhanden ist, entsteht leicht eine Art von Torschlußpanik – auch aus der gängigen Gesellschaftsmeinung heraus. Dieses Phänomen tritt allerdings auch häufig schon ab dreißig auf. Das Verstehen der geistigen Zusammenhänge heilt dabei sowohl den Egoismus als auch die Sorge, kein Kind mehr bekommen zu können.

An dieser Stelle taucht aber auch das Problem auf, mit allen heute machbaren äußerlichen Hilfen ein »*eigenes Kind*« *bekommen zu wollen,* obwohl der leibliche Weg dazu verschlossen erscheint. Berechtigte Zweifel müssen aufkommen, wenn heute einem Egoismus von Eltern zu einem leiblichen Kind mit der extracorporalen Befruchtung stattgegeben wird.

Ist dieser Weg nicht ein Zerrbild der weisheitsvollen Planung menschlich-sozialer Ordnung, besonders angesichts der unzähligen Abtreibungen, durch die ein sinnvoller Weg in ein Menschenleben abgebrochen wird? Dieser Gegensatz wird heute auch bei weiterdenkenden Menschen ohne anthroposophische Orientierung gesehen.

Weiterdenken läßt sich auch die Vorstellung einer Gen-Manipulation, mit der ungünstige Erbanlagen technologisch gegen »normales« Erbgut ausgetauscht werden könnten. In dieser Entwicklung folgt zwangsläufig das »Wunschkind nach Katalog« – sicher das Gegenbild eines Individualwillens zu einem neuen Erdenleben, das schicksalsbedingt sogar eine Behinderung »wollen« könnte.

b) Eltern mit gestörter Fruchtbarkeit

Im wesentlichen gilt das vorher Gesagte auch für Menschen mit gestörter Fruchtbarkeit, wenn man davon ausgehen kann, daß ein Kind auch Hindernisse bei den Eltern aus dem Wege zu räumen oder zu umgehen vermag, um *sein* Leben bei diesen Eltern zu erreichen.

Viele Berichte zeugen davon, daß bei gestörter Fruchtbarkeit infolge anatomischer und funktioneller Ursachen dennoch Schwangerschaften auftraten. So hört man von Kindern bei »sicherer« Sterilität, das heißt mit vor und nach der Schwangerschaft geprüftem Verschluß der Eileiter.

Eines der ersten Ehepaare in England, die ein wegen erwiesener anatomischer Unfruchtbarkeit extracorporal gezeugtes Kind bekamen, empfing kürzlich ein weiteres Kind unter völlig natürlichen Bedingungen.

Zu Beginn meiner frauenärztlichen Tätigkeit staunten meine Kollegen und ich nicht wenig, als eine Patientin mit beiderseits entfernten Eileitern (jeweils wegen Eileiterschwangerschaften) mit einer normalen Schwangerschaft erschien und nach diesem Kind noch drei weitere bekam.

In der Fachliteratur wird auch ein Fall aus den USA berichtet, bei dem ein lebendes Kind durch »Kaiserschnitt« geboren wurde, das bei fehlender Gebärmutter (durch Operation) in der Bauchhöhle fast ausgereift war.

Die vielen, fast alltäglichen »Versager« bei sicherem Empfängnisschutz ohne sichere Klärung des Versagens weisen ebenfalls auf die Fähigkeit der Kinder hin, sich durchsetzen zu können.

Bei Patientinnen mit fehlenden Anzeichen einer normalen Funktion der Unterleibsorgane (keine Eisprünge oder langjähriges Ausbleiben der Blutungen) habe ich ohne Hormonbehandlungen Schwangerschaften erlebt. Bei einem Ehepaar kam ein Kind trotz nachgewiesener Unfruchtbarkeit des Mannes (nur vereinzelt nachgewiesene normale Spermien und erfolglose Hormontherapie), nachdem wir ein Gespräch hatten, in dem beide Partner sich von der Vorstellung nach einem leiblichen Kind völlig losgesagt hatten.

Dennoch kann ein natürliches Empfinden bei den Eltern auftreten, eine Hilfe im Anatomischen (operative Wiederherstellung) oder im Funktionellen (Hormon-Behandlung) annehmen zu sollen, um einem Kinderwillen den Weg zu ebnen. Es könnte als ein vom Kind gewolltes verantwortungsvolles Handeln der Eltern betrachtet werden.

c) Eltern mit fehlender Fruchtbarkeit

Sind keine körperlichen Möglichkeiten für eine Schwangerschaft mehr gegeben (keine Keimzellen), bleibt die leibliche Schwangerschaft in der Regel ausgeschlossen. Eine künstlich von fremden Keimzellen erzeugte Schwangerschaft bedeutet wohl ein weites Abrücken von einer natürlich gewachsenen sozialen Gemeinschaft von Eltern und Kind. Egoistische Interessen verdrängen in solchen Fällen die Bereitschaft, ein adoptiertes Kind selbstlos begleiten zu können.

Ist diese Selbstlosigkeit und Verantwortungsbereitschaft solcher Eltern aber vorhanden, wird meist der Ausweg in eine Adoption gesucht. Die Situation unfruchtbarer Paare kann aus der Ganzheit unseres Daseins als Schicksalsfrage viel besser verstanden werden. Im Erkennen und eigenen Überwinden dieser Situation können ungeahnte gute persönliche Entwicklungen anderer Art entstehen.

d) Adoption

Der Wunsch nach einem Kinde ist häufig übersteigert und kann unerfüllt nur schwer vom eigenen Leib getrennt werden. Werden die Bedenken gegen einen fremden Erbstrom schließlich überwunden, ist das oft auch ein Befreien von der eigenen Egoität. Die selbstlosere Einstellung zu einem adoptierten Kind ist dann schon gereift.

Zudem ist eine Adoption heute eine unbequeme Anstrengung. Ein solches Kind muß regelrecht erkämpft werden. Dieser Kampf läßt aber auch die Verantwortung für den kleinen Menschen erheblich wachsen. Die Rate an Abtreibungen überwiegt heute so übermäßig die am Leben erhaltenen unerwünschten Kinder, daß nur noch wenige zur Adoption bereite Eltern ein Kind bekommen können.

Auch höre ich selbst bei Gesprächen um die Erhaltung von ungewollten Kindern immer wieder den Satz: »Wenn ich das Kind schon bekommen soll, dann will ich es auch selbst aufziehen!« Auf der anderen Seite wird häufig argumentiert: »In diese schlechte Welt kann ich kein Kind setzen!« Unter Hinweis auf die Realität vom vollwertigen Menschen-Dasein auch vor der Empfängnis, auf die Reinkarnation und den unbändigen Willen des Kindes nach seinem Erdenleben sind aber doch viele Frauen bereit, ihr Kind zu bekommen. Sie sind dann allerdings meistens nicht mehr geneigt, ihr Kind zur Adoption freizugeben. Lediglich in einem Fall war die Bereitschaft dazu deutlich vorhanden. Im Verlauf der Schwangerschaft wurde die Mutter durch die Betreuung aber so stark zum Kind motiviert, daß auch sie das Kind behielt. Sie wurde eine sehr glückliche Mutter.

Ein Schicksalserlebnis verdeutlicht, wie weisheitstragend soziale Verknüpfungen sein können. Der Weg eines indonesischen Kindes, das im Alter von vier Monaten mehr durch »Zufall« in eine deutsche Familie kam, ist geprägt von wesensmäßigen inneren Verbindungen zu den Adoptiveltern. Nie kamen den Eltern bis heute (es ist jetzt acht Jahre alt) Zweifel daran, daß diese Individualität ihr Kind sei. Aus dem Gedanken der Reinkarnation muß man den Eindruck haben, daß hier ein Mensch einen nicht-europäischen Leib benötigte, um sein Leben damit im mitteleuropäischen Raum und in einer bestimmten Familie mit ihrem weiteren sozialen Umfeld zu besonderen Fähigkeiten zu gestalten. Vielleicht gibt es heute auch Umwege über die Dritte Welt hierher, wenn hier verhütet wird, über die Adoption aber die passende soziale Umgebung dennoch aufgesucht wird? Rudolf Steiner gibt an, daß zukünftig nicht mehr so sehr die Vererbung, sondern wesentlich mehr die sozialen Verbindungen zwischen den Menschen maßgebend sein werden.[3] Eltern-Kind-Beziehungen sind also dann unabhängig von der Zeugung geworden.

Da ich vielen meiner Patientinnen von dieser Geschichte erzählt habe, wurden nicht nur viele zur Adoption ermutigt, sondern ich erhielt auch später bestätigende Berichte über »wundersame« innere Beziehungen zu diesen Kindern.

Empfängnisregelung aus Kenntnis der Präexistenz

Es gibt bekanntermaßen verschiedene Möglichkeiten zur Empfängnisverhütung. Nach Abwägen der Vor- und Nachteile wird mehr verstandesmäßig die individuell geeignete Methode gewählt. Ist die Patientin aber offen für geistige Zusammenhänge, so kann das Gespräch auf eine weitere Methode erweitert werden. Diese Bereitschaft ist häufiger vorhanden, als man es heute erwarten könnte. Die Erweiterung der Verhütungsfrage auf den übersinnlichen Bereich stellt eine völlig neue Möglichkeit dar. Der Gedanke der Reinkarnation, der Präexistenz und der Postexistenz ist dabei ganz mit einbezogen.

Bei dieser Methode wird das Kind gewissermaßen in die Ganzheit miteinbezogen. Es ist im Bewußtsein des Paares immer vorhanden. Bei welcher Methode wird sonst überhaupt nach dem Kind gefragt? Im Begriff der Empfängnisverhütung ist sein Ausklammern bereits enthalten.

Wie kann nun ein reales Bewußtsein von einem ungeborenen Kind entstehen? Wer erfahren hat, was mit dem Herzen wahrgenommen werden kann, der ahnt auch, wo in uns der Zugang zu geistig-seelischen Quellen zu finden ist. Dieses Ahnen ist heute durchaus bei vielen Menschen vorhanden, sie wollen sich die dahinter stehende Realität nur nicht eingestehen. »Mit solchen Beobachtungen könnte ich unangenehm auffallen oder als ›Spinner‹ angesehen werden.« So unterdrücken manche bewußt diese Regungen. Andere bekommen Angst davor und wagen nicht, darüber zu sprechen.

Die Geisteswissenschaft Rudolf Steiners kann hier die entscheidenden Hilfen geben. Durch die genaueste Schilderung des Lebens vor der Empfängnis und nach dem Tode werden alle diese Ahnungen bestätigt. Dem im Umgang damit Übenden, der seine Denkfähigkeit schult und verfeinert, werden die höheren Zusammenhänge zu Bildern. Er beginnt, sich mit den erschauten Wesen verbunden zu sehen, und schließlich werden seine Fähigkeiten so klar, daß er sich mit ihnen geistig austauschen kann. Der Gedanke der wiederholten Erdenleben und der menschlichen Daseinswirklichkeit vor der Empfängnis wird dann zur Selbstverständlichkeit. Der wollende Weg eines Menschen aus der geistigen Welt in ein neues Erdenleben wird so deutlich gesehen werden. Der erkennende Mensch entdeckt dann, wie ein liebevoll nach seinen Eltern sich sehnendes Wesen den Weg in sein neues Erdenleben sucht. Rudolf Steiner sagt hierzu, daß dieser Weg beginnt, indem eine Ahnenfolge im voraus überblickt wird, bis am Ende dieser Reihe das richtige Elternpaar steht. Alle Schicksalssituationen, deren Ursachen im Vorleben begründet liegen, werden vorausgeplant und gewollt, im äußeren Erdenbewußtsein dann aber vergessen. So ist auch das Hereinkommen eines Kindes zu seinen Eltern für diese eine Schicksalsbegegnung, die gewollt wurde. Beziehen wir nun Rudolf Steiners Erkenntnisse zur Orientierung in die Verhütungsfragen mit ein, so ergeben sich völlig neue Begriffe: Menschenverhütung, Schicksalsverhütung, Verhütung von weisheitsvoller Ordnung menschlichen Daseins, von zwischenmenschlicher Beziehung! Wenn wir in der Lage sind, ein solches ungeborenes Wesen wahrzunehmen, so stehen wir immer vor der freien Entscheidung: Wollen wir uns dieser Ordnung unterstellen, Verhütungsfragen vor dem Hintergrunde höchster Menschheits- und Weltenzusammenhänge zu sehen, oder nicht?

Hier steht der Mensch heute durch seine während der Evolution erworbenen Fähigkeit zur individuellen Freiheit vor seiner ureigensten Entscheidung: »Unterstelle ich mich vertrauensvoll der höheren göttlichen Weisheit und übernehme Verantwortung für das hereinkommende Kind, um mir selbst und diesen Zielen zu nützen, oder hindere ich das mich aufsuchende Wesen an einem gemeinsamen Weg?« Rationelle Ziele im Äußeren (Beruf, Hausbau, Ungebundenheit) werden dabei zunächst oft höher eingeschätzt.

Wende ich mich im Verhütungsgespräch an eine Patientin, die mir für diese Ahnungen fähig erscheint, so genügt es auf die Erlebnismöglichkeit eines hereinkommenden Kindes hinzuweisen. Diese Fähigkeit wird von Rudolf Steiner als zukünftig normal in der Menschheit ausgebildete Begabung beschrieben. Zeigt sich die Patientin angeregt, wählt sie diesen klaren bewußten Weg der Auseinandersetzung mit dem Ungeborenen. Zur Überbrückung ihrer Unsicherheit im Umgang mit solchen Wahrnehmungen kann sie die symptothermale Methode[4] ergänzend ausüben und während einer fruchtbaren Phase einem Kind innerlich entgegenlauschen.

Zu dieser Methode sei auf ein Beispiel aus dem ersten Abschnitt dieses Buches hingewiesen. Hier handelt es sich um eine Mutter von zwei Kindern, die sich nach ihrem zweiten Kind zu der beschriebenen Methode entschlossen hatte. Nach der anschaulichen Ankündigung, die sie erlebt hatte, entschloß sie sich aber selbstverständlich für das Kind. Heute – Jahre danach – weiß sie, wie richtig dieser Entschluß war!

Zwei weitere Beispiele:

Eine sechsundzwanzigjährige Mutter von drei Kindern kam nach der Geburt ihres dritten Kindes sehr entschlossen zu mir, nun müsse sie etwas Sicheres gegen weitere Kinder unternehmen. Mehr Kinder könne sie nicht mehr verantworten und kräftemäßig nicht mehr bewältigen. Am besten sei wohl jetzt eine klare Lösung – die Sterilisation. Die Pille und die Spirale lehne sie sowieso ab. Sie spüre deutlich, daß sonst bald noch ein weiteres Kind kommen wolle. Das folgende Gespräch beleuchtete alle individuellen Fragen ausführlich. Die Sterilisation mußte bei ihrer Jugend als sehr problematisch angesehen werden. Diese Patientin entschloß sich nach dem Gespräch zu der symptothermalen Methode, ließ aber im Lauf der Zeit in ihrer Gewissenhaftigkeit nach und empfing ein Kind. Sie wußte deutlich im Augenblick der Empfängnis, daß ein Kind daran beteiligt war. Fünf Wochen später kam sie zur Bestätigung der Schwangerschaft zu mir. Obwohl sie erst Zweifel hatte, das Kind annehmen zu können, fühlte sie inzwischen, daß dieses Kind, entgegen aller Verstandesargumente, zu ihr gehöre. Bei ihr und ihrem Manne sei auch aller Zwang verflogen, ja – sie fühlten sich viel freier. Ihr Mann habe gesagt: »Nun sind wir erst richtig komplett!«

Es sei hier noch eine Bemerkung angefügt: Oft werden im Verhütungsgespräch die natürlichen Methoden unkritisch abgelehnt, weil der Zyklus zu unregelmäßig sei und deshalb zu viel »Unsicherheit« biete. Gerade aber der regelmäßige Zyklus verleitet zur Nachlässigkeit in der Prüfung der Fruchtbarkeitskriterien, was am eben genannten Beispiel zu erkennen ist. Der kosmisch vor allem vom Mond abhängige Eisprung muß nicht mit dem höherwertigen Empfängnistermin des Kindes übereinstimmen. Wenn das Kind individuell einen anderen als den von der Mutter vorgegebenen Empfängnistag braucht, wird der mütterliche Eisprung auf den geeigneten Tag verschoben. Wie selbstverständlich diese Zusammenhänge manchen Frauen im Rückblick, nachdem die Kinder längst leben, werden können, ist aus dem folgenden Beispiel ersichtlich:
Eine sechsunddreißigjährige Patientin suchte nach einer ihrer Situation gerechtwerdenden Verhütungsmethode, nachdem bereits beim dritten unerwünschten Kind die Frage einer Abtreibung erörtert worden war. Die Verhütung erfolgte bis dahin nur mit der Basaltemperaturmessung, aber alle ihre Schwangerschaften waren nach den Temperaturkurven immer kurz nach der Periode empfangen worden und nicht zum erwarteten mütterlichen Eisprungtermin (Methode nach

Knaus-Ogino). Sie konnte sich immer zum Leben der Kinder bekennen. Die positive Wirkung, die vor allem das dritte Kind in der Familie auslöste, wandelte die innere Beziehung der Patientin erheblich zu ihrer vorher mehr äußerlich ausgeübten Verhütungsweise. Sie wurde aufmerksam auf höhere Qualitäten der Kinder und ihre wichtigen Schicksalsaufträge. Im Rückblick auf die Schwangerschaft konnte sie sich jedesmal an eine deutliche innere Begegnung mit einem Kind erinnern, die der Empfängnis vorausgegangen war. Diese innerliche Beziehung in äußeren Verhütungsmaßnahmen ausschalten zu müssen, könne sie jetzt nicht mehr ertragen. Nach unserem Gespräch entschied sie sich erleichtert zur symptothermalen Methode und zu erhöhter Wachsamkeit.

Mehrere Beispiele aus dem ersten Abschnitt dieses Buches zeigen deutlich, daß individuelles Ablehnen eines Kindes, das wahrgenommen wird, möglich ist. Es kann aber geschehen, daß ein solches Kind lange Zeit an seinen Eltern »zerrt« und »drückt«, um doch noch empfangen werden zu können.

Die Sterilisation

a) Ohne Krankheitsgründe

Nicht selten wird nach den sogenannten Wunschkindern der Entschluß zu einer endgültigen Lösung der »Familienplanungsfrage« gesucht. Dabei wird häufig die Sterilisation erwogen. Der Entschluß wird in solchen Situationen oft aus einer Panik heraus gefaßt, ohne über den gegenwärtigen Zustand hinausschauen zu können. Wer jedoch einmal im sterilisierten Zustand den Druck eines Kindes zum neuen Erdenleben in sich gespürt hat, erlebt deutlich so etwas wie einen Entbehrungsschmerz. Dem sehnlichen Wunsch des Kindes zu seinem Leben und dem daraus entstehenden Kinderwunsch der Mutter kann aber keine Erfüllung mehr gewährt werden.

Aus dem Dargestellten wird deutlich, daß sich eine solche Verhütung endgültig gegen eine weisheitsvolle karmische Ordnung stellt. Frauen, die diesen Schritt bereuen, werden heute in der Frauenarztpraxis häufig gesehen. Zwei sich gegenüberstehende Beispiele hierzu:

Eine sechsundzwanzigjährige Patientin kommt, etwa ein Jahr nach der Geburt ihres dritten Kindes, eines Tages völlig aufgelöst in meine Praxis und erklärt, ich solle ihr sofort eine Einweisung in eine Klinik zur Vornahme einer Sterilisation ausstellen. Die Verhütung würde sie auf anderer Basis nicht bewältigen, und weitere Kinder wolle sie auf keinen Fall. Ich sah, daß die Patientin sich in Panik befand und im Augenblick nicht in der Lage war, eine klare Entscheidung für sich zu treffen. Deshalb war es ihr auch ganz unmöglich, zukünftige Situationen voraussehen zu können. Aus diesem Grunde hielt ich es nicht für ratsam, ihr eine Einweisung auszustellen.

Bei einer fünfundvierzigjährigen Patientin, die mit dem Wunsch nach einer Sterilisation zu mir kam, genügte ein kurzes Gespräch, um den Eingriff als ungeeignet ansehen zu können; ruhig und aufgeschlossen wie sie war, erkannte sie leicht ihre Verantwortung gegenüber dem seltenen Auftreten einer Schwangerschaft in dieser Phase. Sie wollte bei der bisher geübten natürlichen Verhütungsmethode bleiben und würde sich gegebenenfalls einer höheren Weisung durch ein Kind fügen. Dieses letzte Beispiel ist sehr typisch für die Reifesituation der Patientin in dieser Phase. Entsprechend ist die Bereitschaft zur Sterilisation um die Dreißig herum wesentlich größer als nach Vierzig, vorausgesetzt allerdings, daß ein klärendes Gespräch über die ganzheitlichen Vorgänge erfolgt.

b) Bei Erkrankungen

Würde eine Erkrankung der Eltern eine Erbkrankheit (hier ist nicht die Behinderung gemeint!) beim Kinde ergeben können, oder würde eine Schwangerschaft und Geburt das Leben der Mutter bedrohen können, so bekommt eine Sterilisation natürlich einen ganz anderen Aspekt. Reale Zweifel würden später an diesem Entschluß wohl nicht mehr auftreten. Erfüllt ein Elternpaar eine der Voraussetzungen einer Erkrankung, so besteht dennoch die Möglichkeit zu einer geistig-seelisch verantwortungsvollen Entscheidung, wenn das Bewußtsein von der Präexistenz vorhanden ist. Ein Verzicht auf Verkehr überhaupt wäre ein großes Opfer, würde aber den höchsten Grad von Menschenwürde für sich in Anspruch nehmen können. Sicher für heute herrschende Meinungen ein ungewöhnliches Verhalten. Aus freiem Entschluß entspräche diese Enthaltsamkeit aber einer starken Willensnatur und menschlicher Größe. Rudolf Steiner gibt dazu das Beispiel der Engadiner Jungfrauen.[5]

Die Schwangerschaft

a) Übersinnliche Zusammenhänge einer Inkarnation

Die Sehnsucht, vergangenem Erdenleben etwas Ausgleichendes hinzufügen zu können, läßt in der individuellen Geistseele im vorgeburtlichen Dasein einen unbändigen Willen zu einem neuen Leben entstehen. Höchste Engelhierarchien helfen dem wiedererwachten Ich-Wesen, seine geeignete, passende individuelle Gestalt vorzubereiten. – Wie weisheitsvoll dieses Urbild der menschlichen Gestalt im Erdenleben wunderbaren Ausdruck findet, so kümmerlich muß dagegen unsere materialistisch erdachte, statistisch zu erwartende oder zufällige Erdengestalt durch »wissenschaftliche« Theorien wirken. Wie technisiert, mechanisiert, geist- und seelenlos müßte ein Mensch sein, der in Chromosomen, Genen und Eiweißmolekülen schließlich vorprogrammiert ist! Nur ein uniformer Roboter kann aus solchen »lebensgestaltenden« Informationen der »wissenden« Materie entstehen. Nichts Individualisiertes, nichts aus Vorleben einzigartig Bedingtes paßt in dieses Massenbild des »erzeugten« Menschen hinein. An dieser Stelle muß bereits die Frage nach der Genmanipulationsmöglichkeit und der extracorporalen Befruchtung gestellt werden (vgl. S. 244). Aus weisheitsvollen, von höchsten göttlichen Wesen vorbereiteten Gestaltungsprinzipien wird der menschliche Leib gebildet. Das Durchschauen dieser Kräfte und das Bemühen, dem Hereinkommen eines neuen Menschen mit den gleichen Liebesempfindungen entgegenzutreten, wie die Ungeborenen es in sich tragen, kann in hohem Maße der Menschheits-Zukunft dienen. Ihr Ich-Erwachen zum neuen Erdenleben hin wird von Vertrauen und von Liebe zu den Eltern begleitet – einer Liebe, vergleichbar jener, wie sie uns im nachtodlichen Christuslicht entgegenleuchtet.

In unserer heute üblichen »Familienplanung« werden diese liebegetragenen Individualitäten eher rar werden. Nicht äußerer Elternwille kann alleinige Grundlage für ein neues Menschenleben sein, sondern auch höchst entfaltetes, selbstloses Verantwortungsgefühl für den Individualwillen des Kindes, das bis zum Erwachsenwerden erzieherisch begleitet wird, könnte Motiv zur Elternschaft werden. Dieser kindliche Lebenswille braucht schicksalsbildend die dazu passenden Eltern (die richtigen Individualitäten und den passenden Erbstrom) mit geeigneter Reife oder auch Unreife, die richtige soziale Umgebung, den richtigen Geburtsort und die exakt richtigen – kosmisch sinnvollen Zeitenverhältnisse. Empfängnis- und Geburtstermin haben größte Bedeutung. Rudolf Steiner berichtet hierzu, wie der kosmische Augenblick der Geburt sich dem menschlichen Gehirn einprägt und alles spätere mitbestimmt.[6]

Die erblichen Einflüsse in günstigem und ungünstigem Sinne (Krankheiten, Behinderungen, Fähigkeiten usw.), die für das eigene Schicksal gebraucht werden, der Lebensort, der für bestimmte Wirkungen und gewollte Schicksalswege wichtig ist, das alles sucht sich eine Individualität vor einem neuen Erdenweg zusammen mit dem richtigen Geburtsmoment aus. Erahnbar wird so, welche Fülle von individuellen Faktoren für ein Menschenleben möglich werden. Ist die innere Beziehung des noch nicht empfangenen Menschen zu seinen Eltern sehr eng geknüpft (gemeinsame Schicksalswege), so tritt die Wahrnehmungsfähigkeit der Eltern oder der sozialen Bezugspersonen heute immer leichter in Erscheinung. In der »Eltern«-Zeitschrift vom März 1985 schildert Professor Peter Petersen hellseherische Fähigkeiten von Elternpaaren im Zusammenhange mit der Empfängnis. Rudolf Steiner gibt uns zu diesem Thema folgende Darstellung: »Das sich verkörpernde Individuum führt die sich Liebenden zusammen. Das Urbild, das sich verkörpern will, hat sich ja die Astralsubstanz angegliedert, und diese Astralsubstanz wirkt nun hinein in die Liebesleidenschaft, in das Liebesgefühl. Das, was unten auf der Erde hin und wieder wogt als astralische Leidenschaft, das spiegelt in sich wider das Astralische des heruntersteigenden Wesens... Wenn wir diesen Gedanken ganz durchdenken, so müssen wir sagen: Der sich wiederverkörpernde Mensch ist durchaus beteiligt an der Wahl seiner Eltern... Wir sehen, daß das Kind in einem gewissen Sinne die Eltern vorher liebt, schon vor der Befruchtung, und dadurch zu ihnen hingetrieben wird. Die Elternliebe ist also die Antwort auf die Liebe des Kindes, sie ist die Gegenliebe.«

Im ersten Teil dieses Buches wird eine Bestätigung für die zunehmende hellseherische Fähigkeit des Menschen gegeben.

Rudolf Steiner sagt im Zusammenhang mit dem Hereinkommen eines neuen Menschenwesens, daß sich im östlichen Menschen eine Fähigkeit entwickeln wird, zur Inkarnation drängende Wesen zu erkennen (eugenetischer Okkultismus).

b) Wahrgenommene Empfängnis und erstes Ahnen von der Erdenankunft des Kindes

Je mehr ich mich mit diesem Phänomen beschäftige, um so mehr komme ich als Frauenarzt zu der Vorstellung, eine Schwangerschaft nicht mit der Empfängnis, sondern mit der ersten Wahrnehmung von einem Kind beginnen zu lassen. Die Konzeption fällt so irgendwo in den Verlauf dieser übersinnlich-sinnlichen »Schwangerschaft« hinein. Der reglementierte, in Zahlen gefaßte zeitliche Ablauf wird unerheblicher. Die Individualität allein bestimmt die Dauer dieser »Schwangerschaft«.

Mit solcher Empfindung wächst die Ehrfurcht vor diesem Geschehen und ein zunehmendes Sich-Wehren gegen einseitige Entscheidungen zur Verhinderung eines Inkarnationsweges (Verhütung, Abtreibung, Geburtseinleitung). Das Annehmen eines Kindes wird selbstverständlicher!

Beginnt eine Frau nach frühzeitiger Wahrnehmung des Kindes die weitere Zeit bis zur Empfängnis wie die Schwangerschaft selbst als Erwartungszeit zu empfinden und zu pflegen, so entsteht eine beglückende, vertrauens- und liebevolle Beziehung zwischen Mutter und Kind im oben genannten Sinne.

Beispiel:
Eine Patientin hatte gerade eine beglückende berufliche Erfüllung erfahren und wollte diesen Weg zu fruchtbringender Tätigkeit beschreiten. Sie übte die Verhütung mit der symptothermalen Methode bewußt aus, hatte sich aber zur »Sicherheit« noch eine Spirale legen lassen.

In dieser zufriedenen Situation überraschte sie ihr Ehemann mit der für ihn völlig ungewöhnlichen Wahrnehmung von einem Kind. Er selbst konnte es kaum fassen, wie sehr er diesem Kindeswunsch Nachdruck verlieh. Im ersten Gespräch über dieses Erleben – sie wehrte sich verzweifelt – ging ich mit ihr nochmals alle ihr gedanklich durchaus bekannten Zusammenhänge der Präexistenz und der Schicksalsbeziehung durch. Wir vereinbarten eine Bedenkzeit von einer Woche. In wenigen Tagen wuchs in ihr die Gewißheit, sich der höheren Führung fügen zu wollen. Die Spirale wurde entfernt, wenige Tage nach der folgenden Monatsblutung empfing sie. Anfangs war es ihr noch nicht klar, aber als die nächste Blutung ausblieb, konnte sie im Rückblick das Geschehen der Empfängnis nachvollziehen, besonders als ihr Ehemann ihr mitteilte, der starke Wunsch nach dem Kinde sei seit diesem vermutlichen Empfängnistag plötzlich gewichen.

Bei dieser werdenden Mutter wandelte sich das innere Wehren durch die Erlebnisse vollends in ein ehrfürchtiges Bejahen.

c) Die Embryonalzeit als Wandlungsphase unter dem Einfluß höherer, übersinnlicher Kräfte

Was ich als Frauenarzt bei jeder Schwangeren bei Bestätigung des neuen Zustandes anrege, ist die innere Zuwendung zur Individualität. Diese kann sich so bereits sehr frühzeitig in die Phase des Kennenlernens verwandeln. Wer nur verstandesmäßig nach Erfahrungsinhalten über Kinder bei Müttern und Ärzten, in Büchern, Massenmedien oder direkten Berichten sucht, Ärzten wird heute von einer Flut von Gesichtspunkten, von pathologischen Zuständen überschwemmt. Die Unsicherheit und Angst nimmt im gleichen Maße zu, wie dieser

Wissensdurst gestillt wird. Das völlig Neue, Einmalige, noch nie Dagewesene des hereinkommenden individuellen Menschen kann aber nur in der Empfindung der Mutter selbst gefunden werden. Wird es wahrgenommen, schafft es wie von selbst Vertrauen, Mut und innere Harmonie auf der Ebene der gegenseitigen Liebe.

Beispiel:
Die Kraft der Wandlung zur inneren Reifung verdeutlicht das Erleben einer Mutter, die inzwischen ihr drittes Kind bekommen hat.

In der ersten Schwangerschaft hatte sie sich vom Verstand her perfekt über »alles« informiert. Sie kam immer mit großen Fragenkatalogen über Probleme, die nicht das geringste mit ihrem Kinde zu tun hatten. Die Beantwortung einer Frage löste mehrere neue Fragen aus. Die Nervosität dieser Patientin wuchs bis zur Schlaflosigkeit und schließlich auch vorzeitiger Wehentätigkeit. Meine Versuche, ihre inneren Wahrnehmungen zu wecken, gelangen nur selten. So konnte ihre erste Geburt nicht ohne Angst und Verkrampfung und ohne (kleinere) Komplikationen ablaufen. Eine bald folgende Schwangerschaft brachte ihr die wesentliche Wende. Sie ließ die Außenseiten des Geschehens und ihre Verstandesfragen immer mehr los und entdeckte eine wachsende liebevolle Beziehung zu dem Kind. Auch die Geburt verlief harmonisch und vertrauensvoll. Da auch das dritte Kind schnell folgte, setzte sich die innere Reifung dieser Mutter ohne Unterbrechung fort. Mit welcher Tragkraft sie die dritte Individual-Beziehung zu einem Kinde verbunden wußte, wurde für mich ein großes Erlebnis. Bei nur wenigen Patienten kann ich so viel Einfühlungsvermögen und Vertrauen in höhere Führung beobachten wie bei dieser Mutter.

Gelingt es einer Schwangeren, den Zugang zu dem Kinde zu finden, so wird alles Geschehen vertrauensvoll angenommen. Verhaltensfragen werden souverän erspürt, wobei selbst »unpassende« Tätigkeiten der Mutter als unbelastend und manche harmlos erscheinende Verhaltensweisen auch einmal ungünstig empfunden werden können.

So hat eine meiner Schwangeren wie selbstverständlich noch im achten Monat Tennis gespielt zur Empörung einiger erfahrener älterer Damen in einem Tennisclub. Oder es wurde bei einer anderen Schwangeren das hochgelobte Schwimmen als belastend empfunden. Eine schematisierbare Verhaltensweise für Schwangere gibt es nicht! Das Einzigartige des neuen Menschenwesens bestimmt die individuelle Mutter-Kind-Ordnung. Sehr wohltuend ist es den Schwangeren immer, wenn sie verstehen lernen, daß die seelische Empfindung des Kindes nicht im Mutterleib und nicht im Leibe des Embryo selbst erlebt wird, sondern aus der Umhüllung der kindlichen Seele um den mütterlichen Organismus herum. Die Seele des Kindes ist um die Mutter herum. Der Engel des Kindes und der Engel der Mutter wirken gemeinsam tätig an dieser beschützenden Hülle mit. Jeder Mensch, der einer Schwangeren begegnet, hat spontan das Empfinden von Ehrerbieten, Achtung und Schutzgeben-Wollen! Erst mit der Geburt – mit dem ersten Atemzug – zieht der Empfindungsleib (Astralleib) in den physischen Leib ein. Das Erleben aus dem Leib heraus nimmt seinen Anfang. Erst dann ist die Empfindung des Kindes von der gleichen Art, wie wir es im Tagesbewußtsein uns vorstellen.

Oft wird die erste Phase der Schwangerschaft trotz Kinderwunsches als bedrängend erfahren. Das liegt an der Begegnung der Individualitäten. Das Ich des Kindes sucht zunächst seine Entfaltungsmöglichkeiten in der Wärme des Mutterleibes, aber auch die höheren geistigen, liebenden Wärmequalitäten der Mutter werden gesucht. Vergleicht man diese Begegnung mit einem äußeren Aufeinandertreffen von zwei Menschen, so können die Bedürfnisse des einen ein Wehren des anderen im Sinne einer Auseinandersetzung hervorrufen. Dieser Vorgang kann bei der Schwangeren in den ersten zwei bis drei Monaten kräftige Stoffwechselreaktionen auslösen (Übelkeit und Erbrechen), wobei gelegentlich auch der Erbleib des Kindesvaters diese Reaktion im mütterlichen Organismus verursachen kann. In diesem Fall würde bei jeder neuen Schwangerschaft die Überreaktion sich wiederholen. Ein Bild hilft hier manchem zum Verstehen weiter. Man stelle sich vor: ein Mensch sitzt an einem Schreibtisch und arbeitet konzentriert. Er bemerkt plötzlich, daß aus der rückwärtigen Seite des Raumes jemand hereinkommt. Er sieht ihn nicht, spürt ihn aber und fühlt sich in seiner Arbeit gestört. Aber jedes Umwenden zum sinnlichen Erkennen des Störers führt zu keinem Ergebnis. Das Gespür, daß da jemand ist, bleibt unverrückbar vorhanden. Der Mensch wird aber sinnlich nicht faßbar.

Erst das Annehmen dieses Menschen, das selbstlose Zulassen der Störung oder das höhere Lieben wandelt das Verhältnis. Die »Arbeit« muß angepaßt werden. Eine vollständige Hingabe an diesen Menschen wird als höhere Wertigkeit anerkannt. Nach Beginn einer Schwangerschaft ordnen sich alle egoistischen Impulse dem Höheren des hereinkommenden Kindes unter. – Die Schwangerschaft wird für die werdende Mutter zum Erzieher der Selbstlosigkeit!

Während die erste Phase des Kennenlernens auf der Ebene der Iche stattfindet, ergreift nun das Kind mehr und mehr (bis ca. zur 10. Woche) den seelischen Erlebnisbereich der Mutter. Sie atmet, empfindet, erlebt vollständig mit dem Kind gemeinsam (bis ca. zur 14. Schwangerschaftswoche). Erst im 4. Monat wird auch das Lebendige des Kindes für die Mutter Realität. Der Bauch wächst plötzlich über das gewohnte Niveau heraus und leiseste Bewegungen werden wahrgenommen. Diese Kindsbewegungen sind physisch erst ab dem 5. bis 6. Monat (16.–18. Woche) richtig erklärbar. Wenn ich heute immer häufiger höre, daß sichere Bewegungen schon in der 12.–14. Schwangerschaftswoche angegeben werden und der Charakter dieser Empfindung auch später fast gleichwertig bleibt, so kann auch hieraus gefolgert werden, daß das übersinnliche Wahrnehmungsvermögen für Bewegungen immer mehr zunimmt. Die Bewegungen werden mehr wie strömende Qualitäten des Ätherischen empfunden. G. L. Flanagan beschreibt diesen Übergang des Bewegungsablaufes als Entwicklungsschritt vom mehr mechanisch marionettenhaften ins freiere individuelle Bewegen.[7] Einem rhythmischen Masseur sind solche lebendigen Strömungen sehr geläufig. Er muß sich im Vorgehen danach richten können. Im Mutterleib wird diese Bewegungsempfindung irgendwann mehr physische Tastsinnqualität. Dann hat die Mutter das Kind mit allen seinen Wesensgliedern bewußt erfaßt (ca. 18.–22. Woche). Von diesem Entwicklungsschritt an gedeiht das Kind in der diesseitigen Ganzheit der Mutter. Eine meist sehr stabile Phase der Schwangerschaft beginnt. Das kindliche Wachstum steigert sich, sichtbar am starken Hochsteigen der Gebärmutter über den Nabel bis schließlich zum Rippenbogen und an dem meßbar zunehmenden Gewicht der Mutter. Mit etwa der 28. Woche hat die leibliche Reifung eine erste Vollendung erreicht. Die Lebensfähigkeit außerhalb des Mutterleibes nimmt deutlich zu.

Das Ergreifen des physischen Keimes durch das Kind geschieht in umgekehrter Reihenfolge der Wesensglieder (zuerst über den Ätherleib, zuletzt durch das Ich).

d) Beginn der »inneren« Geburt

Während vorher die Kindslage in der Gebärmutter noch völlig frei ist, beginnt das Kind nun die erste Raumesorientie-

217

rung zur Erde. Die Lageeinstellung zur Geburt festigt sich, günstigenfalls mit dem Kopf nach unten. Das Wachstum des oberen Gebärmutterteiles in die Zwerchfellwölbung hinein vermittelt der Mutter einen innigen Kontakt zum Herzen und der Lunge, dem rhythmischen Zentrum ihres Organismus. Äußerlich kann diese Erscheinung Bedrängnis werden (Atemnot und Herzklopfen). Wird das Herz als inneres Wahrnehmungsorgan geschult, kann dieses stärkste physische Ergreifen des Mutterleibes durch das Kind Aufforderung zum letzten wesentlichen Akt der Selbstlosigkeit bei der Mutter werden. Die wehrende Empfindung kann sich in eine letzte, innerste, liebevolle Vollendung des Empfängnisaktes verwandeln. Bei dieser »Herzempfängnis« kann die Mutter dem Kinde einen tiefsten Impuls der Liebe als Gabe für den nun beginnenden Geburtsweg ins Erdenleben übermitteln. Besteht eine bereits vorkonzeptionelle innige Beziehung zu dem Kinde und wird sie in der Schwangerschaft ausgiebig gepflegt, so kann diese Herzbegegnung zu einem tiefgreifenden Erlebnis der Mutter-Kind-Beziehung werden. Mit diesen Liebeskräften der Mutter ausgestattet, kann die Geburtsphase lebenskräftig erfolgen, und das mütterliche Selbstvertrauen erreicht einen höchsten Stand.

Häufig wird angegeben, das Kind reagiere sehr empfindlich auf bestimmte Umwelteinflüsse, auf Menschen, besonders aber auf technische, mechanische Wirkungen. Besonders Töne aus Lautsprechern und Fernsehbilder lösen wehrende Bewegungsstürme aus. Auch der Inhalt der Tonwelt spiegelt sich im Bewegungsmuster des Kindes. Eine Rock-Melodie wirkt erregend, eine Bach-Fuge beruhigend – besonders ausgeprägt in der natürlichen Tonqualität.

Diese Verschiedenartigkeit des Verhaltens läßt viele bereits auf ein eigenes empfindliches Seelenleben des Kindes schließen. Das Kind empfindet aber alles über die Seelenempfindung der Mutter. Wird ihr eine höhere Qualität nicht bewußt, kann sie am Verhalten des Kindes feststellen, was ihrer bewußten Empfindung alles entgeht. Ohne das Kind blieben ihr diese Wahrnehmungen unbewußt. Ihre unbewußte Empfindungsseite nimmt viel mehr auf, als sie ahnt. Das Kind reagiert auf alles aus ihrem Seelenleben.

So wie das »Sich-Hingeben« und »Sich-Öffnen« dem Kinde gegenüber das Mutter-Kind-Verhältnis und die Entwicklung des Kindes stärkt, so erleichtert es auf der anderen Seite das Lösen und leibliche Trennen des Kindes aus dem Mutterleib. Das Senken, der Wehenbeginn, das Eröffnen der Gebärmutter und die Austreibung gestalten sich harmonisch im Sinne der kosmischen Rhythmen und des kindlichen Willens zum Erdendasein. Eine Umkehrung der Aufnahme des Kindes in die mütterlichen Wesensglieder erfolgt jetzt bei der Lösung vom mütterlichen Organismus in entsprechender Reihenfolge. Der physisch engsten Verbindung zwischen Mutter und Kind folgt ein spürbarer Bewegungswille im Senken, ein Strömen, ein Drücken nach unten. Der Ätherleib des Kindes drängt heraus und zieht mit saugenden Kräften das Leibliche nach.

Die innig mit dem Kind verbundene und den inneren Vorgängen gegenüber bewußte Schwangere weiß selbst sicher auf jede Regung vor der Geburt richtig zu reagieren. Viele spüren trotz Wehen, daß es noch nicht der Geburtsbeginn ist und würden ebenso sofort handeln, wenn sie die Geburtsnähe ahnen und noch keine richtigen Wehen wahrnehmbar sind.

Beispiel:
So wurde ich einmal nachts um vier Uhr zu einer Hausgeburt gerufen. Die Patientin war erwacht und wußte, daß es soweit ist und meldete sich spontan. Dann erst setzten die Wehen richtig ein. Als ich eintraf, war die Geburt schon voll im Gange, und zehn Minuten später war ein Mädchen geboren. Die Hebamme kam in diesem Moment erst an.

Die Mutter hatte in diesem Falle ihre Tochter mit Namen und Geschlecht am Beginn der Schwangerschaft geträumt.

In einem anderen Fall wurde der Geburtstermin um sechs Wochen überschritten, wobei keine Zweifel an der Richtigkeit des errechneten Termins bestanden. Mit Geduld und Selbstvertrauen erwartete die Patientin die Geburt ihres Sohnes.

Die Geburt

Das Erscheinen des Kindes in der sinnlich faßbaren Erdenwelt kann viele eigene Erlebnisse übersinnlicher Zusammenhänge vermitteln.
Wie im vorangehenden Kapitel angegeben, bewirkt der
Ätherleib des Kindes strömende Bewegungen nach außen,
die von der Mutter wahrgenommen werden können. Auf den
physischen Leib üben sie saugende Kräfte aus, die die Geburt
im rechten Moment in Gang bringen. Die harmonisch mit
dem Kind verbundenen Wesensglieder der Mutter erwachen
zur Tätigkeit. Der Astralleib vermittelt die physisch heraus-
treibenden Eröffnungswehen und schließlich die Preßwehen.
Bei der Erdenankunft selbst begegnen sich nun die Individualitäten Kind und Mutter sinnlich. Wie wesentlich dieser Zeitpunkt der Geburt für die kindliche Individualität ist, kann
nur geistig durchschaut werden. Das Erdenleben des Menschen beginnt mit einem bestimmten Zustandsbild des Sternenhimmels, dessen kosmische Rhythmen ihm im weiteren
Verlauf individuelle Möglichkeiten für sein Dasein bieten.
Rudolf Steiner berichtet uns, daß das Gehirn in seiner Schä-
delwölbung im Geburtsmoment dem Sternenhimmel
gleicht.[8]
Wie verändert muß sich der Lebenslauf gestalten, wenn durch
Manipulation des Geburtszeitpunktes ein anderer Sternenhimmel sich dem Hirn einprägt, als es schicksalführend vor-
gesehen war!
Auch das Verweilen im Mutterleib kann verschiedene Dauer
annehmen, wenn die Individualität des Kindes dieses
braucht. So habe ich, wie bereits erwähnt, sowohl eine ex-

treme Terminüberschreitung von 6 Wochen (Irrtum über den Termin war durch frühzeitigen Nachweis der Schwangerschaft auszuschließen) ohne Übertragungszeichen des Kindes als auch eine extreme Frühgeburt in der 32. Woche mit voll ausgebildeter Lebenskraft (ohne Intensivaufzucht und Brutkasten) erlebt.

Beispiel:
Bereits in der Schwangerschaft hatte sich bei der erstgenannten Patientin ein vertrauensvolles Verhältnis zu ihrem ersten, auch geträumten, Sohn angedeutet. Sie nahm alle vertiefenden Anregungen zum Erleben des Kindes wie eine heilsame Nahrung auf. Nie gab es für sie Zweifel über die Richtigkeit des Geschehens, auch wenn Probleme auftraten. So fand sie sich schnell in die schwere Geduldsprobe, als der errechnete Geburtstermin immer weiter überschritten wurde. Unter den umgebenden Menschen wirkte sie wie ein ruhender Fels in der Brandung. Immer wieder wollten andere sie zum Handeln zwingen. Sie wußte, daß alles so stimmte.
Sie wollte ihr Kind zu Hause bekommen, wohnte aber von meinem Praxisort weit weg. Wir waren uns einig: wenn das Kind meinen Beistand bei der Geburt braucht, wird es zu einem geeigneten Zeitpunkt geboren werden. So war es dann auch! An einem Samstag früh – einem wunderschönen Sonnentag im Herbst – wurde ich gerufen.
Die Geburt war schwer. Das Köpfchen drehte sich nicht ein. Trotz guter Wehen ging es nicht voran. Die werdende Mutter und ihr Ehemann waren vorbildlich. Keine Klagen, keine Ungeduld. Als plötzlich die Wehen aufhörten, drängte die Hebamme zu Wehenmitteln. Das war aber die Chance, die Patientin sich erholen zu lassen. Trotz vollständigem, aber noch hochstehendem Köpfchen wanderte sie eine halbe Stunde auf und ab. Plötzlich setzten die We-

hen wieder ein. Die Untersuchung ergab: Es war soweit! Mit nur wenigen Preßwehen kam ein zehn Pfund schwerer Knabe kräftig schreiend, rosig ohne die geringsten Überreifezeichen zur Welt. Wir wußten alle: ohne die vertrauensvolle, geduldige Einstellung dieser Mutter sowie der kräftigen Hilfe ihres Mannes wäre diese Geburt zu Hause nicht zu Ende zu bringen gewesen. – Acht Stunden habe ich diese Geburt begleitet, die ich als eine der schönsten in Erinnerung behalten werde. Nur dankbare Empfindungen konnte ich für das Dabei-sein-Dürfen haben.

Das Beobachten des kindlichen Willens muß heute in der Geburtshilfe erst wieder gelernt werden, nachdem das Programmieren der Geburt diesen Willen lange Zeit ungeachtet ließ und zum Teil völlig aussetzte. Nur das Überwinden des vereinseitigten Denkens im materialistisch-sinnlichen Bereich in die Erweiterung der Ganzheit von Leib, Seele und Geist kann uns wieder ein reales Verhältnis zur Geburt vermitteln. Wer eine Geburt miterleben kann, wird immer die Wahrnehmung einer besonderen – nicht alltäglichen Stimmung – haben können. Der Wandel, der vor sich geht, wenn ein Mensch im Reinkarnationsrhythmus bei der Geburt seinen Leib für seine irdisch-menschliche Tätigkeit ergreift, läßt uns kurzzeitig geistige, übersinnliche Kräfte erspüren. Es vollziehen sich erlebbare Bewegungen aus den höheren Wesensgliedern des neuen Erdenmenschen in sein leibliches Dasein hinein. Die Gebärende, der Vater und alle anderen Beteiligten werden davon mitgerissen. Empfindungen von Freude, von größter Bereitschaft zur selbstlosen Hingabe, von Liebe, von tiefem Ernst und von vertrauensvoller Ehrfurcht ergreifen diese Menschen, selbst wenn sie diese Qualitäten sonst nur schwer entfalten können. Höchste Anspannung vor Vollendung der Geburt wird durch eine tragende, liebende und harmonisierende Atmosphäre abgelöst.

Die moderne Geburtshilfe bewirkt allerdings durch zahlreiches Eingreifen aus einseitiger materialistischer Vorstellung heraus zum Teil grobe Behinderungen dieser heilsamen Stimmung. Je mehr Technik-Aufwand und aktives Eingreifen von außen mit Medikamenten leichtfertig geschieht, um so weniger kann sich der kindliche Individualwille entfalten. Diese kritische Äußerung soll sich nicht etwa gegen die fortschrittlichen Möglichkeiten der modernen Geburtshilfe wenden. Jede klare Indikation für ein kunstgerechtes Eingreifen mittels modernster, lehrmedizinischer Möglichkeiten bleibt davon unberührt.

Ein einfühlendes Denken im Sinne der Ganzheit des Kindes wird bei allen an einer Geburt Beteiligten immer einen sinnvollen und verantwortungsbewußten Rahmen ermöglichen. Und um das Schaffen einer solchen tragenden Bewußtseinshaltung auf höchster geistiger Ebene geht es in diesem Buch. Wie sehr auch der Arzt in das Geschehen mit einbezogen sein kann, zeigt folgendes Beispiel einer Hausgeburt. Dieses Kind hat sich mir selbst übersinnlich vorgestellt.

Ich wurde in den frühen Morgenstunden der Osterzeit zur Geburt gerufen. Aus tiefem Schlaf gerissen, besann ich mich noch einen Augenblick, um nach dem Telefonat ganz zu mir zu kommen. In dieser Zeit sah ich deutlich ein Knabengesicht vor mir und bekam den Namen mitgeteilt. Der Knabe bestätigte sich bald, der Name nicht. Meine Wahrnehmung teilte ich deshalb nicht der Patientin mit. Eine Woche später erschien der Ehemann bei mir, um die Geburtsbescheinigung fürs Standesamt ein zweites Mal zu bekommen, weil das erste veraltete Formular nicht akzeptiert wurde. Nebenbei sagte der Ehemann: »Das paßte ganz gut! Wir haben nämlich den Namen geändert!« Es war der von mir wahrgenommene Name!

Mit dem Beginn der Geburt wandelt sich die Mutter-Kind-Beziehung entscheidend. Das Kind drängt in die freie, selbständige Erdenbeziehung aus den Mutterhüllen heraus – mit dem am stärksten aus dem Vorleben geprägten, individualisierten Körperteil, dem Kopf, zuerst. Die Mutter unterstützt diesen Vorgang mit allen ihren Kräften. Vorheriges Umhüllen und Bewahren im Leiblichen wandelt sich jetzt in Loslassen und körperliches Abtrennen. Das muß auch innerlich bewußt vollzogen werden können. Das Loslassenkönnen zu mehr Selbständigkeit des Kindes schafft einen Entwicklungsschritt beim Kind – wie auch in jeder Erziehungsphase bis zum Erwachsenwerden.

Ein weiterer, wichtiger Entwicklungsschritt – gleichsam eine »zweite Abnabelung« – ist später das Abstillen. Damit findet die stärkste Loslösung des Kindes aus der Tragkraft der kosmischen Rhythmen statt.

Abweichungen vom Idealbild
in Schwangerschaft und Geburt

a) Fehlgeburt

Für die Betroffenen ist eine Fehlgeburt immer ein Erscheinungsbild einer Unvollkommenheit. Die Zweifel an der eigenen Fähigkeit, ein gesundes Kind zu bekommen, wachsen. Die Schicksalssituation wird nicht verstanden, weil die übersinnliche Seite, auf der sich mehr abspielt, nicht gesehen werden kann.

Beispiel:
Eine Patientin hatte nach einem gesunden ersten Kind zwei Fehlgeburten. Als sie nun ein drittes Mal ihr Kind ohne erkennbare Ursache früh verlor, bekamen die Zweifel an sich selbst neue Nahrung. Der Gedanke, keine Schwangerschaft mehr zu »riskieren«, drängte sich auf. In einem Gespräch über die geistigen Zusammenhänge einer Fehlgeburt offenbarte sie mir einen Traum, der dem Abgang vorausging. Sie habe das Kind deutlich erkennen können. Es habe ihr liebevoll zugewinkt und sich von ihr verabschiedet. Sie habe aber nicht verstehen können, daß das Kind sich so verhielte, als ob sie sich bald wiedersehen würden. Sie habe den Traum nicht so ernst genommen. Erst als wir über diese geistigen Beziehungen und die Reinkarnation sprachen, konnte sie Verständnis für den Traum bekommen. Sie hatte wieder Mut und Vertrauen in eine neue Schwangerschaft.

Sucht man Ursachen für eine Fehlgeburt, so ist es selbstverständlich und in unserer Verantwortung stehend, alle irdischen Faktoren abzuklären und alle Behandlungsmöglichkeiten auszuschöpfen. Die Hauptursachen der meisten Fehlgeburten liegen aber nicht auf der physischen Seite. Sie sind nur zu erahnen, wenn wir die Reinkarnations- und Karmagesetze genau kennen. Im Vorangegangenen habe ich die Lebensrhythmen beschrieben. Aus dieser kosmischen Gesetzmäßigkeit sind die Reinkarnationsrhythmen der Menschen als ebenso individuell zu erwarten wie wir einzigartige Individualitäten sind.

Zwischen Geburt und Tod sind die Lebenslängen ebenso verschieden – dem Schicksal entsprechend – wie wir unverwechselbare Einzelwesen sind. Weiten wir das Erdendasein aus bis zur Empfängnis, so sind auch die kleinsten Lebensrhythmen individuell bedingt zu sehen.

Immer aber spielt sich karmisch etwas zwischen Eltern und Kind bei einer Fehlgeburt ab. Immer übergibt die Mutter dem Kinde etwas von der Erdenseite. Bei einem neuen Inkarnationsweg wird sich das stärkend auswirken.

So gibt es Patienten, die aus der Überwindung einer Schicksalserfahrung einer wiederholten Fehlgeburt schließlich zu ungekannten kämpfenden Fähigkeiten gelangen, mit denen sie das Leben eines dann nachfolgenden Kindes ermöglichen. Für eine solche Entwicklung möge ein Beispiel einer einunddreißigjährigen Patientin stehen.

Beispiel:
Nach einer Abtreibung, die schwerste innere Auseinandersetzungen zur Folge hatte, bahnt sich bald eine Neuentwicklung durch einen neuen Partner an. Schuldvorwürfe und Angst vor einer Schwangerschaft bewirken völlige Mutlosigkeit, überhaupt an ein zukünftiges Kind denken zu können. Mehrere Gespräche über die Zusam-

menhänge des gesamten menschlichen Daseins lösten bei dieser Patientin schließlich den mutigen Schritt zu einer Schwangerschaft aus, die sehr bald in einer Fehlgeburt endete. Es ist vorstellbar, wie in diesem Moment die alten Wunden aufrissen und ein neuer Heilungsprozeß im Seelischen vollzogen werden mußte. Die nächste Schwangerschaft wurde wieder gewollt, endete aber ebenfalls nach fünf Monaten. Die Verbindung zu dem Kind war bereits sehr tiefgreifend gewesen, und deshalb war der Schmerz des Verlustes noch viel intensiver und verletzender. Das Überwinden dieses Wundseins in erneuten Gesprächen verwandelte nun die Patientin in eine Persönlichkeit, die man am ehesten mit einer kämpfenden Löwin vergleichen kann. Sie wurde wieder schwanger, und im siebenten Monat endete auch diese Schwangerschaft durch einen unbeeinflußbaren Blasensprung. Die innere Gewißheit, alles tun zu wollen für dieses Kind, schaffte fast ein Wunder. Dieses »normalerweise« völlig lebensschwach erwartete Wesen war zwar unreif, aber lebenskräftig wie ein ausgereiftes Kind und konnte 10 Tage später mit der Mutter die Klinik verlassen. Es ist ein strahlendes, gesundes Kind geworden.

In einem anderen Fall wurde auch gekämpft. Hier zeigt sich, welche hohe Verantwortung wir auch in den Behandlungsmöglichkeiten tragen.

Beispiel:
Die Schwangerschaft dieser jungen Patientin mußte erst durch Gespräche vor der Abtreibung bewahrt werden. Die nun fest zum Kind entschlossene Schwangere bekam bald danach starke Blutungen. Trotz größter Entbehrungen hielt sie eisern Bettruhe ein. Über 10 Wochen blutete sie immer wieder stark, so daß jedesmal die Vollendung einer

Fehlgeburt vermutet werden mußte. Blutstillende Maß-
nahmen, starker Wille und wachsende innere Beziehung
zum Kind halfen aber immer, sein Leben zu erhalten. Mit
Beginn der zweiten Hälfte verlief die Schwangerschaft stö-
rungsfrei. Die Patientin erkämpfte sich ein gesundes Töchterchen.

b) Frühgeburt

Aus den Schilderungen des vorangehenden Abschnittes wird
deutlich, daß es sich bei einer Frühgeburt um die gleichen
Faktoren handelt, wie bei einer Fehlgeburt. Die Beziehung
zwischen Eltern und Kind ist nur irdisch-inniger, fester geworden. Die Trennung bei einer verstorbenen Frühgeburt ist
deshalb auch schmerzlicher und hinterläßt mehr Trauerempf-
finden (wie bei jedem Tod). Das Wissen um unser höheres
Dasein hilft aber, Trauerschmerz zu überwinden und in rei-
fende Kräfte zu verwandeln.
Überlebt eine Frühgeburt, muß immer auch an den Willen
eines Kindes gedacht werden, zu einem günstigeren Tag als
dem errechneten Termin geboren werden zu wollen. Im
späteren Leben sieht man einem Frühgeborenen seinen bedrohten Lebensbeginn wohl kaum an.

c) Fruchttod

Beim Fruchttod besteht die Besonderheit, das leiblich Abge-
storbene nicht aus dem Mutterorganismus ausscheiden zu
können.
Bei der Fehl- und Frühgeburt sind die vorzeitig austreiben-
den Kräfte durch das Kind geweckt und rufen dadurch das
Infragestellen eines Erdenlebens hervor. Beim Fruchttod rei-

chen die Lebenskräfte und der Inkarnationswille des Kindes zum Leben nicht aus. Daran kann auch eine Schwäche des Mutter-Organismus beteiligt sein. Das Ausscheiden aus der Mutter muß dann meist mit ärztlicher Hilfe geschehen, weil sich auch die kindliche Individualität aus den Vorgängen zurückgezogen hat.

d) Früher Kindstod

Gelegentlich begegne ich auch dem frühen Sterben eines kleinen Kindes. Der Schmerz des Verlustes ist für die Eltern, insbesondere für die Mutter so groß, daß er meist nicht nachempfunden werden kann.

Besteht keine innere nachtodliche Verbindung, ist das Geschehen schwer zu verkraften. Wird das Kind aber noch wahrgenommen, können erstaunliche Neuentwicklungen daraus entstehen.

Das Gespräch über die andere Seite unseres Daseins und die Schicksalsfrage des verstorbenen Kindes kann das nachträgliche Wahrnehmen wachrufen. Im folgenden Beispiel gelang es der Mutter schnell, andere, höhere Gedanken zu entfalten und daheraus einen Neubeginn zu finden:

Beispiel:
Eine dreiunddreißigjährige Patientin – ihr drittes Kind erwartend – mußte mitansehen, wie ihr zweites dreijähriges Kind von einem Auto erfaßt wurde und sofort tot war. Ihr Verhalten war zunächst kaum zu begreifen, wenn äußere Maßstäbe zur Bewertung herangezogen würden. In einer schlichten, gefaßten Art suchte sie nach einer Erklärung für diese Schicksalssituation. Ihr erstes Kind sei äußerst schwierig gewesen, ihr zweites von allen geliebt, immer ein Sonnenschein, wie ein kleiner Engel. So sei es auch gestor-

ben. Scheinbar unverletzt habe es dagelegen – engelhaft. Es habe uns gnadenvoll nur ein kleines Wegstück begleitet und sei in sein himmlisches Dasein zurückgegangen, um jetzt dem schwierigen Erstgeborenen zu einem harmonischen Wesen zu verhelfen. Das erste Kind hatte sich nach dem Tod des Geschwisterchens in ein friedliches, liebevolles Wesen verwandelt.

Das behinderte Kind

Eine wesentliche Frage der heutigen Zeit ist auch die nach dem behinderten Kind: Ist behindertes menschliches Leben unsinnig, ja vielleicht nicht einmal von der Individualität erwünscht, und sollte es daher nicht abgelehnt und aus unserem Erdendasein eliminiert werden? Können – durch statistischen Nachweis – mit größerer Wahrscheinlichkeit Behinderte aus Schwangerschaften von über 35jährigen erwartet werden und können daraus menschlich-soziale Schicksalszusammenhänge und der Wille einer Individualität auch nur geahnt werden?

Beide Fragen erfahren unter dem klärenden Lichte des Reinkarnationsgedankens völlig andere Aussagen. Ist eine Schicksalsnotwendigkeit aus dem Vorleben Ursache der Behinderung, tragen wir die hohe Verantwortung, solchem karmischen Ausgleich zur Erfüllung zu verhelfen. Wer behinderte Menschen unter der erfahrenen Hand anthroposophischer Heilpädagogen, die aus dem Wissen über das Wesen dieser Menschen handeln, miterleben konnte, braucht keine theoretischen Erläuterungen. Er sieht die »versteckte« höhere Seite des Menschen hervorschimmern, der sich wie abwartend nach neuen Chancen in einem neuen Leben sehnt, um dann aktiv an den Menschheitszielen teilhaben zu können. In strömender Liebesfähigkeit offenbaren sich solche Menschen, wenn sie richtig begleitet werden.

Die zweite Frage kann nur entstehen, wenn der Mensch nicht als freies individuelles Lebewesen gesehen werden kann. Statistik eignet sich bestens für Aussagen aus der unveränderlichen, gleichförmigen, leblosen Welt. Wäre der Mensch eine solche roboterhafte Maschine aus vielen ersetzbaren Einzelteilen, so würden statistische Aussagen über das Erscheinen von Behinderten oder über das Entstehen der Krebskrankheit oder anderer Menschenschicksalsfragen zu Recht herangezogen werden können. Das Lebendige, die Freiheit und das Einzigartige der Individualität des Menschen verbieten aber jede statistische Erhebung als Mittel für Aussagen über unsere Zukunft. Würde ich persönlich eine Statistik über meine Erfahrungen als Frauenarzt über die Frage der Behinderten bei Müttern nach 35 machen – was mir völlig widerstrebt –, so käme ich zu einer gegensätzlichen Aussage als die heutige Wissenschaft. In fast 20 Jahren ärztlicher Tätigkeit habe ich zahlreiche behinderte Kinder erlebt. Bis heute warte ich auf die erste Mutter über 35 mit einem behinderten Kind. Meine älteste Patientin mit einem behinderten Kind war 34 Jahre alt. Diese Feststellung hat keinen wissenschaftlichen Wert, weil ich immer nur Einzelindividualitäten mit ihren besonderen Einzelschicksalen, eingebunden in ihr schicksalhaft dazugehöriges soziales Umfeld, begleitet habe. Statistik ist ein ungeeignetes Instrument für Erfassung von Individualitäten.

Nach dem Reinkarnations- und Karmagesichtspunkt muß in diesen Fragen ein weiterer wichtiger, schon erwähnter Zusammenhang genannt werden: Eine Empfängnis geschieht *nicht* primär aus elterlichem Willensimpuls, sondern immer von dem noch Ungeborenen selbst. Der elterliche Kinderwunsch wird vom Kind angeregt, so daß die Bereitschaft zur körperlichen Vereinigung der Eltern für eine Empfängnis entstehen kann. Eltern können sich nur bereithalten, zukünftige Verantwortung in Selbstlosigkeit für einen Menschen zwischen Empfängnis und Erwachsenendasein übernehmen zu wollen. Zeitpunkt, Ort und soziale Situation für sein Erdenleben sucht sich das Kind selbst mit Hilfe höherer Geisteswesen aus. So könnte ein Elternpaar Ende 40 für das individuelle Schicksal eines Kindes gerade richtig sein. Unsere heutige

Gesellschaftsmeinung, der sich fast jeder wie selbstverständlich unterstellt, verbietet aber solche Schicksalserfüllung. »Was sagen die anderen Leute, die Nachbarn, die Verwandten oder die schon groß gewordenen Kinder, wenn wir noch ein Kind bekämen!« Diesen Kommentar höre ich oft als Begründung bei Verhütungsgesprächen in dieser Phase.

Wie selbstverständlich eine 42jährige Mutter sich zu ihrem Dominik bekannte, ist an anderer Stelle dieses Buches nachzulesen (S. 36).

Wenn wir von Rudolf Steiner dazu hören, daß Generationen vorher ein zukünftiger Erdenmensch seine Vorfahren und schließlich am Ende dieser Reihe seine Eltern sieht, können uns unsere verstandesmäßigen, äußeren Erwägungen zu diesem Thema sehr klein und kümmerlich erscheinen.

Auch die schon angedeutete Frage der Abtreibung erfährt hierdurch ganz andere Dimensionen.

Gelingt es, Eltern die Bedeutsamkeit eines behinderten Daseins für die ganze Menschheitsentwicklung verständlich zu machen, geben die meisten der inneren Zustimmungssehnsucht nach. Sie verhalten sich vertrauensvoll ihr Schicksal annehmend.

Die herrschenden Meinungen über Behinderte, im besonderen über Mongoloide, erscheinen aber vielen so bedrohlich, daß sie die Bereitschaft zu einem eigenen Urteil scheuen und lieber den »sicheren« Weg wählen, kein Kind mehr zu bekommen.

Die Behinderungen müssen auch differenziert werden.

Erst die annehmenden Eltern werden erfahren können, wie fruchtbringend das Begleiten eines solchen hilfebedürftigen Wesens sein kann. Erst der Rückblick verdeutlicht den eigenen Entwicklungsschritt und besonders die Möglichkeit, dem Wesen in die Zukunft beste Grundlagen für ein neues Leben ohne Behinderung vorzubereiten.[9]

Die Schwangerschaft in der Phase nach dem 35. Lebensjahr

der Mutter ist heute zum rechtlichen Spielball geworden, zumal ein Versäumen des betreuenden Arztes, die Schwangere auf die Möglichkeit der Behinderung und die Amnionzentese hinzuweisen, rechtliche Folgen haben kann. Der Arzt wird für das Auftreten »lebensunwerten Lebens« verantwortlich gemacht, dessen Unterhalt weder den Eltern noch dem Staat aufgehalst werden könne. Erst das Verstehen des Behinderten aus dem Reinkarnationsgedanken macht das Geschehen zu einer Frage der individuellen Entscheidung der Eltern. Bei Bejahung zum behinderten Wesen erübrigt sich die Fruchtwasseranalyse. Den Müttern, die dennoch eine solche Abklärung wünschen, muß aber klar werden, daß sie im Falle einer genetischen Abweichung einer Abtreibung eines Kindes zustimmen müßten, das sich meist schon im Mutterleib bewegt. Die innere Verbindung zu dem Wesen ist dann bereits tief verwurzelt und wird im Falle eines gewaltsamen Zerreißens seelisch kaum bewältigt. – Nach der Geburt wird zudem eine Behinderung viel leichter angenommen als in der Schwangerschaft!*

Erfolgt durch äußere Einflüsse ein kindlicher Schaden in der Schwangerschaft oder der Geburt, so kann daraus auch eine Behinderung entstehen (z. B. Spastiker, Verhaltensstörungen von Kindern durch Schock der Mütter in der Frühschwangerschaft, Contergan-Kinder). Nicht ganz leicht ist dabei die Frage zu beantworten, ob nicht auch hier in Einzelfällen schicksalhafte Wege mitverbunden sind, besonders von seiten der Eltern. Das Begleiten eines solchen Kindes ist in jedem Fall eine hohe menschliche, verantwortungsvolle Aufgabe, die große Entwicklungsreifungen der Erzieher in sich birgt.

---

* Eine routinemäßig durchgeführte Suche mit Ultraschall und über eine Blutuntersuchung auf z. B. Spaltmißbildungen, besonders der Wirbelsäule, werfen die gleiche Problematik auf. Diese Fragen müßten individuell mit Eigenverantwortlichkeit der Schwangeren besprochen werden.

Die Abtreibungsfrage

a) Abtreibungswillige im Gespräch aus anthroposophischer Sicht

Als typisches »Problem« entsteht nach »unkontrollierter« Geschlechtsbeziehung die Abtreibungsfrage. Auch hierüber bestehen Schriften von anthroposophischer Seite (Debus, Hoffmeister).

Was kann zur Lösung des Abtreibungsproblems im direkten Umgang mit den betroffenen Menschen die Anthroposophie beitragen?

Wird in einem Gespräch mit Abtreibungswilligen der folgende Zusammenhang verständlich erläutert, gelingt oft eine Neubesinnung und die Erhaltung der Schwangerschaft:

Das Menschenleben vollzieht sich in einem individuellen Rhythmus in wiederholten Erdenleben. Die leibfreie Existenz des Menschen zwischen Tod und neuer Geburt ist ein ebenso vollwertiges Menschendasein wie das von uns sinnlich faßbare Dasein zwischen Geburt und Tod.

Will sich ein Menschenleben in einem Leibe inkarnieren, erlebt es die starke Anziehungskraft seines zukünftigen Erdenleibes. Diesem liegt ein Urbild zugrunde, das der Mensch selbst in schöpferischer Tätigkeit mit der Hilfe der höchsten geistigen Hierarchien aufgebaut hat. Mit der Empfängnis verbindet sich dieses Urbild mit der befruchteten Eizelle der Mutter. Auf dieser Grundlage muß schon die erste Anlage eines Menschen im Mutterleib als vollwertiges Erdenleben angesehen werden. Das Beseitigen eines beginnenden Erdenlebens muß das Gleiche bedeuten wie das Töten eines Menschen nach der Geburt. Wenn zu diesen Vorstellungen die Gedanken der Schicksalszusammenhänge zwischen verschiedenen Menschen, insbesondere von Eltern und Kindern bereits aus vorigen Leben veranlagt, hinzugefügt werden, so sind zumindest die Denkanstöße zu einer anderen Betrachtung gegeben. Die *Abtreibungsfrage* wird auf einer neuen Ebene bewegt. Die Einsicht beginnt, daß hinter jeder Schwangerschaft eine große Menschenindividualität stecken könnte.

Nur sehr selten erlebe ich eine völlig ablehnende Haltung dieser Darstellungen. Sie werden verstanden, aber oft nicht genügend in die Herzenskräfte aufgenommen. Die persönliche äußere Not wirkt mitunter so erdrückend, daß die bejahenden Herzensregungen nicht als höherwertig eingestuft werden können. Der Verstand erdrosselt mit logischen Argumenten über die äußeren Lebensziele das keimhafte Ahnen der Wahrheit im Herzen. Dem Herzen als »Sinnesorgan für geistige Wahrheiten« zu vertrauen, was im Mitdenken dann zur Erkenntnis werden könnte, fällt schwer. Der Entschluß zu einer Fehlentscheidung (Abtreibung) wird als einzig möglicher Ausweg aus dem Problem angesehen. Es soll wieder die völlige Sicherheit und das Wohlbefinden der vergangenen Zeit erreicht werden. Die vom Kopf verstandenen und als richtig erkannten Wahrheiten werden als nicht realisierbar angesehen und rufen Angst und Unwohlsein hervor. Merkwürdige Argumentationen sollen die äußere Sicherheit stützen: »Jetzt muß ich trotz allem abtreiben, weil erst meine Prüfung abgeschlossen sein soll (in einem halben Jahr) – danach würde ich das Kind annehmen.« Oder: »Mein Vater ist ein strenger Katholik! Er lehnt die Schande eines Kindes vor der Eheschließung rigoros ab und würde mich aus der Familie ausschließen.«

Eine kurzfristige Sicherheit mit langfristigen seelischen Problemen wird einer kurzfristigen Lebensschwierigkeit mit langwährender seelischer Gesundheit nicht nur bei dem Schicksalsschlag »unerwünschtes Kind« vorgezogen. Seelische Schwäche (Mutlosigkeit und Willensschwäche) ist die Ursache bei einer Entscheidung zur Abtreibung, wenn nach einem Gespräch Einigkeit zur Erhaltung der Schwangerschaft erzielt wurde und die soziale Umgebung der Schwangeren dann doch die Abtreibung erzwingt. Erfreulich häufig werden – in letzter Zeit zunehmend – die »Einsichtigen«, die mit ihrem Kind immer erstaunliche Entwicklungen durchmachen. Noch nie hat eine meiner Patientinnen, mit der ich im Gespräch erfolgreich um ein Kind gerungen hatte, diese Entscheidung später bereut. Im Gegenteil: Herzliche Dankbarkeit für die Möglichkeit ungeahnter Wandlungen wird später von allen Beteiligten geäußert. Dazu einige Beispiele:

Beispiel:
Eine 28jährige Patientin ließ sich wegen einer gelösten Partnerschaft die erst kurze Zeit liegende Spirale entfernen. Sie wollte dieses Objekt lossein, weil sie es nicht brauche. Mein Hinweis, bei einer plötzlichen Schicksalsbegegnung mit einem neuen Partner könne aber sehr schnell dann eine Schwangerschaft entstehen, es könne sogar hinter dieser Aktion der Wille eines Kindes stehen, wurde banalisiert. Die Patientin kam drei Monate später mit einer Schwangerschaft durch eine zufällige Begegnung mit einem Partner zu mir und war zur Abtreibung entschlossen. Die fehlende Bindung an den Partner, ihre berufliche Situation und der drohende Verlust ihrer Unabhängigkeit ließen an ein Kind nicht denken. Im Gespräch über die geistig-seelischen Zusammenhänge unserer Existenz wandelte sich diese Einstellung zum Kinde erheblich. Nach einer Bedenkzeit von einigen Tagen entschloß sie sich zum Austragen des Kindes, auch zur eventuellen Möglichkeit,

238

das Kind zur Adoption freizugeben. Diese Schwangerschaft wurde für die Patientin zu einer Lebenswende. Ihre innere Entwicklung bekam völlig neue Ansatzpunkte, ihr Leben erfüllte sich mit neuen Werten. Viele praktische, für sie erfüllende Tätigkeiten erwuchsen später daraus. Das Kind behielt sie. Je mehr Distanz sie zu dieser Wandlung bekam, um so mehr Dankbarkeit stieg in ihr auf, damals ihre Schicksalsituation richtig verstanden zu haben.

Beispiel:
Eine andere, noch recht junge Patientin von 17 Jahren, die versucht hatte, die symptothermale Methode anzuwenden, aber jede Gewissenhaftigkeit vermissen ließ, kam schwanger, von ihrer Mutter begleitet, die auch eine Patientin bei mir ist, in die Sprechstunde, um wie selbstverständlich eine Indikationsunterschrift für die Abtreibung von mir zu bekommen. Die Erweiterungen der Betrachtungen über das menschliche Dasein wurde von der jungen Schwangeren sehr schnell als selbstverständlich empfunden, von der Mutter nur mit großen Zweifeln. Die Mutter fügte sich aber schließlich dem Wunsch der Tochter, das Kind zu bekommen. Dieses Ereignis liegt bereits 5 Jahre zurück. Die Patientin hatte nach der Geburt des Kindes geheiratet und hat inzwischen ein weiteres gewünschtes Kind hinzubekommen. Die Angehörigen hatten anfangs eine sehr kritische Einstellung. Schon während der Schwangerschaft wandelte sich ihr Verhalten. Seit der Geburt wird von der glücklichen Familie und dem sozialen Umkreis der beschrittene Weg nicht mehr im geringsten in Frage gestellt.

Beispiel:
Eine 42jährige Patientin mit vier Kindern, zwei bereits über 20, in Scheidung lebend, erwartete von einem anderen

verheirateten und sonst in gefestigter Ehe stehenden Manne ein Kind. Ihre wirtschaftliche Situation war zudem völlig unklar; sie war praktisch mittellos. Sie war dabei, sich eine eigene berufliche Existenz aufzubauen. Nach heute üblichen Bewertungskriterien bestand eine Situation, die aus mehrfachen Gründen eine Abtreibung rechtfertigen würde. Sowohl die soziale Notlage mit den komplizierten partnerschaftlichen Zusammenhängen, der Aussichtslosigkeit, dieses Kind in eine intakte Familie eingliedern zu können, und schließlich das eigene Alter, daß sogar ein behindertes Wesen hervorbringen könne, ließen hier keine Zweifel offen. Zudem war die seelische Situation der Patientin sehr angegriffen. Dennoch führte das Gespräch zu einer klaren Entscheidung für das Kind. Die Folgen dieser positiven Entscheidung waren vom Verstand nicht vorhersehbar gewesen: Mit der Geburt des Kindes, das besonders von den anderen Kindern herzlichst geliebt und versorgt wurde, bot sich wie durch einen »Zufall« eine ideale Existenzmöglichkeit an, die die Patientin bis heute in großartiger Weise ausgebaut hat. Nach Aussagen der Beteiligten war das Kind immer das Sonnenscheinchen der Familie, immer geliebter Mittelpunkt. Es kamen nie mehr Zweifel an der Richtigkeit dieses gemeinsamen Schicksalsweges mit dem Kind auf.

Viele weitere solcher Beispiele könnte ich jetzt anfügen. Diese wenigen mögen aber bereits aufzeigen, daß Vertrauen in die weisheitsvolle Schicksalsführung der geistigen Wesen einerseits und Mut zum richtigen Handeln andererseits jeden Menschen in seiner Entwicklung weiterführen. Ich persönlich bin dankbar, als Frauenarzt solche Schicksalswendungen begleiten zu dürfen. Sehr wesentlich ist sicher in der Betreuung von Frauen mit ungewünschten Schwangerschaften, sie nicht nur zur Bewahrung des Ungeborenen zu motivieren, sondern jederzeit Hilfen zu vermitteln, mit denen sie ihr Leben neu gestalten können. Spüren die Patienten die Wahrhaftigkeit des Helfen-Wollens, so gewinnen sie bald ein gutes Verhältnis zu ihrem Kind. Bleibt diese Begleitung aus oder ist sie nicht ehrlich gemeint, gelingt diesen Menschen das richtige Annehmen des Kindes nicht. Oft bleibt ein ständiges Sich-Wehren. An solchen unnötigen Verläufen wird aber heute die sogenannte »soziale« Indikation zur Abtreibung gemessen.

b) Die ungewollte Schwangerschaft als Lebenschance

Jede von mir erlebte Patientin hat das Sinnvolle und allein Mögliche der Schwangerschaftserhaltung später bestätigt. Immer war auch die Einsicht vorhanden, wichtige Erfahrungen und Wandlungen gemacht zu haben. Den meisten entsteht auch bald die Erkenntnis, daß angenommene Bewährungsproben zu bestehen, fruchtbringender ist, als dem vorhandenen Problem bequem aus dem Wege zu gehen.
Die oben genannten Beispiele mögen das bestätigen!

c) Die Bedeutung der sozialen Umgebung

Befindet sich im Umkreis einer ungewollt Schwangeren kein Mensch, der zum Mittragen bereit ist, so muß der Mut zur eigenen Entscheidung für das Kind sehr groß sein, um sich durchzusetzen. Gelegentlich scheint es im Einzelgespräch mit der Schwangeren zu gelingen, das Kind am Leben erhalten zu können. Wird der ablehnende Zwang aus der sozialen Umgebung aber nicht ertragen, wird infolge von Resignation das Kind dann geopfert. Eine deutliche Schwächung des Selbstbewußtseins ist die Folge. Manchmal sind die Beteiligten der Auffassung, das Kind würde von niemandem sonst akzeptiert und Unterstützung würde eher ausbleiben als gewährt werden können. Dann kommt die ungeahnte Überraschung: Die Angehörigen tun wesentlich mehr für die neue Schicksalssituation, als je zu erwarten war.

d) Abtreibung und ärztliches Handeln

Wenigen Abtreibungswilligen ist die Rolle des bei der Abtreibung handelnden Arztes richtig klar. Der Frauenarzt ist durch dieses Menschheitsdilemma in zweifacher Hinsicht gefordert. Seine Einwilligung zur Abtreibung und sein Handeln beim Abtreiben selbst müssen betrachtet werden. Der Arzt ist dem zu tötenden Kind schicksalsmäßig wesentlich enger verbunden als die Abtreibungswillige.[10] Der Arzt kann hier zum Richter und Henker wechselweise oder auch zugleich werden. Er trägt also die Hauptverantwortung und kann dieser nur gerecht werden, wenn er sich dazu bekennt und in Gesprächen der Abtreibungswilligen mit überzeugenden Gegenargumenten entgegentritt. Wer die Vorstellung der Ganzheit des Menschen von Geist, Seele und Leib in den Gedanken der Reinkarnation einbetten kann, wird ja eine Abtreibung kaum akzeptieren können. Die individuelle Entscheidung einer Schwangeren zur Abtreibung kann letztlich vom Arzt nicht verhindert werden – wie jedes gesetzlich erlaubte Fehlverhalten eines Menschen. Der Arzt kann aber aus eigener geistiger Überzeugung einer Verantwortung gerecht werden, um dann weder Richter noch Henker sein zu müssen. Er kann – weil es *seine* geistige Wahrheit ist, Abtreibungen nicht billigen zu können – die Indikationsunterschrift verweigern und erst recht die Tat des Menschen-Tötens nicht ausführen. Mit dem Bild vom Arzt als »Heiler« kann eine Abtreibung ohnehin kaum in Einklang gebracht werden. Um eine Krankheit handelt es sich bei einer unerwünschten Schwangerschaft nicht. Der Beruf des Arztes beinhaltet aber wohl, Krankheiten zu heilen und nicht Leben zu beseitigen, um Krankheiten zu schaffen.

Die modernen Technologien am Beginn des menschlichen Erdenlebens

a) Extracorporale Befruchtung[11]

Eine noch vor Jahrzehnten kaum geahnte Möglichkeit tut sich auf: den Menschen nicht nur außerhalb des weiblichen Körpers (in einer Petrischale) mit einem technischen Verfahren zu »erzeugen«, sondern auch seine Aufzucht technisch-extracorporal zu lösen. Frühgeborene werden bereits in der 23.–24. Woche erfolgreich am Leben erhalten.

Der Idee, den Bogen vom Mehrzellenstadium bis zum Frühgeborenen ohne Mutterleib einschließlich der Geburtsphase auch noch schlagen zu können, wird das technisch Machbare folgen.

Unsere Daseinsfragen scheinen sich dabei auf das materiell-technologisch Lösbare einzuengen. Erweiterte Vorstellungen könnten überflüssig werden.

Moderne materialistisch geprägte medizinische Technologie läßt ein Bild vom Menschen entstehen, das trostlose Vermassung eintöniger Wesen hervorbringen wird.

Die Individualität des freien geistigen Menschen wird darin immer mehr verschwinden.

Nur ein anthroposophischer Gedanke genügt, um die geistig-seelische Entwicklung der Individualität im technisierten, lebenden Roboter in Frage stellen zu müssen. Mit welchen übersinnlichen Wesensgliedern verbindet sich das technisch erzeugte Kind, wenn keine mütterlichen, menschlichen Hüllen vorhanden sind?

Wir werden die geistig-seelischen Bilder des Menschen zur Erhaltung der freien Individualität als Gegenkraft in uns er-

zeugen müssen, um diese technischen Wesen zu durchschauen und zu erlösen!

b) Das Wesen der Gentechnologie

Das vorher Gesagte erfährt in dieser Technik eine verfeinerte
Vertiefung. Aus der Denkweise der materialistisch geprägten
Vererbungslehre läßt sich das Manipulieren an den leiblichen
Eigenschaften des Menschen unbegrenzt ausführen. Nütz-
lichkeitsfaktoren werden das Handeln bestimmen. Unter
dem Vorhaben, nur Erbkrankheiten zu eliminieren, wird der
Mensch schließlich brauchbar für wirtschaftliche Interessen
gemacht.
Aufhalten werden wir diese Entwicklungen wohl nicht mehr,
aber im lebendigen Schaffen des ganzen Menschenbildes in
uns aus Geist, Seele und Leib und dem Präexistenz- und
Reinkarnationsgedanken wird es genügend freie Individualitäten in der Welt geben können, die sich darum bemühen,
heilende Gegenkräfte zu entfalten.

Nachwort

Vor vielen Jahren schon wurde mir von Erfahrungen berichtet, wie sich noch nicht geborene Kinder den Eltern mitteilten. Es war von Traumerlebnissen die Rede, von Namen, die erfahren wurden, von einer ganz zarten, aber doch höchst konkreten Beziehung zwischen der Mutter und dem ungeborenen Kind. Ich wurde von diesen Berichten, die mir behutsam und unter Vorbehalten mitgeteilt wurden, tief berührt, und ich sah seitdem die Kinder mit ganz anderen Augen an. Eine ehrfurchtsvolle Empfindung gegenüber der Welt, aus der die Wesen der Kinder kommen, stellte sich dadurch wie von selbst ein und hat sich immer mehr vertieft. Als in meiner eigenen Familie viele Kinder auf die Welt kamen und mir meine Frau ihre Traumerfahrungen mit unseren Ungeborenen erzählte, war ich sehr beglückt, daß ich das miterleben durfte.

Die Idee zu einer systematischen Sammlung solcher Berichte und zu ihrer Mitteilung an möglichst weite Kreise kam in der Zeit um 1978, als die Auseinandersetzungen um den Paragraphen 218 geführt wurden. Über Aufsätze in Zeitschriften und weitere persönliche Begegnungen kam bald eine große Anzahl wunderbarer Erlebnisberichte zusammen, von denen ein Teil hier vorgelegt wird.

Mit einigen Menschen ergab sich während dieser Sammlertätigkeit ein intensiver Kontakt, und schließlich kam die Zusammenarbeit mit Max Hoffmeister und Hartmut Görg zustande, die zu dem vorliegenden Buch geführt hat.

Max Hoffmeister beschäftigte sich schon seit Jahrzehnten intensiv mit der naturwissenschaftlichen Grundlage der

Menschwerdung und bemühte sich um erweiternde Gesichtspunkte aus anthroposophischer Sicht. Zwei Schriften aus seiner Feder, die den Themenbereich dieses Buches betreffen, liegen bereits vor.* Hartmut Görg hat als anthroposophischer Frauenarzt in seiner Praxis die Gelegenheit zu vielen Begegnungen mit Frauen, die oft vor notvollen Entscheidungen stehen. Mit seiner über das übliche Maß hinausgehenden Beratung, aus geisteswissenschaftlicher Menschenkunde heraus, konnte er schon vielen Frauen aus schwerer seelischer Bedrängnis helfen. Sein Beitrag ist aus dem Hintergrund großer ärztlicher Erfahrung erwachsen.

Den Hauptautoren, nämlich denen, die ihre Erlebnisse mitgeteilt haben und zur Veröffentlichung freigaben, sei hier an erster Stelle ganz besonders herzlich Dank gesagt. Wertvolle Hilfe beim Sammeln dieser Berichte wurde mir vor allem durch Frau Cordelia Böttcher und Frau Dr. Alberty zuteil. Herr Wilhelm Gädecke, aus dessen Sammlung ich einige Kinderberichte mitverwenden durfte, und alle, die durch ihre ratende und tätige Mithilfe das Zustandekommen dieses Buches ermöglichten, seien ebenfalls herzlich in diesen Dank mit einbezogen.

Die Autoren würden es dankbar begrüßen, wenn das vorliegende Buch Anlaß dazu gäbe, weitere Erlebnisberichte mitzuteilen. Einsendungen werden vom Verlag gern weitergeleitet.

Frühjahr 1986 *Dietrich Bauer*

---

* Max Hoffmeister, »Reinkarnation. Antwort auf das Rätsel des Menschen? Eine Einführung in den Gedanken der wiederholten Erdenleben«, Achberg 1984[3].
Max Hoffmeister, »Die übersinnliche Vorbereitung der Inkarnation«, Basel 1979.

Anhang

Anmerkungen

Dietrich Bauer, »Ich will jetzt geboren werden!«

1 Aus einem Vortrag von Prof. Dr. med. Petersen, gehalten in der Akademie für medizinische Fortbildung in Bad Segeberg am 5. 12. 1981 mit dem Thema: »Unsere Verantwortung und der § 218 oder wie antworten wir auf den vorgeburtlichen Menschen?« (entnommen aus »Wahrnehmungen«, Verein für ein erweitertes Heilwesen).

2 Zitiert aus O. J. Hartmann, Medizinisch-pastorale Psychologie.

3 Die Lilienverwandten (Lilien-, Amaryllis-, Irisgewächse) gehören zu den sogenannten einkeimblättrigen Pflanzen bzw. Pflanzen mit streifennervigen Blättern. Bei der Samenkeimung dieser Pflanzengruppe stirbt die sich zuerst bildende Wurzel nach kurzer Zeit wieder ab und wird von einer relativ schwachen Bewurzelung aus dem Sproß abgelöst. Das steht im Gegensatz zu dem Verhalten der zweikeimblättrigen Pflanzen bzw. den Pflanzen mit netznervigen Blättern (diese Gruppe umfaßt alle Blütenpflanzen mit Ausnahme der erstgenannten Gruppe). Bei diesen bildet sich die Primärwurzel oft zur Pfahlwurzel aus, dient also der tiefen Verbindung mit der Erde. In der Gebärde des Wurzeltreibens, dann aber wieder Zurücknehmens der Wurzel drückt sich die »Scheu« dieser Pflanzengruppe aus, sich fest und dauernd mit der Erde zu verbinden. Die sich anschließend bildende Zwiebel ist ein Organ, das der Pflanze eine große Unabhängigkeit von den Wechselfällen der Erdumgebung in Trockenheit, Kälte, Hitze bietet. Das einfache, ungestaltete Blatt (keine regelmäßige Aufgliederung, keine Blattrandgestaltung) ist vergleichbar mit dem untersten Teil des Blattes, dem Blattgrund der zweikeimblättrigen Pflanzen. Aus dem Blattgrund bildet sich im Verlaufe der Metamorphose die grüne Blütenhülle, der Kelch, und die inneren Blütenorgane: Blütenkrone und Staubgefäße. Man kann also das Blatt der Einkeimblättrigen als dem Kelchblatt der Zweikeimblättrigen verwandt auffassen. Vereinfacht ausgedrückt hieße das: die lilienverwandten Pflanzen sind in der Hauptsache blütenartig.

Die Blütenkrone selbst ist streng nach der Dreizahl aufgebaut (zweimal drei Blütenblätter, zweimal drei Staubgefäße, die über Kreuz stehen). Sie bilden einen regelmäßigen Sechsstern. Diese Form weist auf die Kräfte der weiten Erdumgebung hin, die z.B. auch im Sechsstern der Schneeflocke zum Ausdruck kommen.

So ist die Lilie (und ihre Verwandten) mit Recht das Symbolum für Wesen, die wie das Kindeswesen aus den Weiten des Kosmos auf die Erde hereinkommen. Jakob Böhme (1575–1624) schrieb: »Der Lilienzweig ist der neugeborene Geist als das rechte Bild Gottes.«

In der Rose haben wir das Symbol derjenigen Wesen, die sich mit der Erde verbunden haben.

Sie wurzelt tief, ist eine Dauerpflanze durch die Festigkeit in der Holzbildung und kommt erst, nachdem sie Dauerpflanze geworden ist, zur Blüte. Die Blätter sind in gesetzmäßiger Weise durchgestaltet und gegliedert (gefiedertes Blatt, gesägter Blattrand, der Blattrand ist abgesetzt). Aus der Familie der Rosengewächse stammen fruchtbildende Stauden und Bäume (Birne, Quitte, Himbeere, Erdbeere), oder z.B. auch der Apfel, das Wahrzeichen für irdische Erkenntnis.

Die Blüte ist nach dem Fünfstern gebildet. Das Pentagramm ist ein uraltes Symbol, das die höchste Verbindung des Himmlischen mit dem Irdischen ausdrückt.

4 Max Hoffmeister sagt dazu: Ein Engel ist genau so ein reales Wesen wie ein Ich, der geistige Wesenskern des Menschen, unsere Individualität. Jeder Mensch hat seinen Schutzengel, der von ihm alles weiß, mit ihm mitfühlt, mit-leidet, auch seine Gedanken wahrnimmt. Der Engel hat also wie der Mensch einen Astralleib und einen Ätherleib, jedoch keinen physisch materiellen Körper. Sein Astralleib ist aber nicht Träger von egoistischen Trieben und Leidenschaften wie beim Menschen, sondern selbstlose Hingabe, Helferwille und Demut eignet ihm. Sein Astralleib ist eigentlich so, wie ihn der Mensch haben wird, wenn er ganz geläutert und dadurch engelhaft geworden ist. Er ist ihm dann zum Geistselbst (Manas) geworden. Jede Bemühung, unser Seelenleben zu läutern, bringt uns unserem Engel näher, um so besser kann er uns helfen (s. auch Christian Morgenstern: »Der Engel spricht von seinem Leiden«).

Die vielen Engeldarstellungen, gerade zu Beginn der Neuzeit, lassen ahnen, daß man es als Bedürfnis empfand, sich eine Vorstellung vom Engel zu machen. Dabei ist es an sich unwesentlich, wie ein Engel »aussieht«, ob und was für Flügel er hat usw. Im Grund ist wesentlich allein, daß wir durch »irgendeine« Vorstellung unser Seelenempfinden zu ihm, zu unserem Schutzengel hinwenden und so ihn auch persönlich ansprechen können. Ist er es doch, der immer bei uns ist, uns von einem Erdenleben zum anderen begleitet. Es ist für uns Erdenmenschen sehr hilfreich, wenn wir lernen, auf dem angedeuteten Wege erlebnismäßig eine reale Beziehung zu ihm zu bekommen. Man kann erfahren, daß unser Engel uns entgegenkommt, weil er es erwartet und sogar der Wahrnehmung von seiten des Menschen bedarf.

Wenn wir uns vorstellen, wie er uns von Erdenleben zu Erdenleben begleitet und deshalb alles Vergangene, Gegenwärtige und schicksalsbedingt Zukünftige von uns weiß, können wir auch empfinden, was ein Engel erwartungsvoll und bangend erlebt, wenn er ein – sein ihm anvertrautes – Menschenwesen zur neuen Inkarnation geleitet; und helfend steht der Erzengel Gabriel hinter dem Engel, eigentlich ihn durchdringend, wie man an der Art der Darstellungen aus dem 16. Jahrhundert erspüren kann.

In den Evangelien begleitet der Engel das Menschwesen bei der Empfängnis (Johannes- und Jesusverkündigungen), und bei der Geburtsstunde Jesu erscheint der Engel den Hirten auf dem Felde. Bei der »Sixtinischen Madonna« öffnet Raphael noch einmal den blauen Vorhang vor der geistigen Welt mit den vielen Engelgesichtern. Dann schloß sich der Vorhang wieder, bis in der Todesstunde des Christus Jesus der Vorhang im Tempel zerriß. Beim Übergang vom Leben zum Tode wird die Engelwelt wieder wahrnehmbar: im Garten von Gethsemane stärkt ein Engel Jesus in seinem Todeskampf (Agonia in Luk. Ev. 22,44), und am leeren Grabe erscheinen die Engel den Frauen. So wird am Lebensanfang und am Lebensende die Engelwelt den schauenden Seelen sichtbar. Wir dürfen uns die Engel als reale geistige Wesen vorstellen.

Verwendete Literatur:

»Das Neue Testament« in der Übersetzung von Emil Bock, Stuttgart 1980
Karl König: »Brüder und Schwestern. Geburtenfolge als Schicksal«.
G. E. Lessing: »Die Erziehung des Menschengeschlechtes«, 1780.
Rudolf Steiner: »Theosophie. Einführung in übersinnliche Welterkenntnis und Menschenbestimmung«, GA 9.
–: »Wo und wie findet man den Geist?« Achtzehn öffentliche Vorträge, Berlin 1908/09, GA 57.
–: Geisteswissenschaftliche Menschenkunde.« Neunzehn Vorträge, Berlin 1908/09, GA 107.
–: »Die Offenbarungen des Karma.« Elf Vorträge, Hamburg 1910, GA 120.

–: Das Leben zwischen dem Tode und der neuen Geburt im Verhältnis zu den kosmischen Tatsachen.« Zehn Vorträge, Berlin 1912/13, GA 141.

–: »Der Tod als Lebenswandlung.« Sieben Vorträge 1917/18, GA 182.

–: »Menschenwesen, Menschenschicksal und Weltentwicklung.« Sieben Vorträge, Kristiania (Oslo) 1923, GA 226.

Max Hoffmeister, Menschenwesen – Vorgeburtlichkeit – Wiederverkörperung

1 Text aus: Michael Debus, »Die Reform des § 218«, Stuttgart 1978, entnommen.

2 Erich Blechschmidt, »Sein und Werden. Die menschliche Frühentwicklung«, Stuttgart 1982.

3 s. Abbildung in »Die Genesis in der menschlichen Embryonalentwicklung« von Kaspar Appenzeller (Zbinden Verlag, Basel 1976) auf S. 56.

4 s. Näheres in »Die übersinnliche Vorbereitung der Inkarnation« von Max Hoffmeister (Verlag Die Pforte, Basel 1991^2) S. 73–81 mit Abb.

5 s. Abbildungen dazu in »abc-Biologie« (Harri Deutsch Verlag, Frankfurt a. M. 1968) S. 282 ff.

6 Der Grazer Biologe Otto Julius Hartmann gliedert – in seiner »Dynamischen Morphologie«, Klostermann Verlag, Frankfurt a. M. 1959, S. 60/61 – die menschliche Keimesentwicklung in drei Abschnitte: bis ca. 16. Tag die vorembryonale Entwicklung, vom 17. Tag bis Ende des 2. Monats die eigentliche Embryonalentwicklung (Embryo) und ab Anfang 3. Monats die fetale Entwicklung (Fetus).

7 griech. anér, andrós = Mann (Andreas = der Mannhafte) und gýnē, gynaika = Frau (Gynäkologie = Lehre von den Frauenkrankheiten).

8 Der Embryo ist in der 7. Woche etwa 1,8 cm groß, fast menschlich schon gestaltet, wenn die geschlechtliche Differenzierung der Anlage der inneren Genitalorgane beginnt (s. auch Wolfgang Schad »Die Vorgeburtlichkeit des Menschen«, Stuttgart 1982, S. 52).
Erst Ende der 8. Woche tritt der Penis heraus.

9 Erich Blechschmidt, »Die vorgeburtlichen Entwicklungsstadien des Menschen«, Karger Verlag, Freiburg 1960, S. 223 Fig. 142 u. Fig. 143.

10 Beim Menschenaffen allerdings 2 bis 3 Jahre später, die Affen stehen ja überhaupt zwischen Mensch und Säugetier.

11 Friedrich Kluge, »Etymologisches Wörterbuch der deutschen Sprache«, 1934, S. 555.

12 s. z. B. in Menge-Güthling's »Griechisches Wörterbuch«

13 Griech. Psyche = Seele, Soma = Leib, mehr als lebend und beseelt empfunden, im Gegensatz zu sarx (in Sarkophag = Fleischfresser).

Jakob von Uexküll (1864–1944): »Streifzüge durch die Umwelten von Tieren und Menschen – Ein Bilderbuch unsichtbarer Welten – Bedeutungslehre«, rde 13.

Arthur Jores, »Vom kranken Menschen«. Ein Lehrbuch für Ärzte, Georg Thieme Verlag, Stuttgart.

Thure von Uexküll (geb. 1908): »Grundfragen der psychosomatischen Medizin«, rde 179/180, 1965.

14 Norbert Lebert, »Psychopotenz« im Kapitel »Die Faust im Magen«, Bertelsmann 1969.

15 Josef Rattner, »Psychosomatische Medizin heute – seelische Ursachen körperlicher Erkrankungen« – 7. Kap. »Das Magen- und Zwölffingerdarmgeschwür«, Werner Classen Verlag 1964.

16 Bei der Taufe wird ja auch das Kind mit Namen gerufen, das Menschenwesen wie hereingerufen. So heißt es schon im Alten Testament im Buche Richter 13,24: »Und das Weib gebar einen Sohn und *rief* seinen Namen Sampson.«

17 Die medikamentöse Behandlung hätte dann nur die Aufgabe, psychisch bedingte physisch gewordene Hindernisse abzuschwächen, damit das Geistige ungehinderter eingreifen kann. Eine Magenoperation wäre demnach nur sinnvoll, wenn wenigstens hinterher die geistig-seelische Behandlung hinzutritt.

18 Näheres siehe auch bei Max Hoffmeister, »Reinkarnation – Antwort auf das Rätsel des Menschen? – Einführung in den Gedanken der wiederholten Erdenleben«, Achberger Verlag 1984[3], S. 286 (1).

19 Unter Dämonen verstanden die alten Griechen göttliche Wesen, niedere Gottheiten. Genien, glückbringende Schutzgeister nannten sie gute Dämonen, die Unheil bringenden Geister böse Dämonen. In der Bibel werden als Dämonen nur die Böses wirkenden Geister bezeichnet, als Teufel, Geister (Bedeutungswandel durch Vereinseitigung des ursprünglich weiter gefaßten Begriffs), Schatten, Gespenster. Die ursprüngliche Bedeutung von Daímōn aber ist: Götterwille, Schicksal (z.B. katá daímona = nach göttlicher Fügung; pros daímona = gegen den Willen der Götter; syn daímoni = mit Hilfe Gottes; en daímoni = in Gottes Hand). Daimon ist etymologisch ableitbar von daímonai = ich teile zu, dāi = erteilen, skr. dātrám = Zugeteiltes usw.; gemäß dem alten Sprachgebrauch: daimónia als das von den Göttern zuerteilte, verhängte Schicksal.

20 Denn unser Wort Mensch geht auf die indogermanische Wurzel »men«

zurück, von der viele Wortbildungen in allen indogermanischen Sprachen sich ableiten lassen. Diese »men« bedeutet letztlich »geistig erregt sein«, und dann »denken, bedenken« (s. Näheres Hoffmeister (17) S. 277–279).

21 Popper und Eccles, »Das Ich und sein Gehirn«, Piper Verlag 1982

22 So auch im Mark. Ev. 14,38; in anderer Wendung im Joh. Ev. 6,63: »Der Geist ist das lebenschaffende Prinzip (zoopoioun = Seelenleben schaffend), das Fleisch ist zu nichts nutze.«

23 Man muß ja die Gnostiker von den Gnostizisten unterscheiden, deren Lehre besonders in den beiden ersten Jahrhunderten in frühchristlicher Zeit sehr verbreitet war. Gerade unter den sog. Frühchristen, bevor das Christentum zur Staatskirche erhoben wurde (324), war die Gnosis die philosophische Erkenntnisgrundlage (Logos-Lehre); s. Näheres in »Esoterisches Christentum« von Gerhard Wehr, Ernst Klett Verlag 1975, S. 74 ff.

24 Die Juden, die seit der sog. Babylonischen Gefangenschaft (Exil) verstreut (Diaspora, s. Joh. Ev. 7,35) in Kleinasien und Ägypten lebten, verstanden schließlich kein Hebräisch mehr, sondern sprachen das seit Alexander d. Gr. zur allgemeinen Kultursprache gewordene und verbreitete Griechisch, die Koiné (= allgemein, öffentlich) des hellenistischen Zeitalters. Deshalb beauftragte man der Überlieferung nach 72 Gelehrte, je 6 aus den 12 Stämmen des israelitischen Volkes, unabhängig voneinander zunächst, schon ab 4. Jh. v. Chr. das ganze Alte Testament aus dem Hebräischen ins Griechische zu übersetzen. Diese griechische Übersetzung wurde später lateinisch septuaginta (duo), also siebzig (zwei) genannt.

25 Wenn man darunter verstehen würde: der Menschengeist wäre aus dem Geist Gottes hervorgegangen, wie man aus 1. Mose 1,26 herauslesen kann: »Und Gott sprach, laßt uns einen Menschen machen (poiesomen, poiesis, davon Poesie usw.) zu unserem Bilde und zu unserem Gleichnis«, dann handelte es sich um eine geistige Menschenschöpfung der Gottheit. So muß es auch ursprünglich verstanden worden sein, wie aus der Plastik oben am Giebel des Nordportals der Kathedrale von Chartres hervorgeht: »Adam als Gedanke Gottes.« Von der physischen Erschaffung des Menschen will erst der zweite Schöpfungsbericht erzählen ab 1. Mose 2,5 ff.

26 »Aristoteles Hauptwerke« – ausgewählt, übersetzt und eingeleitet von Wilhelm Nestle – Alfred Kröner Verlag, Stuttgart 1938.

27 Man denke an die Schilderung im Lukas-Ev. 1,39–45, wo Maria zu Elisabeth kommt. In Vers 41 heißt es: Als Elisabeth den freundschaftlichen

Willkommensgruß der Maria vernahm, hüpfte die Leibesfrucht (brephos, hier im 6. Monat nach Vers 36) in ihrem Leibe (Vulgata: infans in utero). Eine Frau berichtete, daß sie während ihrer ersten Schwangerschaft immer wieder den Drang verspürte, in alle Kathedralen und Kirchen zu gehen. Und in der Münchener Liebfrauenkirche fühlte sie, als sie das Kind drei Monate unter dem Herzen trug, zum ersten Mal eine kräftige Bewegung von ihm.

28 Geraldine Lux Flanagan, »Die ersten neun Monate des Lebens«, Rowohlt-Sachbuch 6605

29 s. z.B. Dermott, A. »Zytogenetik des Menschen und anderer Tiere«, Gustav Fischer Verlag, 1977.
s. auch dazu Hoffmeister (4), S. 69, 91, 111

30 Der in wissenschaftlichen Kreisen sehr bekannte Göttinger Professor Gerhard Heberer (»Die Evolution der Organismen«) stellte 1950 die Grundfrage so:
»Ist im organischen Werden Lenkung oder Zufall, ist die lebendige Mannigfaltigkeit des Menschen vorsätzliches Ziel eines planenden Urgrundes der Welt oder das Ergebnis zufälliger, im Laufe der Erd- und Lebensgeschichte aneinandergereihter Faktorengefüge?«
Seiner Ansicht nach:
»... können die Mutationen (Erbänderungen) als eine Art von Unfällen betrachtet werden, die den Chromosomen (Vererbungsträgern) gelegentlich zustoßen... Im ganzen liegt bei der Evolution ein unübersehbar komplexes Zufallsgeschehen vor.«

31 Übrigens ist es das hebräische »manna«, das dem Volke Israel auf ihrem Wege von Ägypten durch die Wüste zuteil wird (2. Mose 16, 13 ff.; 31–35; 4. Mose 11, 6–9; 5. Mose 8, 3 und 16; Josua 5, 12 usw.). 2. Mose 16, 15: Es ist »man«, daß der Herr euch zu essen gegeben hat. Im Joh. Ev. 6, 31 heißt es: »Unsere Väter haben das Manna gegessen in der Einsamkeit (Wüste éremos ist Bildwort für Einsamkeit, deshalb auch Eremit)«; Vers 35: »Jesus sprach zu ihnen: Ich bin das Brot des Seelenlebens (zoé)«. Im Indogermanischen bedeutet manna = Geist, im Hebräischen manna = Geschenk (vom Himmel), aber das ist eben das Geistige, das die Menschen empfangen sollen.

32 Hugo S. Verbrugh, »...wiederkommen. Erfahrungen des Vorgeburtlichen und der Reinkarnationsgedanke«, Stuttgart 1982.

33 Als der Verfasser mit 12 Jahren eine Narkose erhielt (Chloroform), um den vereiterten »Blinddarm« herausoperiert zu bekommen, erlebte er auch eine Spirale. Aus dem Zentrum dieser golden leuchtenden Spirale bewegte sich etwas, wie ein kleines Wägelchen, den Windungen entlang,

bis es am äußeren Ende gleichsam heraussauste. Nach einer Weile kam es wieder und rollte den Spiralwindungen entlang ins Zentrum zurück. Als es dort angekommen war, erwachte der kleine Patient. Das wäre eine Art Wahrtraumbild erst für den Exkarnationsprozeß, dann für den Inkarnationsprozeß, eben als man wieder zu sich in seinen Leib zurückkam.

34 Im Matth.Ev. 26,41 hat Luther übersetzt: »Der Geist ist willig, aber das Fleisch ist schwach«; aber wörtlich aus dem griechischen Urtext übersetzt muß es heißen: »Der Geist (pneúma) ist eine vorwärts treibende Kraft (próthymon), der Leib aber (sarx, in Sarkophag = Fleischfresser) ist ein kraftloser (asthenes, daher Astheniker). Der Geist ist aber etwas Göttliches, das uns im Enthusiasmus (en = in, theós = Gott, also die göttliche Kraft in uns) ergreift. Der Geist wird vom Leib ergriffen, das Blut gerät in Wallung, und es kann sich im Seelenleben seiner selbst bewußt werden.

35 Buchtitel dieser Evangelienharmonie: »Das Evangelium des vollkommenen Lebens«, Humata Verlag Harold S.Blume, Auslieferung für Deutschland: 7530 Pforzheim 12. Sie wird dort dem Tatian zugeschrieben.

36 »Die Apokryphen zum Neuen Testament« übersetzt von Wilhelm Michaelis, Carl Schünemann Verlag, Bremen.

37 Richard Karutz: »Das Menschenbild in der Weisheit der Völker«, Studienmaterial zur Völkerkunde, Verlag Die Kommenden, Freiburg 1963 (vergriffen).

38 Siehe Karutz II, S.270.

39 Soweit zitiert aus Peter Petersen, »Retortenbefruchtung und Verantwortung«, Verlag Urachhaus, Stuttgart 1985, S.108.

40 Daß das Pflanzenmuster auf die ätherische Welt hinweist, sieht man auch auf den berühmten Apokalypseteppichen von Angers dargestellt.

41 Stark gekürzt entnommen aus: M.Hoffmeister (4), S.97–100, dort entnommen aus: Andreas Lommel: »Die Unambal – Ergebnisse der Frobenius-Expedition von 1938/39 nach NW-Australien«, Selbstverlag des Museums für Völkerkunde, Hamburg 1952 (in Universitätsbibliotheken auszuleihen).

42 Mit Kamaloka ist die Sphäre gemeint, die man sonst als Ort der Seelenläuterung nach dem Tode, als Purgatorium oder als Fegefeuer bezeichnet.

43 a) Wilfried Nölle: »Wörterbuch der Religionen«, Goldmann Verlag GG 642/643 – Stichworte: Hinduismus S.195/196, Seelenwanderung S.368/369.
b) Heimo Rau, »Indiens Erbe...« S.36, Verlag Freies Geistesleben.
c) M.Hoffmeister (18) S.9, 249ff., 258f., 287 (4), 301 (2).

44 Ewhe-Neger: vergl. Pamphylier Er in Platons Politeia X 13–16 (RK 27/
27a, 614–621b, S. 304–310. S. auch Hoffmeister (18), S. 147ff.

45 s. Hoffmeister (4) S. 142 und 146.

46 s. Hoffmeister (18) S. 34/35.

Den richtigen Namen zu geben, dazu ist aufschlußreich, was Rudolf Steiner zu Frau Clarita Benkendörfer über die Namengebung gesagt hat: »Es
ist gar nicht gleichgültig, welchen Namen ein Mensch sein Leben lang
tragen muß… Meist ist es so, daß die Mutter den Namen im 4. bis 6. Mo-
nat träumt, oder daß er ihr im Wachen kommt, auch die Farbe, die für das
Kind paßt. Bei der Geburt hört die Mutter den Namen ihres Kindes. Der
Engel sagt den einen Namen, der andere hängt mit dem Erzengel aus der
Zeit der Empfängnis zusammen. Diesen Namen hat es aus dem letzten
Leben (vom Erzengel gegeben, d. V.) und einen für die Zukunft (vom
Engel, d. V.). Vater und Mutter müssen sich von Lieblingsnamen und
Voruteilen freimachen. Oft weiß die Mutter den Namen und der Vater
den anderen« (Weiteres dazu s. Hoffmeister (4), S. 237).

Auf Zukunftsabsichten hinweisende Namen sind z. B. Alexander
(griech.) = der Männer schützend Abwehrende, Andreas (griech.) = der
Mannhafte, Arthur (kelt.) = der Bärenkraft hat, Cornelius (lat.) = der
stark und fest ist wie ein Horn (cornu), davon Cornelia, Dionysius
(griech.) = der dem Gotte Dionysos Geweihte, Gudrun (germanischer
Walkürenname) = die im Kampf Weisheit Kündende, Edith = die
Kämpferin für das Erbgut (so hieß nämlich die Gemahlin Ottos I., die
aus angelsächsischem Königsgeschlecht stammte).

Lit. Ernst Wasserzieher, »Hans und Grete«, Ferd. Dümmlers Verlag Bonn.

47 Daß ein Name Intentionen, Absichten bekundend wirken soll, kann man
an den Papstnamen ablesen. Denn wenn ein neuer Papst gewählt worden
ist, nimmt er den Namen an, der die Richtung seiner beabsichtigten Kir-
chenpolitik kennzeichnet. Er greift dazu symbolisch einen Namen auf,
den ein bedeutender Vorgänger trug, dessen einstige Politik seinen eigenen Willenstrebungen entspricht. Seine Intentionen, die er seinem Wirken aufprägen will, bringt er damit bewußt und unmißverständlich zum
Ausdruck.

48 Diese Sphäre der Lebenskräfte, bis zu der jeweils die hellsichtige Wahrnehmung reichte, wird, wie oben schon erwähnt, in Pflanzenmustern auf
den Apokalypseteppichen von Angers (Frankreich, 14. Jh.) dargestellt,
dazwischen gute und böse Engelwesen und mitunter eben auch Tiere.
Auch das himmlische Jerusalem tritt dort in dieser Äthersphäre in Erscheinung. Noch andere Arten von Tieren zwischen den Pflanzen sind
auf den Gobelins im Cluny-Museum zu Paris dargestellt (15. Jh.).

49 In: »Universitas« (H 2, 1951), zitiert aus K.O. Schmidt, »Wir leben nicht nur einmal«, Heinrich Schwab Verlag, Gelnhausen 1962, S.62.

50 zitiert aus Verbrugh (32), S.122.

51 s. Verbrugh (32): Das Out of the Body-Erlebnis, S.34.

52 zitiert aus K.O. Schmidt (49), S.118.

53 stark gekürzt entnommen aus Elisabeth Haich, »Einweihung«, Drei-Eichen-Verlag, München, S.129–133.

54 Es sei in diesem Zusammenhang hingewiesen auf dessen Buch »Geheimnisvolles Ägypten« (Rascher Verlag Stuttgart).

55 Haich (53), S.133.

56 gekürzt entnommen aus K.O. Schmidt (53) S.108–111.

57 aus K.O. Schmidt, »Wiederverkörperung und Karma«, Baum-Verlag Pfullingen 1962, S.38.

58 aus Meyers Konversationslexikon Bd.19, S.190.

59 Kismet (arabisch) = das unabwendbare Schicksal, auch Ergebung in das Schicksal.

60 »Die Sagen der Juden« (gesammelt von Micha Josef Bin Gorion), Insel Verlag, Frankfurt 1962, S.550.

61 Wie Ausgrabungen zeigten, hatte Jericho schon im 8.Jahrtausend vor Chr. eine hohe Kultur.

62 aus Meyers Konversationslexikon (1907) Bd.18, S.263.

63 aus G.Kolpaktchy, »Das ägyptische Totenbuch« (Übersetzung mit Kommentaren), O.W.Barth Verlag, Weilheim/Obb. 1970 S.115, 121 und 307.

64 In Märchen, Mythen und Mysteriensprache ist eine Witwe ein solches Wesen, das das ursprünglich Geistige, das männliche Prinzip, verloren hat, wie bekanntermaßen die Isis den Osiris. Auch wenn im Luk.Ev. 7,11–17 von der Auferweckung des Jünglings zu Nain berichtet wird, wo es in Vers 12 heißt, daß er der Sohn einer Witwe war, kann darin ein bedeutsamer Hinweis gesehen werden.

65 aus Emil Bock, »Wiederholte Erdenleben«, Stuttgart 1961, S.15.

66 Ein Märchen erzählt, daß die Tiere zusammenkamen, um ihren König zu wählen. Der Hase war zwar das klügste Tier, anerkanntermaßen, aber sie wählten sich den mutigsten, und das war der Löwe.

67 Interessant ist übrigens, daß der Verfasser des Heliand (830 geschrieben) den Reinkarnationsgedanken bildhaft äußert (Zeile 3625–3634): »Jericho... ist nach dem Monde genannt ... Er nimmt ab oder wächst. So tun in dieser Welt hier, in diesem Mittelgarten, die Menschenkinder, sie gehen weg und folgen, alterfahren (frode) sterben sie, werden wieder jung, wieder zurückkommen sie, zu Männern erwachsen sie, bis dahin, daß sie

wieder hingerafft werden« (eig. wörtliche Übersetzung aus dem altsächsischen Heliandtext).

68 Der Hase hat im Oberkiefer zwei immer nachwachsende große Nagezähne. Es sind die inneren Schneidezähne, die auch beim Menschen recht groß sind. Sie dienen in erster Linie dem Sprechen, da die Zunge sie beim Gestalten der Laute, besonders bei denen der Dentallaute d, t, l, n berührt. Sie haben mit dem intellektuellen Denken zu tun, was daraus hervorgeht, daß Kinder durch Sprechen denken lernen. Auch wenn wir haarscharf nachdenken, schieben wir den Unterkiefer nach vorn, um die Schneidezähne des Ober- und Unterkiefers aufeinanderzusetzen. Die Schneidezähne des Oberkiefers kann man also als den physiognomischen Ausdruck des intellektuellen Denkens ansehen.

69 s. R.Steiner, Die Theosophie des Rosenkreuzers, GA 99, S.75.

70 Benninghoff – Goerttler, »Lehrbuch der Anatomie des Menschen«, Urban und Schwarzenberg Verlag 1964[7], S.497.

71 Das Wort »Talent« in der Bedeutung für Geistesanlagen, hohe Begabung ist dem Griechischen tálanton = das Gewogene entnommen. Bereits im NT erscheint es in der erweiterten Bedeutung »anvertrautes Vermögen, anvertrautes Gut«, woraus sich dann die ins Geistige übertragene Bedeutung »die einem von Gott anvertraute geistige Anlage« entwickelte. Erst im 20.Jahrhundert wurde »talentiert« gleich »begabt« ein gebräuchlicher Ausdruck.

72 Goethe am 9.Febr. 1788: Entschluß zum Dichter, nicht zum Maler (Urachhaus-Kalender 1982).

73 Carl Zuckmayer schrieb in seinen Lebenserinnerungen »Als wär's ein Stück von mir« (Fischer Verlag 1967, S.96): »Die einzige Heilkraft, die es dagegen gibt, der einzige Halt in diesem lockeren Treibsand, ist die Existenz der Freunde. Der alten, angestammten, von denen es auch über Jahrzehnte hinweg keine Entfremdung gibt, und solcher, die plötzlich da sind, als hätte man sie schon immer gekannt, als wäre man schon vor der Geburt, in einem früheren Leben, mit ihnen verbunden gewesen.«

74 Wolfgang Goebel, Michaela Glöckler, »Kindersprechstunde. Ein medizinisch-pädagogischer Ratgeber«, Stuttgart 1984.

75 Richard Nold, »Größenzunahme, Wachstumsbeschleunigung und Zivilisation«, S.28 (Manz Verlag, München, vergriffen).

76 Nach einem Bericht von Kirchenrat D. Fritz Happich (1958) ergänzt.

Hartmut Görg, »Der Wille zu neuem Leben«

1 Das platonische Weltenjahr entspricht dem Zeitabschnitt, den die Sonne vom Frühlingspunkt in einem bestimmten Punkt eines Tierkreiszeichens zurücklegt, bis sie durch alle Tierkreise hindurch wieder am Ausgangspunkt angelangt ist (25 920 Jahre).

2 Rudolf Treichler, »Die Entwicklung der Seele im Lebenslauf«, Stuttgart 1982.

3 Rudolf Steiner, »Die geistige Führung des Menschen und der Menschheit«, GA 15.

4 Hierbei wird das Schleimbild des abgehenden Sekretes aus dem Halskanal der Gebärmutter mit dem Finger selbst untersucht, das sich typisch als flüssiger bis fadenziehender Schleim in der fruchtbaren Eisprungphase zeigt und durch die Basaltemperatur ergänzt wird. Aus den morgendlichen Aufwachtemperaturwerten kann eine angelegte Kurve eine hilfreiche Orientierungs-Übersicht über den erfolgten Eisprung sein. Diese Methode verlangt Gewissenhaftigkeit, Erfahrung in der Bewertung und vor allem Bereitschaft zum Verzichten auf Geschlechtsverkehr in der fruchtbaren Phase. In allem sollte Einklang mit dem Partner bestehen. Diese Verhütung läßt jederzeit Bewußtsein zu einem Ungeborenen zu. Sie ist unbequem und stellt die höchsten Anforderungen an die Partner, die ständig Entscheidungen treffen müssen, in der Einigkeit ihre Gemeinsamkeit aber festigen und im Verzicht ihren Willen stärken können.

5 Rudolf Steiner, »Geisteswissenschaft und Medizin«, GA 312, S. 351

6 Rudolf Steiner, »Die geistige Führung des Menschen und der Menschheit«, GA 15.

7 G. L. Flanagan, »Die ersten neun Monate des Lebens«, rororo Nr. 6605, S. 51 ff. u. 63.

8 Siehe auch Werner Hassauer, »Die Geburt der Individualität. Menschwerdung und moderne Geburtshilfe«, Stuttgart 1984.

9 Isabel Genter Neuitt, »Für die Eltern eines mongoliden Kindes«, Mellinger-Verlag, Stuttgart.

10 Rudolf Steiner, »Meditative Betrachtungen und Anleitungen zur Vertiefung der Heilkunst«, GA 316.

11 Vgl. hierzu die verdienstvolle Arbeit von Peter Petersen, »Retortenbefruchtung und Verantwortung. Anthropologische, ethische und medizinische Aspekte neuerer Fruchtbarkeitstechnologien.« Mit zwei weiteren Beiträgen von Ernst Benda und Eduard Seidler, Stuttgart 1985.

WERNER HASSAUER

Die Geburt der Individualität

Menschwerdung und moderne Geburtshilfe

112 Seiten, 11, davon 3 farbige Abbildungen, kartoniert

Das Buch ist aus zahlreichen Vorbereitungskursen mit Schwangeren entstanden und möchte vor allem werdenen Eltern ein tieferes Verständnis für das Ereignis Geburt vermitteln, zugleich aber auch eine allgemein-menschenkundlichen Beitrag geben.

DR. MED. BARTHOLOMEUS MARIS

Sexualität – Verhütung – Familienplanung

Methoden, Entscheidungshilfen, Vor- und Nachteile
Ein Ratgeber aus ganzheitlicher Sicht

143 Seiten, mit zahlreichen Abildungen kartoniert

Wird über eine geeignete Methode zur Schwangerschaftsverhütung nachgedacht, steht die Frage nach ihrer Sicherheit meist an erster Stelle. Wer jedoch von Anfang an neben der Zuverlässigkeit auch mögliche Auswirkungen auf Sexualität, Partnerschaft und Familienplanung in seine Überlegungen einbeziehen möchte, findet in diesem Ratgeber eine unentbehrliche Hilfe. Erschienen in der Reihe:

aethera®

Ganzheitlich Handeln und Heilen

aethera – Die Ratgeber aus dem Hause Freies Geistesleben und Urachhaus in Zusammenarbeit mit dem Verein für Anthroposophisches Heilwesen und WELEDA

WOLFGANG GOEBEL, MICHAELA GLÖCKLER

Kindersprechstunde

Ein medizinisch-pädagogischer Ratgeber.
Erkrankungen – Bedingungen gesunder Entwicklung –
Gesundheit durch Erziehung

676 Seiten, gebunden

Bereits über 300.000 verkaufte Exemplare!

Dieser umfassende ärztliche und pädagogische Ratgeber ist für
Eltern und alle, die mit Kindern zu tun haben, einfach unverzicht-
bar! Entstanden aus der langjährigen Praxis zweier Kinderärzte.

ARIE BOOGERT

Beim Sterben von Kindern

Erfahrungen, Gedanken und Texte zum Rätsel des frühen Todes

Aus dem Niederländischen. 292 Seiten, kartoniert

Dieses Buch möchte eine Hilfe geben, das Sterben von Kindern zu
begleiten. In einem zweiten Teil werden Texte von Rudolf Steiner
zur Frage des Todes von Kindern abgedruckt; ein dritter Teil enthält Märchen, Erzählungen und Gedichte über Tod und Wiedergeburt.

HANNELORE INGWERSEN

Ich entscheide mich für die Liebe

Erfahrungen, mit Trennung, Trauer, Tod und Träumen

200 Seiten, kartoniert

Zweimal verliert Hannelore Ingwersen ihr Kind. Durch die Verlus-
te kommt alles ins Wanken, was ihr vorher sicher erschien. Ein
sehr persönlicher und ergreifender Lebensbericht. Der Leser
macht Bekanntschaft mit einem intimen spirituellen Weg.

VERLAG URACHHAUS